高等学校法学精品课程案例教材

婚姻家庭继承法学案例教程

（第二版）

陈苇　主编

群众出版社

2010年·北京

婚姻家庭继承法学案例教程
（第二版）

主　编：陈　苇
副主编：李　俊　杜江涌

撰稿人：（以撰写章节先后为序）
胡　平　曹贤余　张华贵　朱　凡
李　俊　陈　苇　杜江涌　皮锡军

目　录

第一版前言 …………………………………………………………………… (1)
第二版前言 …………………………………………………………………… (1)
本书引用的主要法律、法规及司法解释简称 ………………………………… (1)

第一单元　违反婚姻法基本原则案例

一、干涉婚姻自由案例 ………………………………………………………… (2)
示范案例一 ………………………………………………………………… (2)
干涉婚姻自由，法律如何规制？ ………………………………………… (2)
示范案例二 ………………………………………………………………… (3)
如何处理买卖婚姻？ ……………………………………………………… (3)
讨论案例 …………………………………………………………………… (7)
1. 如何处理换亲引起的纠纷？ ………………………………………… (7)
2. 在校大学生可以结婚吗？ …………………………………………… (7)
二、借婚姻索取财物案例 ……………………………………………………… (8)
示范案例一 ………………………………………………………………… (8)
借婚姻索取的财物，离婚时应否返还？ ………………………………… (8)
示范案例二 ………………………………………………………………… (10)
终止恋爱关系时，自愿给付的“彩礼”可以请求返还吗？ ………… (10)
讨论案例 …………………………………………………………………… (11)
1. 是借婚姻索取财物，还是婚前赠与？ ……………………………… (11)
2. 婚约解除时，赠与的财物如何处理？ ……………………………… (11)
三、重婚案例 …………………………………………………………………… (12)
示范案例一 ………………………………………………………………… (12)
是重婚，还是有配偶者与他人同居？ …………………………………… (12)
示范案例二 ………………………………………………………………… (14)
表兄妹以夫妻关系同居已二十多年，一方又与他人登记结婚，

是否属于重婚？ …… (14)
讨论案例 …… (18)
1. 第一次登记结婚是被迫的，再次登记结婚是否属于重婚？ …… (18)
2. 冒名顶替结婚登记后，一方又与他人以夫妻名义同居是否属于重婚？ …… (18)
四、有配偶者与他人同居案例 …… (19)
示范案例一 …… (19)
夫妻“忠诚协议”，是否具有法律效力？ …… (19)
示范案例二 …… (22)
如何处理夫妻一方与他人公开同居的行为？ …… (22)
讨论案例 …… (24)
1. 对“婚外恋”者提出的离婚请求，应当如何处理？ …… (24)
2. 为了断“婚外情”而签下的补偿费协议，是否有效？ …… (24)
五、家庭暴力及虐待案例 …… (25)
示范案例 …… (25)
如何处理家庭暴力案件？ …… (25)
讨论案例 …… (27)
1. 因家庭暴力受伤，受害人是否有权单独请求损害赔偿？ …… (27)
2. 此家庭暴力行为的性质，应当如何认定？ …… (28)
3. 故意杀死施虐丈夫，可否被减轻处罚？ …… (29)
六、遗弃案例 …… (30)
示范案例一 …… (30)
因母亲与他人同居，成年子女可以拒绝赡养母亲吗？ …… (30)
示范案例二 …… (32)
故意让患精神病的妻子流落街头，是否构成遗弃？ …… (32)
讨论案例 …… (33)
1. 拒绝抚养人工授精所生的儿子，是否构成遗弃？ …… (33)
2. 是遗弃，还是买卖儿童？ …… (33)
七、与计划生育问题相关的案例 …… (34)
示范案例 …… (34)
超计划生育的孩子已送给别人抚养还算超生吗？ …… (34)
讨论案例 …… (36)
1. 擅自生下曾与前夫协议同意做人工流产的孩子，是否违法？ …… (36)

2. “丁克”：我妨碍了谁？ …… (36)

第二单元　亲属关系案例

一、亲等计算案例 …… (37)
示范案例 …… (37)
姑表兄妹是第几代的旁系血亲？ …… (37)
讨论案例 …… (38)
1. 表叔与表侄女是法律禁止结婚的近血亲吗？ …… (38)
2. 同父异母的姐妹所生子女能否结婚？ …… (39)
二、血亲关系案例 …… (39)
示范案例一 …… (39)
张霞与喻巧巧之间有何种亲属关系？ …… (39)
示范案例二 …… (41)
父母子女关系可否因一方的声明而消灭？ …… (41)
讨论案例 …… (42)
1. 父母子女间的权利义务能否因女儿出嫁而解除？ …… (42)
2. 父母离婚后子女未随其父生活的，亲子关系是否仍然存在？ …… (43)
三、侵犯亲属权的案例 …… (43)
示范案例一 …… (43)
悼念权被侵犯了，怎么办？ …… (43)
示范案例二 …… (44)
弃婴的死亡赔偿金，应当给谁？ …… (44)
讨论案例 …… (45)
表侄对表叔有无悼念权？ …… (45)

第三单元　结婚制度案例

一、婚约案例 …… (48)
示范案例 …… (48)
婚约是否具有法律效力？ …… (48)
讨论案例 …… (50)
婚约解除后，能否请求返还彩礼？ …… (50)
二、结婚实质要件案例 …… (50)

示范案例一 ……………………………………………………………… (50)
继父与继女，是否可以结婚？ ……………………………………… (50)
示范案例二 ……………………………………………………………… (52)
缓刑犯在缓刑执行期间，是否可以结婚？ ………………………… (52)
讨论案例 ………………………………………………………………… (53)
1. 艾滋病毒携带者，是否可以结婚？ ……………………………… (53)
2. 如果表兄妹做绝育手术后坚决要求结婚，是否可予以登记？ …… (54)
三、结婚形式要件案例 ……………………………………………… (54)
示范案例 ………………………………………………………………… (54)
夫妻身份应当从何时开始？ ………………………………………… (54)
讨论案例 ………………………………………………………………… (56)
1. 结婚登记后一方翻悔，应当如何处理？ ………………………… (56)
2. 未亲自办理结婚登记的婚姻，是否具有法律效力？ …………… (56)
四、无效婚姻与可撤销婚姻案例 …………………………………… (57)
示范案例一 ……………………………………………………………… (57)
婚前隐瞒疾病史欺骗对方的婚姻，是否具有法律效力？ ………… (57)
示范案例二 ……………………………………………………………… (59)
女方能否以其结婚时未满法定婚龄为由，请求宣告婚姻无效？ …… (59)
讨论案例 ………………………………………………………………… (60)
1. 已经与人以夫妻名义同居后又与他人登记的婚姻，该婚姻
是否具有法律效力？ ………………………………………………… (60)
2. 因不堪家庭暴力离婚不成又与他人结婚，是否构成重婚？ …… (61)
五、事实婚姻与非婚同居关系案例 ………………………………… (61)
示范案例一 ……………………………………………………………… (61)
本案当事人是否构成事实婚姻？ …………………………………… (61)
示范案例二 ……………………………………………………………… (63)
如何处理解除同居关系时的财产纠纷？ …………………………… (63)
讨论案例 ………………………………………………………………… (65)
1. 不足法定婚龄即同居是否构成事实婚姻？ ……………………… (65)
2. 未办理结婚证的同居关系当事人是否受法律一定的保护？ …… (66)

第四单元　家庭关系案例

一、夫妻人身关系案例 ……………………………………………… (67)

示范案例 ………………………………………………………………………… (68)
夫妻一方擅自处分共有房屋的行为，是否属于行使夫妻家事代理权？ ………………………………………………………… (68)
讨论案例 ………………………………………………………………………… (70)
1. 夫妻一方违反同居义务，是否应按协议支付“空床费”？ ……… (70)
2. 对于子女的姓氏，父母应当如何确定？ ……………………………… (71)
二、夫妻财产关系案例 ……………………………………………………… (71)
示范案例一 ……………………………………………………………………… (73)
婚前完成作品、婚后发表所得的稿酬，是否属于夫妻共同财产？ ……………………………………………………………… (73)
示范案例二 ……………………………………………………………………… (74)
夫妻一方婚前按揭贷款购买且婚后用个人工资还贷的婚姻住房，是否属于该方的个人财产？ ………………………………………… (74)
讨论案例 ………………………………………………………………………… (75)
1. 婚前所购股票婚姻期间出售，所得收益是否属于夫妻共同财产？ ……………………………………………………………………… (75)
2. 夫妻一方在婚姻期间购买彩票中奖的奖金，是否为该方的个人财产？ …………………………………………………………………… (76)
3. 婚姻期间夫妻一方私自赠与他人小汽车的行为，是否有效？ …… (76)
三、夫妻扶养关系案例 ……………………………………………………… (77)
示范案例 ………………………………………………………………………… (77)
夫妻扶养义务如何履行？ ………………………………………………… (77)
讨论案例 ………………………………………………………………………… (78)
本案应否认定夫妻一方未尽扶养义务？ ……………………………… (78)
四、生子女与生父母关系案例 ……………………………………………… (79)
示范案例一 ……………………………………………………………………… (79)
子女成年后，父母仍须对其尽抚养义务吗？ ………………………… (79)
示范案例二 ……………………………………………………………………… (80)
无婚姻关系的男女所生子女，是否有权继承生父的遗产？ ………… (80)
讨论案例 ………………………………………………………………………… (81)
1. 离婚后不直接抚养子女的一方，应否对子女致人损害的行为承担赔偿责任？ ……………………………………………………… (81)
2. 如果男方拒绝做亲子鉴定，如何推定子女与生父的亲子关系？ ……………………………………………………………………… (81)

五、人工生育子女案例 ……………………………………………………(82)
示范案例 …………………………………………………………………(84)
异质人工授精子女的法律地位，应当如何认定？ ………………(84)
讨论案例 …………………………………………………………………(85)
1. 误用他人精液施行人工授精，该子女的法律地位如何认定？ ……(85)
2. 夫妻协议同意丈夫与他人同居，以便代为生子的行为是否合法？
……………………………………………………………………………(86)
六、继子女与继父母关系案例 ……………………………………………(86)
示范案例 …………………………………………………………………(86)
生母与继父离婚，已形成抚养关系的继父母子女关系是否自然
解除？ …………………………………………………………………(86)
讨论案例 …………………………………………………………………(87)
1. 被继母抚养成年的继子女能否自行解除与继母的抚养教育
关系？ …………………………………………………………………(87)
2. 在什么条件下，继父母可与继子女形成拟制血亲关系？ ………(88)
七、养子女与养父母关系案例 ……………………………………………(88)
示范案例 …………………………………………………………………(89)
收养应符合什么条件？ ………………………………………………(89)
讨论案例 …………………………………………………………………(89)
1. 被收养人能否继承生父母的遗产？ ………………………………(89)
2. 在被收养人成年之前，收养人可否单方提出解除收养关系？ ……(90)
八、其他近亲属关系案例 …………………………………………………(90)
示范案例 …………………………………………………………………(91)
祖父母在何种条件下对孙子女有抚养义务？ ………………………(91)
讨论案例 …………………………………………………………………(92)
1. 继祖孙间有无法定扶养义务？ ……………………………………(92)
2. 哥哥对已经成年的弟弟有无法定扶养义务？ ……………………(92)

第五单元　离婚制度案例

一、离婚法定条件案例 ……………………………………………………(93)
示范案例一 ………………………………………………………………(94)
过错方要求离婚，法院应否准许？ …………………………………(94)
示范案例二 ………………………………………………………………(97)

婚后长期互不理睬的“冷战”，是否是确定夫妻感情破裂的依据？ …… (97)
讨论案例 …… (98)
1. 妻子与他人通奸所生子女未满一岁，丈夫可否请求离婚？ …… (98)
2. 现役军人与“第三者”同居，法院可否判决离婚？ …… (99)
3. 夫妻因工作原因长期分居，是否可以作为离婚理由？ …… (99)
4. 他人代办的离婚登记，是否具有法律效力？ …… (99)
二、离婚财产分割案例 …… (100)
示范案例一 …… (100)
婚后指定的赠与以及一方获得的奖牌、奖章和分红型保险金，离婚时是否可按夫妻共同财产分割？ …… (100)
示范案例二 …… (102)
离婚时，无过错方可否要求精神损害赔偿？ …… (102)
讨论案例 …… (104)
1. 妻子婚外怀孕导致离婚，丈夫可否索赔？ …… (104)
2. 离婚时配偶一方非企业合伙人，能否分得合伙财产而成为合伙人？ …… (104)
3. 婚后未获经济收益的作品，离婚时能否按夫妻共同财产分割？ …… (104)
4. 婚后所得未指明的赠与财产，离婚时可否按共同财产分割？ …… (105)
5. 复员军人在部队获得的复员费、自主择业费和医疗费是否属于夫妻共同财产？ …… (105)
6. 婚后购买的价值较大的一方专用物品，离婚时是否属于个人财产？ …… (106)
三、离婚隐瞒财产案例及债权债务案例 …… (106)
示范案例 …… (106)
离婚后能否要求分割一方隐瞒的夫妻共同财产？ …… (106)
讨论案例 …… (108)
1. 一方因赌博所欠债务，是否属于夫妻共同债务？ …… (108)
2. 离婚时一方放弃分割共同财产以规避偿还债务，其效力如何？ …… (108)
3. 分居期间因为受伤而向朋友借款，是否属于夫妻共同债务？ …… (109)
4. 前夫私藏65万元，离婚3年后前妻起诉要求分割，法院是否支持？ …… (109)

四、离婚后子女抚养案例 …………………………………………………… (110)
示范案例一 ……………………………………………………………… (110)
未成年子女接受高等教育，父母有无负担教育费的义务？ ……… (110)
示范案例二 ……………………………………………………………… (113)
探望权受到侵害，可否请求精神损害赔偿？ ……………………… (113)
讨论案例 ………………………………………………………………… (115)
1. 爷爷奶奶对孙子有无探望权？ …………………………………… (115)
2. 服刑人员还可以行使探望权吗？ ………………………………… (115)
3. 拒不履行离婚时确定的子女抚养费，另一方可否申请法院强制执行？ ……………………………………………………………… (115)
4. 做了绝育手术，能否优先获得直接抚养子女的权利？ ………… (116)
5. 有识别能力的子女是否有权终止其母的探望权？ ……………… (116)

第六单元　继承制度案例

一、继承权与遗产案例 ……………………………………………………… (118)
示范案例一 ……………………………………………………………… (119)
继承法律关系的发生及继承开始的时间，从何时起算？ ………… (119)
示范案例二 ……………………………………………………………… (120)
异质人工授精所生的子女，有无继承权？ ………………………… (120)
示范案例三 ……………………………………………………………… (122)
抚恤金是否属于死者的遗产？ ……………………………………… (122)
示范案例四 ……………………………………………………………… (125)
法律上有“不孝子女不得继承其父母遗产”的规定吗？ ………… (125)
示范案例五 ……………………………………………………………… (127)
父母健在时，儿子可以要求继承并分割父母的财产吗？ ………… (127)
示范案例六 ……………………………………………………………… (128)
尚未给付的离婚经济帮助费，是否属于遗产？ …………………… (128)
讨论案例 ………………………………………………………………… (130)
1. 这些保险金应否被用于清偿死者的损害赔偿债务？ …………… (130)
2. 在上诉期内离婚当事人一方死亡，另一方是否有权继承其遗产？ ……………………………………………………………… (130)
3. 丧偶妇女再婚后是否丧失对前夫的遗产继承权？ ……………… (130)
4. 剩余善款是否属于受捐者的遗产？ ……………………………… (131)

5. 遗嘱人生存期间，继承人能否按遗嘱内容分割遗产？ …………（131）
6. 具有人身专属性的财产能否继承？ ……………………………（131）
二、法定继承案例 ……………………………………………（132）
示范案例一 ……………………………………………………（133）
哪些人属于法定继承人？ ……………………………………（133）
示范案例二 ……………………………………………………（135）
郑萍、陈杰的遗产应由谁继承？ ……………………………（135）
示范案例三 ……………………………………………………（137）
张芳的继承人到底是谁？ ……………………………………（137）
示范案例四 ……………………………………………………（139）
生存配偶能否优先继承遗产？ ………………………………（139）
示范案例五 ……………………………………………………（140）
为胎儿保留的遗产是否应当重新分配？ ……………………（140）
示范案例六 ……………………………………………………（141）
转继承遗产纠纷如何处理？ …………………………………（141）
示范案例七 ……………………………………………………（142）
养子女对生父母扶养较多的，是否有权酌情分得生父母的遗产？
……………………………………………………………………（142）
讨论案例 ………………………………………………………（143）
1. 继女和养子是否属于法定继承人？ ………………………（143）
2. 继孙有无继承继祖父遗产的权利？ ………………………（144）
3. 继子女能否既继承生父的遗产，又继承继父的遗产？ ……（144）
4. 邻居对死者生前尽了主要扶养义务，是否有权请求酌情分得
遗产？ …………………………………………………………（144）
三、遗嘱继承、遗赠和遗赠扶养协议案例 ……………………（145）
示范案例一 ……………………………………………………（146）
这起遗产继承纠纷应如何处理？ ……………………………（146）
示范案例二 ……………………………………………………（147）
将遗产指定赠与“第三者”，该遗嘱的效力如何？ …………（147）
示范案例三 ……………………………………………………（150）
付某的遗产应如何继承？ ……………………………………（150）
示范案例四 ……………………………………………………（151）
死者生前立有多份遗嘱，应以哪一份为准？ ………………（151）
示范案例五 ……………………………………………………（153）

继承人不履行被继承人遗嘱指定的义务，应如何处理？ …………（153）
示范案例六 ……………………………………………………………（154）
过期表示接受遗赠，是否具有法律效力？ ……………………（154）
示范案例七 ……………………………………………………………（155）
此遗赠扶养协议的效力如何？ ……………………………………（155）
讨论案例 ………………………………………………………………（156）
1. 此口头遗嘱是否具有法律效力？ ………………………………（156）
2. 律师代书的遗嘱效力如何？ ……………………………………（156）
3. 此遗赠是否具有法律效力？ ……………………………………（157）
4. 公证遗嘱与自书遗嘱是否都具有法律效力？ …………………（157）
5. 父母与他人订立的遗赠扶养协议是否有效？ …………………（158）
6. 订立遗赠扶养协议后，被扶养人所欠债务由谁清偿？ …………（158）
四、遗产处理案例 ……………………………………………………（159）
示范案例一 ……………………………………………………………（159）
共同继承人之间对遗产负有担保责任吗？ ……………………（159）
示范案例二 ……………………………………………………………（161）
继承人自愿放弃继承后能否翻悔？ ………………………………（161）
示范案例三 ……………………………………………………………（163）
遗产已经分割完毕，债务应如何清偿？ …………………………（163）
示范案例四 ……………………………………………………………（165）
被继承人死亡后，其债权人应向谁请求清偿债务？ ……………（165）
示范案例五 ……………………………………………………………（167）
王某婚前购买、婚后分期付清余款的房屋是否属于遗产？ ………（167）
示范案例六 ……………………………………………………………（169）
无人继承且无人受遗赠的遗产应如何处理？ ……………………（169）
示范案例七 ……………………………………………………………（170）
“五保户”的遗产其亲属能否继承？ ……………………………（170）
讨论案例 ………………………………………………………………（171）
1. 如何认定遗产纠纷的诉讼时效？ ………………………………（171）
2. 被继承人的债务大于遗产实际价值，继承人是否应负全部
清偿责任？ ……………………………………………………（171）
3. 继承人是否有义务清偿被继承人遗留的财产损害赔偿债务？ ……（171）
4. 股东的法定继承人表示放弃继承遗产，是否还需承担债务
清偿责任？ ……………………………………………………（172）

5. 受继子扶养的继父死亡后，继子有无权利继承继父的遗产？……（172）
6. 对“五保户”尽了扶助义务的邻居，是否有权请求酌情分得遗产？……（173）

第七单元　涉及少数民族、华侨、港澳台同胞的婚姻家庭继承案例

示范案例一……（174）
如何处理少数民族婚姻当事人的重婚问题？……（174）
示范案例二……（177）
双方当事人户籍均在香港，离婚案件应由何地法院受理？……（177）
示范案例三……（181）
如何处理海峡两岸同胞的重婚问题？……（181）
讨论案例……（182）
1. 华侨回国收养子女应当具备哪些条件及履行哪些法定手续？……（182）
2. 少数民族习惯不允许与汉族通婚，当事人坚决要求结婚的，婚姻登记机关可否为其办理结婚登记？……（183）
3. 香港同胞在内地死亡，如何确定遗产继承案件的管辖权与准据法？……（183）
4. 台湾地区居民与内地居民在内地离婚，应如何处理财产纠纷？……（183）

第八单元　涉外婚姻、涉外继承、涉外收养案例

示范案例一……（186）
涉外离婚诉讼的管辖权如何确定？……（186）
示范案例二……（187）
外国人收养中国儿童应符合哪些条件和程序？……（187）
示范案例三……（189）
外国人在中国死亡，其遗产继承案件应由哪国法院受理？……（189）
讨论案例……（191）
1. 动产遗产在国外的继承案件，能否由中国法院受理？……（191）
2. 中国公民在国外结婚后，可否在中国法院起诉与外国人离婚？……（191）

3. 中国法院是否受理没有离婚制度的外国夫妻离婚案件？ ……… (192)
4. 外国公民与中国公民在中国结婚，应适用哪国法律？ ………… (192)

第九单元 婚姻家庭继承法综合案例

示范案例一 …………………………………………………………… (193)
收养关系成立后养父母离婚，收养关系该如何处理？ …………… (193)
示范案例二 …………………………………………………………… (194)
未办理结婚登记以夫妻名义同居，一方要求离婚时，
财产问题如何处理？ ……………………………………………… (194)
示范案例三 …………………………………………………………… (196)
被继承人遗留的房屋是否属于遗产？对该房屋哪些人有权继承？
……………………………………………………………………… (196)
讨论案例 ……………………………………………………………… (199)
1. 本案中各种财产的性质应如何认定？本案应如何处理？ ……… (199)
2. 离婚时，周某依法可以提出哪些请求？ ………………………… (199)
3. 丈夫死亡后，妻子对子女的监护权应如何处理？丈夫所购
彩票奖金应如何处理？ …………………………………………… (200)

附录 婚姻家庭继承法律、法规及司法解释选录

中华人民共和国婚姻法
（1980年9月10日第五届全国人民代表大会第三次会议通过 根据2001年4月28日第九届全国人民代表大会常务委员会第二十一次会议《关于修改〈中华人民共和国婚姻法〉的决定》修正 自2001年4月28日起施行）
……………………………………………………………………… (201)
最高人民法院关于适用《中华人民共和国婚姻法》若干问题的解释（一）
（2001年12月24日最高人民法院审判委员会第1202次会议通过 自2001年12月27日起施行） …………………………………………… (208)
最高人民法院关于适用《中华人民共和国婚姻法》若干问题的解释（二）
（2003年12月4日最高人民法院审判委员会第1299次会议通过 自2004年4月1日起施行） ……………………………………………… (212)
中华人民共和国收养法
（1991年12月29日第七届全国人民代表大会常务委员会第二十三次会议

通过　根据1998年11月4日第九届全国人民代表大会常务委员会第五次会议《关于修改〈中华人民共和国收养法〉的决定》修正　自1999年4月1日起施行）……（216）
中华人民共和国母婴保健法
（1994年10月27日第八届全国人民代表大会常务委员会第十次会议通过　自1995年6月1日起施行）……（221）
中华人民共和国继承法
（1985年4月10日第六届全国人民代表大会第三次会议通过　自1985年10月1日起施行）……（226）
最高人民法院关于贯彻执行《中华人民共和国继承法》若干问题的意见
（1985年9月11日）……（231）
中华人民共和国人口与计划生育法
（2001年12月29日第九届全国人民代表大会常务委员会第二十五次会议通过　自2002年9月1日起施行）……（237）
中华人民共和国妇女权益保障法
（1992年4月3日第七届全国人民代表大会第五次会议通过　根据2005年8月28日第十届全国人民代表大会常务委员会第十七次会议《关于修改〈中华人民共和国妇女权益保障法〉的决定》修正）……（243）
中华人民共和国老年人权益保障法
（1996年8月29日第八届全国人民代表大会常务委员会第二十一次会议通过　自1996年10月1日起施行）……（251）
中华人民共和国未成年人保护法
（1991年9月4日第七届全国人民代表大会常务委员会第二十一次会议通过　2006年12月29日第十届全国人民代表大会常务委员会第二十五次会议修订　自2007年6月1日起施行）……（257）
婚姻登记条例
（2003年8月8日国务院令第387号公布　自2003年10月1日起施行）……（266）
最高人民法院关于人民法院审理离婚案件如何认定夫妻感情确已破裂的若干具体意见
（1989年11月21日）……（271）
最高人民法院关于人民法院审理未办结婚登记而以夫妻名义同居生活案件的若干意见
（1989年11月21日）……（273）

最高人民法院关于人民法院审理离婚案件处理财产分割问题的若干具体意见
（1993 年 11 月 3 日） ……………………………………………………（275）
最高人民法院关于人民法院审理离婚案件处理子女抚养问题的若干具体意见
（1993 年 11 月 3 日） ……………………………………………………（278）
最高人民法院关于夫妻离婚后人工授精所生子女的法律地位如何确定的复函
（1991 年 7 月 8 日） ……………………………………………………（281）
最高人民法院关于审理离婚案件中公房使用、承租若干问题的解答
（1996 年 2 月 5 日） ……………………………………………………（282）
最高人民法院关于审理人身损害赔偿案件适用法律若干问题的解释
（2003 年 12 月 4 日最高人民法院审判委员会第 1299 次会议通过 自 2004 年 5 月 1 日起施行） ……………………………………………………（285）

第一版前言

2001年4月，经全国人大常委会通过颁布的修订后的《中华人民共和国婚姻法》，对我国婚姻家庭继承领域出现的新情况、新问题进行了规范。为指导司法实践，我国最高人民法院于2001年和2003年先后颁布了《关于适用〈中华人民共和国婚姻法〉若干问题的解释（一）》和《关于适用〈中华人民共和国婚姻法〉若干问题的解释（二）》。为了指导高等学校法学专业的学生学习《婚姻家庭继承法学》课程，加强理论联系实际，提高学生分析、解决婚姻家庭继承问题的能力，我们依据最新法律、法规和司法解释的精神，对2004年8月西南政法大学教材委员会审定在校内印刷、供全校学生使用的《婚姻家庭继承法学案例教程》进行修改、补充，写成了本案例教程。并且，为方便学生进一步研究学习，我们在附录中选编了有关的婚姻家庭继承法律、法规和司法解释。本书既可作为高等学校法学专业本科生的案例教学用书，也可作为研究生的学习参考书，还可作为司法实务部门处理婚姻家庭继承案件时的参考书。由于我们水平有限，若有不妥之处，恳请读者指正。

本书各单元作者撰稿后，由主编统一修改、定稿。各单元的撰稿人如下：

第一单元：胡平、曹贤余；

第二单元：张华贵；

第三单元：朱凡；

第四单元：李俊；

第五单元：曹贤余；

第六单元：陈苇、杜江涌；

第七、八单元：皮锡军；

第九单元：杜江涌。

附录的婚姻家庭继承法律、法规和司法解释由陈苇、杜江涌选编。

作　者

2005年5月

第二版前言

为了指导高等学校法学专业的学生学习《婚姻家庭继承法学》课程，2005 年 8 月群众出版社出版了我们编写的《婚姻家庭继承法学案例教程》。自本书出版后，在我校“婚姻家庭继承法学”课程的教学实践环节中，教师们采用本书作为指导学生进行案例讨论的教材。教师们通过组织学生进行课堂案例讨论，理论联系实际分析问题，增强了师生互动环节，提高了学生分析、解决婚姻家庭继承法学领域实际问题的能力。我校的“婚姻家庭继承法学”课程，2006 年被评为“西南政法大学校级精品课程”，2007 年被评为“重庆市市级精品课程”。

本书自 2005 年出版以来，已经过去五年了。这五年期间，在婚姻家庭继承法领域，有部分法律、法规和司法解释已经被修改或废止，有部分新的法律、法规和司法解释已经颁行，并且在我国社会现实生活中和司法实践中，也出现了一些婚姻家庭继承方面的新情况、新问题。因此，我们根据最新颁行的法律、法规和司法解释，结合婚姻家庭继承方面的新情况、新问题，对本书第一版的部分内容进行了修改和补充，以满足教学、学习及研究的需要。本书既可作为高等学校法学专业本科生的案例教学用书，也可作为研究生的学习参考书，还可作为司法实务部门处理婚姻家庭继承案件时的参考书。在此必须说明的是，为保护当事人的隐私和避免发生误会，本书采用的案例一般都经过了专门改编，其中的当事人和法院均为化名，请勿对号入座。

本书第二版被修改、补充的新内容，由陈苇、李俊、杜江涌撰写，最后由陈苇主编进行统一修改、定稿。由于我们的学识和水平有限，本书的内容如有不妥之处，恳请读者指正。

本书各单元的撰稿人如下：

第一单元：胡平、曹贤余；

第二单元：张华贵；

第三单元：朱凡；

第四单元：李俊；

第五单元：曹贤余；

第六单元：陈苇、杜江涌；

第七、八单元：皮锡军；

第九单元：杜江涌。

附录的婚姻家庭继承法律、法规及司法解释，由陈苇、杜江涌选编。

陈　苇

2010 年 7 月

本书引用的主要法律、法规及司法解释简称

1.《中华人民共和国宪法》(2004 年 3 月 14 日修正) 简称:《宪法》。

2.《中华人民共和国民法通则》(1986 年 4 月 12 日通过 自 1987 年 1 月 1 日起施行) 简称:《民法通则》。

3.《最高人民法院关于贯彻执行〈中华人民共和国民法通则〉若干问题的意见》(自 1988 年 4 月 2 日起施行) 简称:《执行民法通则的意见》。

4.《中华人民共和国婚姻法》(2001 年 4 月 28 日修正和公布 自公布之日起施行) 简称:2001 年修正后的《婚姻法》。

5.《中华人民共和国婚姻法》(1950 年 3 月 3 日通过 1950 年 5 月 1 日颁布施行) 简称:1950 年《婚姻法》。

6.《中华人民共和国婚姻法》(1980 年 9 月 10 日通过 自 1981 年 1 月 1 日起施行) 简称:1980 年《婚姻法》。

7.《最高人民法院关于适用〈中华人民共和国婚姻法〉若干问题的解释(一)》(2001 年 12 月 24 日通过 自 2001 年 12 月 27 日起施行) 简称:2001 年《适用婚姻法的解释(一)》。

8.《最高人民法院关于适用〈中华人民共和国婚姻法〉若干问题的解释(二)》(2003 年 12 月 4 日通过 自 2004 年 4 月 1 日起施行) 简称:2003 年《适用婚姻法的解释(二)》。

9.《中华人民共和国收养法》(1991 年 12 月 29 日通过 1992 年 4 月 1 日起施行 1998 年 11 月 4 日修正 自 1999 年 4 月 1 日起施行) 简称:现行《收养法》。

10.《中华人民共和国继承法》(1985 年 4 月 10 日通过 自 1985 年 10 月 1 日起施行) 简称:1985 年《继承法》。

11.《最高人民法院关于贯彻执行〈中华人民共和国继承法〉若干问题的意见》(自 1985 年 9 月 11 日起施行) 简称:1985 年《执行继承法的意见》。

12.《中华人民共和国母婴保健法》(1994 年 10 月 27 日通过 自 1995 年 6 月 1 日起施行) 简称:《母婴保健法》。

13.《中华人民共和国人口与计划生育法》(2001 年 12 月 29 日通过 自

2002 年 9 月 1 日起施行）简称：2001 年《人口与计划生育法》。

14.《中华人民共和国妇女权益保障法》（1992 年 4 月 3 日通过 自 1992 年 10 月 1 日起施行 根据 2005 年 8 月 28 日第十届全国人民代表大会常务委员会第十七次会议《关于修改〈中华人民共和国妇女权益保障法〉的决定》修正）简称：2005 年修正后的《妇女权益保障法》。

15.《中华人民共和国老年人权益保障法》（1996 年 8 月 29 日通过和公布 自 1996 年 10 月 1 日起施行）简称：《老年人权益保障法》。

16.《中华人民共和国未成年人保护法》（1991 年 9 月 4 日通过 2006 年 12 月 29 日修订 自 2007 年 6 月 1 日起施行）简称：2006 年修正后的《未成年人保护法》。

17.《中华人民共和国婚姻登记条例》（国务院令 387 号 自 2003 年 10 月 1 日起施行）简称：2003 年《婚姻登记条例》。

18.《中华人民共和国婚姻登记管理条例》（自 1994 年 2 月 1 日起施行）简称：1994 年《婚姻登记管理条例》。

19.《人类辅助生殖技术管理办法》（2001 年 2 月 20 日卫生部令第 14 号发布 自 2001 年 8 月 1 日起施行）简称：2001 年《人类辅助生殖技术管理办法》。

20.《最高人民法院关于人民法院审理离婚案件如何认定夫妻感情确已破裂的若干具体意见》（1989 年 11 月 21 日）简称：1989 年《认定夫妻感情确已破裂的意见》。

21.《最高人民法院关于人民法院审理未办结婚登记而以夫妻名义同居生活案件的若干意见》（1989 年 11 月 21 日）简称：1989 年《审理以夫妻名义同居生活案件的意见》。

22.《最高人民法院关于人民法院审理离婚案件处理财产分割问题的若干具体意见》（1993 年 11 月 3 日）简称：1993 年《财产分割意见》。

23.《最高人民法院审理离婚案件处理子女抚养问题的若干具体意见》（1993 年 11 月 3 日）简称：1993 年《子女抚养意见》。

24.《最高人民法院关于人民法院审理离婚案件中公房使用、承租若干问题的解答》（1996 年 2 月 5 日）简称：1996 年《审理公房使用、承租的解答》。

25.《中华人民共和国民事诉讼法》（1991 年 4 月 9 日通过和公布 自公布之日起施行 2007 年 10 月 28 日修正 自 2008 年 4 月 1 日起施行）简称：2007 年修正后的《民事诉讼法》。

26.《最高人民法院关于适用〈中华人民共和国民事诉讼法〉若干问题的

意见》（1992 年 7 月 14 日最高人民法院审判委员会第 528 次会议讨论通过）简称：1992 年《适用民事诉讼法意见》。

27.《中华人民共和国刑法》（自 1997 年 3 月该法被修订以来，先后通过了《全国人大常委会关于惩治骗购外汇、逃汇和非法买卖外汇犯罪的决定》和七个刑法修正案，最后一次为 2009 年 2 月 28 日的《刑法修正案（七）》）简称：现行《刑法》。

28.《中华人民共和国治安管理处罚法》（2005 年 8 月 28 日通过　自 2006 年 3 月 1 日起施行）简称：2005 年《治安管理处罚法》。

29.《最高人民法院关于如何处理农村五保对象遗产问题的批复》（自 2000 年 8 月 3 日起施行）简称：2000 年《处理农村五保对象遗产的批复》。

30.《最高人民法院关于审理人身损害赔偿案件适用法律若干问题的解释》（2003 年 12 月 4 日最高人民法院审判委员会第 1299 次会议通过）简称：2003 年《审理人身损害赔偿案件的解释》。

31.《最高人民法院关于确定民事侵权精神损害赔偿责任若干问题的解释》（2001 年 2 月 26 日最高人民法院审判委员会第 1161 次会议通过）简称：2001 年《确定民事侵权精神损害赔偿责任的解释》。

32.《中华人民共和国合同法》（1999 年 3 月 15 日通过　自 1999 年 10 月 1 日起施行）简称：《合同法》。

33.《中华人民共和国物权法》（2007 年 3 月 16 日通过　自 2007 年 10 月 1 日起施行）简称：《物权法》。

第一单元
违反婚姻法基本原则案例

相关主要法律、法规及司法解释链接：

2001 年修正后的《婚姻法》

第二条　实行婚姻自由、一夫一妻、男女平等的婚姻制度。

保护妇女、儿童和老人的合法权益。

实行计划生育。

第三条　禁止包办、买卖婚姻和其他干涉婚姻自由的行为。禁止借婚姻索取财物。

禁止重婚。禁止有配偶者与他人同居。禁止家庭暴力。禁止家庭成员间的虐待和遗弃。

第四条　夫妻应当互相忠实，互相尊重；家庭成员间应当敬老爱幼，互相帮助，维护平等、和睦、文明的婚姻家庭关系。

2001 年《人口与计划生育法》

第十八条　国家稳定现行生育政策，鼓励公民晚婚晚育，提倡一对夫妻生育一个子女；符合法律、法规规定条件的，可以要求安排生育第二个子女。具体办法由省、自治区、直辖市人民代表大会或者其常务委员会规定。

少数民族也要实行计划生育，具体办法由省、自治区、直辖市人民代表大会或者其常务委员会规定。

第四十一条　不符合本法第十八条规定生育子女的公民，应当依法缴纳社会抚养费。

未在规定的期限内足额缴纳应当缴纳的社会抚养费的，自欠缴之日起，按照国家有关规定加收滞纳金；仍不缴纳的，由作出征收决定的计划生育行政部门依法向人民法院申请强制执行。

第四十二条　按照本法第四十一条规定缴纳社会抚养费的人员，是国家工作人员的，还应当依法给予行政处分；其他人员还应当由其所在单位或者组织给予纪律处分。

2001 年《适用婚姻法的解释（一）》

第一条　婚姻法第三条、第三十二条、第四十三条、第四十五条、第四十六条所称的“家庭暴力”，是指行为人以殴打、捆绑、残害、强行限制人身自由或者其他手段，给其家庭成员的身体、精神等方面造成一定伤害后果的行为。持续性、经常性的家庭暴力，构成虐待。

第二条　婚姻法第三条、第三十二条、第四十六条规定的“有配偶者与他人同居”的情形，是指有配偶者与婚外异性，不以夫妻名义，持续、稳定地共同居住。

第三条　当事人仅以婚姻法第四条为依据提起诉讼的，人民法院不予受理；已经受理的，裁定驳回起诉。

一、干涉婚姻自由案例

示范案例一

干涉婚姻自由，法律如何规制？

王小强与肖采芬在打工时经人介绍相识后谈恋爱，两人相处一段时间后产生矛盾。2009年1月，肖采芬提出两人分手，并把王小强给的7000元彩礼退回。事后，王小强几次对肖采芬提出要求和好，均遭到肖采芬的拒绝。不久，王小强得知，2009年5月25日肖采芬将与本镇的一男青年按当地风俗摆酒席结婚。王小强对前女友与他分手后将与他人结婚气愤不已，觉得自己的感情受到了欺骗，心想自己得不到她也不能让别人得到，于是产生了破坏婚礼、强抢新娘的念头。王小强便召集自己的几个弟兄帮忙实施“抢亲”计划。婚礼当天，王小强一伙在半道上拦截送亲队伍，强行把新娘子挟持回家与王小强成婚，意图“生米煮成熟饭”。肖采芬不从，王小强将其打晕后由人搀扶着在其兄的主持下“拜了天地”。当地公安机关接到报警后，赶到王小强家解救了肖采芬，这场“抢亲”的闹剧才告结束。

请问：王小强的行为属于什么性质？为什么？

分析意见

本案王小强等人的行为属于暴力干涉他人婚姻自由的行为。

所谓婚姻自由是指公民有权按照法律的规定，自主自愿地决定自己的结婚或离婚问题，任何第三人包括当事人的父母都不能侵犯法律赋予当事人的婚姻自由的权利，婚姻当事人的任何一方也无权对他方加以强制。婚姻自由既是我国宪法赋予公民的一项基本权利，也是我国婚姻法的一个重要原则，该原则对于建立和巩固以爱情为基础的婚姻关系，保障公民的合法权益，具有十分重要的作用。为保证婚姻自由原则的实施，我国 2001 年修正后的《婚姻法》第 3 条第 1 款规定："禁止包办、买卖婚姻和其他干涉婚姻自由的行为。禁止借婚姻索取财物。"我国现行《刑法》第 257 条规定："以暴力干涉他人婚姻自由的，处二年以下有期徒刑或者拘役。犯前款罪，致使被害人死亡的，处二年以上七年以下有期徒刑。第一款罪，告诉的才处理。"

在本案中，王小强在肖采芬拒绝与其和好并将与他人结婚的情况下，使用暴力手段强行挟持肖采芬，并强迫肖采芬与其结婚，其行为明显是对肖采芬婚姻自由权利的侵害，其行为具有违法性。如果肖采芬向司法机关提起刑事诉讼，则可依照暴力干涉婚姻自由罪的规定追究王小强的刑事责任。

示范案例二

如何处理买卖婚姻？

川北山区某乡年近三十岁的村民吴富贵，高中毕业后虽未考上大学，但聪明好学，掌握了维修技术，经常走村串户为村民修理家电、农机具，经济收入较高。由于他脸部有一块红色"胎记"，虽经人介绍了几个对象，均嫌他其貌不扬而未能成功。他的远房亲戚杨德高，因丧偶又多病，与其 20 岁的女儿杨珍相依为命，生活困难。2008 年 8 月，吴富贵为讨得杨家父女的欢心，主动送去 1000 元给杨德高治病，并表示今后将在经济上大力帮助，这使杨家父女感激不已。同年 9 月初，吴富贵委托"媒人"带着礼物去杨家提亲。杨德高认为，吴富贵虽然相貌不敢恭维，但聪明、勤劳，又有手艺、收入可观，女儿许配给他，不仅生活有依靠，而且自己会得一笔丰厚的"彩礼"，便瞒着女儿答应了这门亲事。9 月 15 日，吴富贵与"媒人"再次来到杨家，商议订婚和"彩礼"事宜，几经讨价还价，最后议定吴富贵付给杨德高彩礼款 3 万元，并负担一切结婚用品的费用，定于 10 月 1 日举行婚礼。不几天，吴富贵如数送去了彩礼及结婚用品。杨珍得知此事后，坚决不同意与吴富贵结婚，请求其父退回钱物，遭到其父打骂。9 月 20 日，杨德高逼杨珍去乡政府办理结婚登记，杨珍不从，又遭毒打，杨德高凶狠地说："'父母之命，媒妁之言'自古以来是天经地义的规矩，必须去办结婚证。"杨珍无奈，只得哭哭啼啼随杨德高去乡政府，因婚姻登记员是吴富贵的堂兄，便违法为双方办理了结婚登记。

婚期将至，杨珍便逃到20里外的舅父唐建方家躲藏，10月1日，吴富贵带着亲友到杨家“迎亲”，见杨珍不在，便威逼杨德高交人，杨德高便带吴富贵等二十余人到唐建方家“迎娶”。杨珍东躲西藏，仍被其父抓住，虽又遭打骂，但仍表示誓死不与吴富贵结婚。杨德高便对吴富贵说：“我把人交给你了，你用什么办法叫她与你成亲，我不管。”说完便扬长而去。吴富贵便找来绳索，将杨珍手脚捆绑，由四个小伙子轮流抬去吴家举行“婚礼”。“婚礼”举行后，杨珍仍然誓死反抗。吴又将其手脚捆绑在床上，关上新房，不分白天黑夜强行与其发生性行为。10月5日，杨珍舅父唐建方见杨珍未按“风俗”回门，担心外甥女受到折磨，便赶去吴家看望，见杨珍仍被捆在床上，奄奄一息。当即要求恢复杨珍人身自由，吴富贵声称：“她是我用了3万元买来的，‘娶来的媳妇买来的马，任我骑来任我打’，你无权干涉。”唐建方便向当地警方报案，请求解救。派出所立即出警，赶到吴家时，吴富贵又指使亲友持械阻止，并将公安人员打伤。公安机关将吴富贵拘留，并将杨珍解救，使其获得自由。

杨珍获救后，要求公安机关严惩吴富贵的暴行。同时向县法院起诉，要求与吴富贵离婚，并要求追究其父杨德高的刑事责任。法院首先进行刑事审理，以暴力干涉婚姻自由罪，判处杨德高有期徒刑一年、缓刑二年。然后法院进行民事审理，吴富贵表示，要求杨德高返还聘礼3万元后，才同意离婚。法院经审理认为，此婚姻属于《婚姻法》禁止的买卖婚姻，其中的婚姻当事人杨珍系受胁迫而结婚的，遂依法判决宣告撤销吴富贵与杨珍的婚姻，杨德高收受的3万元聘礼依法没收。吴富贵不服县法院的民事判决，提出上诉，认为判离婚可以，但3万元应返还给他，否则他人财两空。二审法院判决维持原判，驳回上诉。

公安机关经侦查确认吴富贵的上述行为属实，报经县检察院批准后将吴富贵逮捕，并由检察院向法院提起公诉。法院刑庭以吴富贵犯强奸罪，判处有期徒刑四年；非法拘禁罪，判处有期徒刑二年；阻碍国家工作人员依法执行职务罪，判处有期徒刑三年。数罪并罚，合并执行有期徒刑八年。吴富贵对刑事判决也不服，认为杨德高犯以暴力干涉婚姻罪才处二年缓刑，而对他以这么多罪判了八年，显然不公，遂提起上诉。二审法院判决认为，一审判决认定的事实清楚，证据确凿，适用法律得当，遂驳回上诉，维持原判。

请问：法院的判决是否恰当，为什么？

分析意见

本案是一起典型的因买卖婚姻引起的民事、刑事案件，两级法院的民、刑判决都是正确的。

第一，买卖婚姻是我国法律禁止的违法行为。买卖婚姻是指第三者以索取大量财物为目的，包办强迫他人婚姻的行为。其与包办婚姻是既有联系又有区别的两个概念，两者的共同点在于：（1）都是第三者侵犯他人婚姻自由的行为；（2）在手段上都采用包办、强迫当事人结婚。两者的主要区别在于第三者是否以索取大量财物为目的。如果第三者不以索取大量财物为目的，仅仅是包办强迫他人结婚，则是包办婚姻，反之则是买卖婚姻。买卖婚姻是侵犯公民婚姻自由的行为，应当承担民事、刑事后果。

本案中的杨德高，不顾女儿杨珍的反对，为贪图钱财，不惜用打骂等手段，强迫其女与吴富贵“结婚”，实质上是将女儿作为商品出卖，是典型的买卖婚姻行为。

第二，包办婚姻、买卖婚姻都属于可撤销婚姻。包办买卖婚姻由于违背了2001年修正后的《婚姻法》第5条规定的“结婚必须是男女双方完全自愿”这一实质要件，侵犯了公民个人的婚姻自由权，违背结婚实质要件中的私益要件，因此，有些国家将违反双方合意而按法定程序缔结的婚姻，规定为可撤销婚姻。包括婚姻当事人一方强迫对方结婚，第三者强迫婚姻当事人一方或双方缔结的婚姻，均属于可撤销婚姻。2001年修正后的《婚姻法》第11条规定：“因胁迫结婚的，受胁迫的一方可以向婚姻登记机关或人民法院请求撤销该婚姻。受胁迫一方撤销婚姻的请求，应当自结婚登记之日起一年内提出。被非法限制人身自由的当事人请求撤销婚姻的，应当自恢复人身自由之日起一年内提出。”2001年《适用婚姻法的解释（一）》第10条规定：“婚姻法第十一条所称的‘胁迫’，是指行为人以给另一方当事人或者其近亲属的生命、身体健康、名誉、财产等方面造成损害为要挟，迫使另一方当事人违背真实意愿结婚的情况。”这些规定明确了处理可撤销婚姻的一些问题：（1）可撤销婚姻必须具备可撤销条件。一是婚姻当事人受胁迫结婚；二是双方办理了结婚登记。如果未办结婚登记只是胁迫以夫妻名义同居的，则只能按同居关系处理。（2）可撤销婚姻的请求权人只能是受胁迫一方，如果本人不请求撤销，任何人无权请求。（3）请求撤销期限为一年。自结婚登记或恢复人身自由之日起一年内行使。可撤销的婚姻过期没有请求撤销的，转为合法婚姻。（4）受理可撤销婚姻的机关只能是婚姻登记机关或人民法院。其他任何机关无权受理撤销婚姻的请求。（5）被撤销的婚姻自被撤销之日起，自始无效。即从结婚登记之日起，双方不具有婚姻效力，不具有夫妻间的权利和义务。

本案中的杨珍始终坚决不愿与吴富贵结婚，双方虽办理了结婚登记，但是在受杨德高打骂、吴富贵的强迫以及婚姻登记员的违法登记情况下办理的，因此，属于可撤销婚姻。杨珍因为不知法而向法院提出请求离婚，法院未按离婚而按宣告撤销婚姻处理是正确的。在对民事部分的审理中，吴富贵要求杨德高返还聘礼3万元，法院判决依法没收。对于买卖婚姻索取的财物，在请求离婚或宣告撤销婚姻时是否返还，虽《婚姻法》未作规定，但是司法解释对此有规定。1984年8月30日最高人民法院《关于贯彻执行民事政策法律若干问题的意见》第17条规定："属于包办强迫买卖婚姻所得的财物，离婚时，原则上依法收缴。"这是对包办买卖婚姻的行为人在经济上的民事制裁，即对行为人的经济处罚。因此，法院判决没收本案买卖婚姻收受的财物，是正确的。

第三，暴力干涉婚姻自由应承担刑事责任。我国《刑法》为了保障婚姻自由，特别规定了暴力干涉婚姻自由罪。所谓暴力干涉婚姻自由，是指近亲属采用打骂、禁闭等暴力手段，强迫或干涉婚姻当事人结婚、离婚、复婚情节严重的行为。暴力干涉婚姻自由罪，属于自诉案件，受害人告诉的才受理。如果受害人不主动告诉，法院不主动干预。当事人提起自诉案件后，要求撤诉的，也依法允许其撤诉不再追究刑事责任。这是因为受害人与加害人都是共同生活的近亲属，相互间要共同生活，享有权利，承担义务。但是如果引起被害人自杀死亡的，则仍按暴力干涉婚姻自由罪处二年以上七年以下有期徒刑。本案中的杨珍之父杨德高不顾女儿反抗，将女儿出卖，并以打骂等暴力手段逼迫其与吴富贵办理结婚登记，让吴富贵以暴力手段"迎娶"，置女儿生死于不顾，造成杨珍人身遭受严重的摧残，因此，经杨珍起诉，法院按暴力干涉婚姻自由罪，判处杨德高有期徒刑一年、缓刑二年是合法的。

第四，吴富贵被数罪并罚有法可依。吴富贵被法院按数罪并罚判处有期徒刑八年不服，认为只能按暴力干涉婚姻罪处二年以下有期徒刑或拘役。这一上诉请求被二审法院驳回，维持原判。这是因为，暴力干涉婚姻自由罪只适用于加害人与被害人有近亲属关系的情形。没有近亲属关系的行为人对婚姻当事人使用暴力强迫结婚的，如拐卖妇女的人贩子，婚姻当事人一方用财物收买妇女强迫结婚者，因犯罪主体与被害人之间没有近亲属关系，只能依其犯罪行为定罪处罚。拐卖妇女的，应按现行《刑法》有关拐卖妇女罪的规定予以处罚。根据现行《刑法》第241条的有关规定，收买妇女的，处三年以下有期徒刑、拘役或管制；与收买妇女强行发生性关系的，按强奸罪处三年以上十年以下有期徒刑；非法限制其人身自由的，按现行《刑法》第238条规定的非法拘禁罪处以三年以下有期徒刑、拘役、管制或剥夺政治权利。除收买妇女又强行与被卖妇女发生性行为按强奸罪处罚外，其余的罪行可数罪并罚。因此，法院对吴富贵以强奸罪、非法拘禁罪、阻碍国家工作人员执行公务罪，判处其有期徒刑八年，是符合法律规定的。

讨论案例

1. 如何处理换亲引起的纠纷？

某村村民肖长贵与龙道全，均有一子一女，并都已达婚龄，尚未婚配。因家境贫寒，两家儿子均已年过三十都还未找到合适的结婚对象。2009 年 11 月，两人商议换亲，决定肖的女儿肖英与龙的儿子龙建、龙的女儿龙芳与肖的儿子肖强联姻，互免“彩礼”，同一天办理结婚登记和举行婚礼。经各自征求子女意见，两家儿子甚为高兴，龙芳也自愿与肖强结婚。唯有肖英不同意与龙建成亲，因此遭到父母的打骂。不久，肖、龙两人要求肖英与龙建、龙芳与肖强两对男女共同去办结婚登记，当时虽肖英内心对此婚姻坚决不愿意，但在父母的打骂、威逼下，她被迫也一起到了婚姻登记机关，因婚姻登记机关审查不严，给两对青年发了结婚证。

婚礼当天，龙芳与肖强欢天喜地地接受了亲友的祝福，而肖英被父母胁迫到龙家与龙建举行了婚礼，并被限制人身自由强行同居。五天后，肖英乘龙家不备，深夜跑回娘家，哭诉在龙家所受的折磨和蹂躏，肖长贵夫妻左右为难，既后悔换亲给女儿带来的痛苦，又担心龙芳也会因此不辞而别。肖英见父母犹豫不定，便向县法院起诉，坚决要求与龙建离婚。龙道全见肖英坚决要与龙建离婚，觉得吃亏，便闯入肖家，强行将龙芳带走，并胁迫龙芳也向法院起诉与肖强离婚。龙芳不从，龙道全便以自己的名义起诉，要求法院判决女儿龙芳与肖强离婚。

请问：肖强与龙芳、肖英与龙建的婚姻，各属于什么性质的婚姻？法院依法应如何处理本案？

2. 在校大学生可以结婚吗？

某高校本科三年级学生王顺和女友朱小琼相恋多年。往年在毕业临近时，学校里很多情侣在毕业前夕上演了“劳燕分飞”的悲剧。王顺和朱小琼两人也即将走出校门去找工作，为了减少不必要的波折，两人决定在毕业前结婚。就在他们憧憬自己的幸福生活时，他们听说在校大学生禁止结婚。于是，他们两人来到当地的一家律师事务所进行咨询。

请问：如果你是律师事务所的工作人员，你将怎么回答他们的问题？

二、借婚姻索取财物案例

示范案例一

借婚姻索取的财物，离婚时应否返还？

孙谊大学毕业后在某企业工作，每月收入三千多元。2007 年 1 月，孙谊经人介绍与某大学二年级女生王娅相识，确立了恋爱关系。王娅提出，因她家庭生活困难，要求孙谊每月给她提供生活费 600 元，婚前必须购置 70 平方米以上商品房一套和家具、家电等生活用品，毕业后即结婚，否则中止恋爱关系。王娅的父母表示同意他俩恋爱结婚，但要求每月给付他们生活费 400 元，不然就不准双方恋爱结婚。孙谊再三说明，自己和父母都是一般职工，收入不高，经济上难以满足这些条件，但王娅及其父母毫无体谅之意。孙谊觉得自己已近而立之年，且相貌平平，恋爱多次受挫，只得被迫同意了王娅及其父母的要求，并签订了书面协议。此后，孙谊只得节衣缩食，按时给付王娅及其父母的生活费并筹集购房等费用。2009 年 5 月，王娅大学毕业前夕，一再催促孙谊购房和准备结婚用品。孙谊无奈，向亲友借得 3 万元付了首付款，并向银行按揭贷款 15 年购置了价值 16 万元的商品房一套，然后又用自己这些年节余的钱简单进行了装修并购置了结婚用品。同年 7 月，王娅毕业工作后，双方办理了结婚登记。婚后，王娅提出双方收入归各自所有，自己每月给付 150 元生活费，其余家庭费用由孙谊负担。孙谊对此不同意，王娅便以离婚相要挟。孙谊考虑到，自己为王娅经济上支付了几万元，为了维持夫妻关系，只得被迫在财产约定协议上签了字。2009 年 12 月，孙谊因经济上不堪重负，向法院起诉，要求与王娅离婚。并要求王娅退还自己婚前支付的生活费 3 万元。在审理中，王娅表示双方毫无感情，同意离婚，但不同意退还婚前支付的生活费。经法院调解无效，判决双方离婚，并由王娅退还给孙谊婚前向她及其父母支付的生活费 2 万元。

请问：法院的判决是否正确，为什么？

分析意见

这是一起借婚姻索取财物和因婚后经济纠纷引起的离婚案件，法院的判决公正、合法。

第一，《婚姻法》明令禁止借婚姻索取财物。2001 年修正后的《婚姻法》第 3 条规定："禁止借婚姻索取财物。"所谓禁止借婚姻索取财物，是指婚姻当事人一方向对方索要一定的财物，以此作为同意结婚的条件的行为。在现实生活中，通常是女方向男方索要财物，有的女方父母也从中索要一部分作为同意结婚的条件，但婚姻关系是双方自愿，无包办、强迫行为。如果不满足一方或其父母索要财物的要求，便终止恋爱关系。

借婚姻索取财物不同于买卖婚姻，也不同于婚前一方主动赠与对方或其近亲属的行为，更不同于恋爱中一方要求对方购置住房、家庭用品等行为。借婚姻索取的财物是归索要方所有或支配，给付方是被迫而为的行为。本案中的王娅及其父母要孙谊在王娅毕业前每月向他们提供生活费共计 1000 元，如果孙谊不同意，王娅便要与他终止恋爱关系。孙谊为了与王娅结婚，只得被迫同意此要求，因此，王娅及其父母的行为属于借婚姻索取财物的行为。至于王娅要求孙谊婚前必须购置住房和家庭用品，这一行为是不顾孙谊的经济条件的过高要求，因为婚前购置住房及家庭用品，仍属购置一方的婚前财产，归购置一方所有，仅供婚后双方使用。

借婚姻索取财物的行为，双方当事人结婚是自主自愿的，并无包办强迫，但为什么《婚姻法》明令禁止这种行为？因为此行为具有一定的危害性。首先，违背社会主义婚姻基础的要求。在社会主义条件下，婚姻应当以爱情为基础，只有坚持这一基础，婚后夫妻感情才能巩固、深化、持久，才能夫妻恩爱、家庭和睦。借婚姻索取财物的行为是将婚姻建立在给付金钱的基础之上，从实质上说，是婚姻当事人一方（通常是女方）将自己当作商品，讨价还价，进行交易。不仅有违社会主义婚姻基础，而且会腐蚀人的灵魂，败坏社会风气和社会道德，婚姻基础极不牢固，容易引起婚姻解体。其次，增加婚姻当事人的经济负担，造成婚后生活困难。当前不少收入不高的婚姻当事人为了满足另一方索要财物的要求，只得被迫向亲友借贷，造成婚后债台高筑，生活困难，容易引发经济纠纷，影响家庭的正常生活。最后，容易导致违法犯罪发生。一些收入不高的当事人，为了满足对方索要财物的要求，在无法借贷的情况下，不惜以身试法，进行盗窃、抢劫、敲诈勒索等犯罪，造成"未进洞房，先进牢房"的后果。因此，《婚姻法》为了倡导以爱情为基础的婚姻，禁止借婚姻索取财物。

第二，借婚姻索取财物，离婚时应当依法返还。借婚姻索取财物，离婚时应否返还，我国《婚姻法》没有明确规定。但是最高人民法院的历次司法解释均规定，应酌情返还。1993 年《财产分割意见》第 19 条再次重申："借婚姻关系索取的财物，离婚时，如结婚时间不长，或者因索要财物造成对方生活困难的，可酌情返还。"这一规定明确了借婚姻索取的财物，离婚时的处理原则。首先，不是全部返还，也不是一律不还，而要根据具体情况酌情处理。其次，返还的条件，一是结婚时间不长，二是造成对方生活困难的，凡是具备这两个条件之一的，都应酌情返还；返还的数量，应根据具体情况处理，如果被索要财物一方有返还能力或索要的财物原物尚在的，由法官自由裁量返还多少。本案中王娅及其父母在王娅结婚前向孙谊索要了 3 万元生活费，双方结婚只有半年，且王娅大学毕业后已工作，有固定收入，具有返还能力，因此，法院酌情判决王娅返还 2 万元是正确的。

示范案例二

终止恋爱关系时，自愿给付的"彩礼"可以请求返还吗？

王某 2008 年 10 月经人介绍与男青年李某认识并发展为恋爱关系。王某的父母看李某为人老实，意欲将其招为上门女婿。2009 年初，某社区经济适用房开盘，王某的父母欲买一套房屋给女儿王某结婚用。房屋总价款 32 万，由于数目较大，王家欲向银行贷款 10 万元。这时，李某主动提出，根据他老家的婚姻习俗，结婚时要给女方家彩礼，不如在买房时由其父母出资 10 万元，作为彩礼，王家表示同意并由李某父母支付了 10 万元用于购买该房。

2009 年下半年，李某在工作中认识了女同事刘某，在一次单位同事聚会喝酒后双方发生了性行为。后来，王某得知此事，她经再三考虑后，向李某提出终止恋爱关系的要求。李某表示，同意终止恋爱关系，但要求王家一次性返还彩礼 10 万元。王某不同意。李某遂诉至法院要求王某返还彩礼。

请问：法院能否支持李某的诉讼请求，为什么？

分析意见

本案是因"彩礼"的给付而引起的财产纠纷，涉及的焦点为自愿给付的

“彩礼”可否要求返还。

给付“彩礼”是中国几千年的传统婚嫁习俗。按此习俗，男方娶妻时要向女方交付一定的财物作为聘礼。这种现象目前在中国农村地区仍较为普遍，有些男子为了娶妻送彩礼甚至债台高筑，造成极其沉重的负担。因此，人民法院在审理此类案件时，应当既结合当地的婚嫁习俗，又结合婚姻当事人给付彩礼的具体情况予以处理。最高人民法院2003年《适用婚姻法的解释（二）》第10条规定：“当事人请求返还按照习俗给付的彩礼的，如果查明属于以下情形，人民法院应当予以支持：（一）双方未办理结婚登记手续的；（二）双方办理结婚登记手续但确未共同生活的；（三）婚前给付并导致给付人生活困难的。适用前款第（二）、（三）项的规定，应当以双方离婚为条件。”

结合本案具体情况看，王某与李某恋爱期间李某一次性给付王某彩礼10万元。李某之所以给王某钱，目的很明确，就是期待与王某结婚。虽然王某本人并没有借婚姻索要钱财，但李某给付彩礼是以结婚为前提条件的，现两人不能结婚，依前述司法解释的规定，这10万元的彩礼就应当返还给付方。因此，对李某返还彩礼的请求，人民法院应当予以支持。

讨论案例

1. 是借婚姻索取财物，还是婚前赠与？

2009年5月，吴明与郑霞经人介绍相识。在两人谈恋爱期间，吴明主动给郑霞买了手表、金银首饰及高档衣物等价值共计1.2万元的物品。2009年6月，两人登记结婚。由于双方性格不合，婚后纠纷不断。2010年2月，郑霞向法院起诉，要求与吴明离婚。吴明认为，双方婚前不够了解，草率成婚，婚后又未建立起夫妻感情，同意离婚，但要求郑霞返还恋爱期间吴明给郑霞的手表、金银首饰等价值1.2万元的财物，并提供了其父母和兄姐的书面证言。郑霞认为，这价值1.2万元的财物，是吴明为讨好自己、培养感情而主动赠送的，因此，不同意返还。

请问：郑霞婚前收受吴明价值1.2万元的财物应属于何种性质，法院依法应当如何处理？

2. 婚约解除时，赠与的财物如何处理？

2009年元月，刘兰和童刚经媒人介绍认识后开始谈恋爱。同年5月，两人在双方父母的主持下，订立了婚约。在恋爱期间，童刚给刘兰买了手机、首饰等价值约1万元的物品。童刚在第一次去见刘兰的父母时，送给刘兰的父母2000元现金和一台空调机。在随后的相处中，刘兰发现童刚性格暴躁，而且有一些不良的生活习惯。而童刚也发现刘兰做事比较任性，不像初始交往时那么温柔体贴。为此，两人经常吵架。2010年春节，刘兰提出两人终止恋爱关系。童刚对此表示同意，并要求刘兰返还手机、首饰以及2000元现金和空调机等财物，却遭到刘兰的拒绝。

请问：童刚可以请求刘兰返还上述财物吗，为什么？

三、重婚案例

示范案例一

是重婚，还是有配偶者与他人同居？

2007年1月，成都市某县居民宋巧与同县居民王生登记结婚，次年2月生有一个女儿。2008年2月以来，王生经常夜不归宿，长期在外赌博，他在输钱后，回家对宋巧不是打就是骂，根本不顾家庭和孩子。但是从2008年5月起，王生忽然对宋巧好了起来，他说打算到陕西省某县去开饭馆，要好好与她过日子，但尚差部分资金。宋巧为此十分高兴，认为王生已回心转意了。2008年6月，他们到宋的娘家借了2.5万元在陕西某县开了一家饭馆，开始生意不错。后来为了扩大经营规模，宋巧又从娘家借了5000元。

2009年3月，宋巧因想家回到了成都某县家中。留下了王生和在郫县请去的女工郑凡。同年6月，王生从陕西某县回到成都市某县宋巧的家里。他对宋巧说，生意不好做，他已把店里的东西变卖了，但未带一分钱回家。同年9月，王生带上曾经为他打工的郑凡到广州某地租房同居生活。同年12月，王生回家后两手空空，并对妻子拳脚相加。2010年1月，宋巧受不了丈夫的打骂，躲到了娘家。

此后，王生与郑凡又公开住在了一起。宋巧认为，王生打骂她，迫使她躲在娘家，目的就是不想归还他们去陕西某县做生意时从她娘家借的钱，并想与郑凡鬼混在一起。现在夫妻还没离婚，王生就与另一个女人公开住在一起。2010年4月，宋巧忍无可忍向法院提起诉讼，状告王生犯有重婚罪，并提交了一张王生与郑凡同睡一床的照片。

法院在审理该案时，王生声称，当时他因做生意亏了本，无法还清妻子娘家的借款，只好躲到广州某地居住而不回家。宋巧是本人愿意长期住在娘家而不愿回自己的家。因为宋巧长期不回家与丈夫共同生活，王生才与曾经为他打工的郑凡公开住在一起的。并且，2010 年 2 月的一天深夜，宋巧未经他本人的同意，就带其兄弟姐妹私自闯入他的住宅，对他暴打一顿，并私自将他和与他同睡一床的郑凡一起照了相，还将郑凡打跑。宋巧为了抓住证据，不惜一切手段，已侵犯了他的隐私权。

请问：本案依法应当如何处理？

分析意见

这是一起涉及应当认定为重婚还是有配偶者与他人同居的案件。

重婚，是指有配偶者与他人登记结婚或者与他人以夫妻名义共同生活。重婚分为法律上的重婚与事实上的重婚。对法律上的重婚，其认定关键在于当事人是否办理了结婚登记，有配偶者与配偶以外的其他人只要办理了结婚登记，无论是否同居、是否公开举行婚礼都构成法律上的重婚。对事实上的重婚，其认定关键则在于看有配偶者是否在前婚未解除时，又与他人未办理结婚登记就以夫妻名义共同生活。在现实生活中，重婚的表现形式大多数为事实上的重婚。

事实上的重婚与有配偶者与他人同居，既有联系又相互区别。两者的相同之处在于：第一，主体都是双方或者一方已经有配偶；第二，有共同居所或共同居住的事实，有稳定的一定时间的共同生活。两者的区别点在于：第一，双方当事人的称谓不同。有配偶者与他人同居对外多半是以情人、恋爱朋友相称，群众并不认为他们是夫妻。事实上的重婚当事人双方彼此以夫妻相称，且以夫妻名义公开生活，群众也认为他们是夫妻。第二，违法的性质和后果不同。有配偶者与他人同居，除与现役军人的配偶同居的外不构成犯罪，但要承担民事责任。并且有配偶者与他人同居是法院认定夫妻感情破裂，准予离婚的法定理由之一，也是无过错方离婚时请求损害赔偿的理由之一。重婚，除法律另有规定以外，一般属于犯罪行为，要承担刑事责任，同时也是无过错方离婚时请求损害赔偿的理由之一。在本案中，王生与郑凡并非以夫妻名义共同生活，同时群众也并没有认为他们是夫妻。因此，王生的行为属于有配偶者与他人同居，而不构成重婚。

此外，宋巧是否侵犯了王生的隐私权？隐私权是指自然人享有的对其个人的、与公共利益无关的个人信息、私人活动和私人领域进行支配的具体人格权。自然人的隐私权受法律的保护。非经当事人同意公开他人隐私的，属于侵犯隐私权的行为，应当承担相应的侵权责任。在本案中，宋巧与王生为合法夫妻，她为维护自己的合法婚姻关系，抓住丈夫王生违反夫妻忠实义务而与他人同居的确凿证据，不得已带亲属深夜捉奸并拍照。[①] 一方面，应当承认宋巧的这种取证行为是没有无法律依据的，属于侵犯他人隐私权的行为；另一方面，应当考虑由于王生与郑凡的同居行为，属于《婚姻法》明确禁止的有配偶者与他人同居的违法行为，此行为已经严重地破坏了宋巧的合法婚姻关系。从本案的实际情况来看，宋巧并未将该照片对外公开而仅仅向法院作为证据，因此，不宜追究宋巧侵犯他人隐私权的法律责任。但是，如果宋巧把该照片对外传播和公开，就应当承担侵犯他人隐私权的法律责任。

示范案例二

表兄妹以夫妻关系同居已二十多年，一方又与他人登记结婚，是否属于重婚？

朱明强与唐明芳系姨表兄妹关系，从小青梅竹马、两小无猜，成年后自由恋爱，双方父母都认为他俩结合会“亲上加亲”。1980 年 10 月 1 日，朱明强已年满 20 岁，唐明芳已年满 18 岁，双方的父母备办酒席，宴请亲友为他俩举行了婚礼。此后，两人即以夫妻关系同居生活，生有一子一女。当地乡政府曾以未登记结婚和无计划生育为由，给予他们罚款处罚。村委会认为他俩是表兄妹同居，因此，不给子女上户口，不让唐明芳落户，不分给其母子三人责任地，全家四人仅靠朱明强一人承包的土地生活，又无其他经济收入来源，生活极端困难，双方经常为此吵骂、打架。1982 年以来，他俩多次去乡政府申请补办结婚登记，以便给唐明芳和子女落户，承包土地，解决生计问题，但婚姻登记机关认为双方不符合结婚条件，不给补办结婚登记。朱明强见补办结婚登记无望，全家生计难以维持，逐渐变得脾气暴躁，经常因家庭小事毒打唐明芳，虽经亲友多次劝解，仍不悔改。2000 年 1 月，唐明芳再次被朱明强毒打后，不堪忍受，便向亲友及朱明强声称：“村干部一直不承认我们是夫妻，今后我们两人一刀两断，各自另找对象成家。”从此，她便回娘家居住，发誓绝

---

① 我们认为，有配偶者与婚外异性同居，该行为本身是一种公开共同生活的行为，根本就不需要拍照证明两个当事人同睡一床。

不再回朱家。朱明强多次前往赔礼道歉，要求恢复同居，均遭唐明芳及其父母等亲属拒绝。同年8月，唐明芳与同村丧偶男子黄清华登记结婚。2000年9月，朱明强得知此事后遂向县法院起诉，要求追究唐明芳与黄清华的重婚罪，并宣告他俩的婚姻无效。

一审法院经审理认为，朱明强与唐明芳是三代以内旁系血亲，未达法定婚龄即以夫妻关系同居，属于非法同居关系，唐明芳与黄清华婚姻关系合法，因此判决驳回朱明强的诉讼请求。朱明强不服，以我们以夫妻名义同居已二十多年，早已是事实婚姻为由提出上诉。二审法院认为，朱明强与唐明芳属于事实婚姻，双方未经法定程序离婚，唐明芳单方声明脱离同居无效，唐明芳在事实婚姻期间，又与黄清华登记结婚，双方构成重婚。但由于唐明芳系不堪忍受家庭暴力而重婚，不以重婚罪论处，在民事上宣告唐明芳与黄清华的婚姻无效。

请问：一审法院与二审法院各自的不同判决，哪一个是正确的，为什么？

分析意见

一审法院的判决适用法律不当，二审法院的判决合法。

第一，认定本案当事人是否符合结婚条件，应当适用1950年《婚姻法》的规定。本案当事人朱明强与唐明芳是1980年10月1日起以夫妻名义同居的，虽然同年9月10日已颁布了1980年《婚姻法》，但是该法第37条规定："本法自1981年1月1日起施行。1950年5月1日颁行的《中华人民共和国婚姻法》，自本法施行之日起废止。"按照这一规定，朱明强、唐明芳两人以夫妻名义同居，应按1950年《婚姻法》规定的结婚实质要件认定和处理。首先，双方已达法定婚龄。1950年《婚姻法》第4条规定："男二十岁，女十八岁，始得结婚。"朱、唐同居时，双方符合法定婚龄规定。其次，双方无法律规定的禁止结婚情形。1950年《婚姻法》第5条规定的禁止血亲结婚的范围，只禁止直系血亲、同胞兄弟姐妹和同父异母或同母异父的兄弟姐妹结婚。"其他五代以内的旁系血亲结婚问题从习惯。"朱明强、唐明芳是表兄妹，属于三代以内的旁系血亲。由于在我国历史上，盛行"表兄爱表妹，天生的一对"的习惯，民众中以表兄妹结婚为主的"中表婚"较为普遍，个别王朝虽明令禁止，但因传统习惯的影响，终于解禁。在1949年中华人民共和国成立初期，这一习惯仍难以用法律禁止，因此，1950年《婚姻法》作了"从习惯"的规定，即习惯上允许结婚的为合法，习惯上不允许结婚的为不合法。在我国历史上，兄弟姐妹、堂兄弟姐妹、伯叔姑与侄子女间、舅姨与外甥子女间等五代以内的旁系血亲在习惯上是不允许结婚的，但表兄弟姐妹在习惯上是允许结婚的，我国1950年《婚姻法》规定遵从此“习惯”。本案当事人朱明强与唐明芳表兄妹以夫妻名义同居时，符合1950年《婚姻法》规定的结婚实质要件，只是未办结婚登记而缺乏婚姻成立的形式要件。

第二，朱明强与唐明芳已经构成事实婚姻关系。结婚登记一直是我国《婚姻法》规定的婚姻成立的唯一形式要件。但由于受几千年仪式婚的影响，一些群众尤其农村的群众法制观念不强，结婚时“重仪式轻登记”。不少人结婚只举行婚礼，不办结婚登记，便以夫妻关系同居，组成家庭。为了稳定婚姻家庭，保护妇女和子女权益，1950年《婚姻法》实施后至1994年2月1日《婚姻登记管理条例》施行前的历次司法解释均对此类婚姻关系承认为事实婚姻，系“比照”合法婚姻处理而具有合法婚姻的效力。1989年《审理以夫妻名义同居生活案件的意见》第1条规定：“1986年3月15日《婚姻登记办法》施行之前，未办结婚登记手续即以夫妻名义同居生活，群众也认为是夫妻关系的，一方向人民法院起诉“离婚”，如起诉时双方均符合结婚的法定条件，可认定为事实婚姻关系……”根据这一规定，朱明强与唐明芳1980年10月同居时，已符合当时《婚姻法》规定的结婚条件，只是未办理结婚登记，因此，双方已构成事实婚姻关系。

第三，唐明芳与黄清华的结婚登记属于重婚行为。所谓重婚，是指有配偶者又与他人结婚，或明知他人有配偶而与之结婚的行为。这里所指的有配偶者，是指无配偶的男女已按法定程序登记结婚和在1994年《婚姻登记管理条例》施行前已形成事实婚姻的夫妻，在一方未死亡或双方未离婚前均属于有配偶者。这里的结婚，是指有配偶者又与他人登记结婚或以夫妻名义同居。前者为法律上的重婚，后者为事实上的重婚，均属重婚行为。即使重婚的另一方无配偶，如果其明知对方有配偶而与之登记结婚或与之以夫妻名义同居的，也会构成重婚罪。最高人民法院1989年《审理以夫妻名义同居生活案件的意见》第5条对前述问题作出了规定：“已登记结婚的一方又与第三人形成事实婚姻关系，或事实婚姻关系的一方又与第三人登记结婚，或事实婚姻关系的一方又与第三人形成新的事实婚姻关系，凡前一个婚姻关系的一方要求追究重婚罪的，无论其行为是否构成重婚罪，均应解除后一个婚姻关系。前一个婚姻关系的一方如要求处理离婚问题，应根据其婚姻关系的具体情况进行调解或者作出判决。”据此规定，唐明芳在事实婚姻关系存续期间，未办离婚手续，又与黄清华登记结婚，此属于法律上的重婚。由于本案当事人朱明强只起诉要求追究唐、黄的重婚罪，并要求宣布该重婚无效，在审理中，唐明芳也未反诉要求离婚，因此，二审法院在民事上判决宣告唐明芳与黄清华婚姻无效，解除双方的重婚关系是符合法律规定的。

第四，重婚行为，不一定会构成重婚罪。违法与犯罪行为是两个既有联系又有区别的概念。没有违法行为不能构成犯罪，但是违法行为未达到法律规定的违法程度也不构成犯罪。重婚行为与重婚罪也是如此。我国现行《刑法》第258条规定："有配偶而重婚的，或明知他人有配偶而与之结婚的，处二年以下有期徒刑或者拘役。"这一规定虽然没有规定重婚行为的违法程度，但当时的司法解释有明确规定。1979年2月2日最高人民法院《关于贯彻执行民事政策法律的意见》第一部分规定，人民法院审理重婚案件，"必须坚持一夫一妻制原则，严肃指出重婚是违法行为。但对具体案件的处理，要分析重婚原因，考虑实际情况，区别对待。基于喜新厌旧，好逸恶劳或'传宗接代'……而重婚的，情节严重的应依法处理。由于反抗包办强迫婚姻、或者一贯受虐待……外出与人重婚的，可不以重婚对待。"唐明芳是在长期受到朱明强打骂的情况下离开朱明强，她回娘家后才与黄清华办理结婚登记重婚的。而黄清华也与当地乡村干部一样，认为朱明强与唐明芳不是夫妻，只是同居关系，故不属于明知对方有配偶者。因此，二审法院鉴于双方重婚的原因特殊，对唐明芳和黄清华均不以重婚罪论处。

第五，婚姻登记机关拒绝对朱明强、唐明芳补办结婚登记是正确的。朱明强与唐明芳是1980年《婚姻法》实施生效后才要求补办结婚登记的。1980年《婚姻法》第6条规定，禁止直系血亲和三代以内的旁系血亲结婚。所谓三代以内的旁系血亲，是指同源于祖父母、外祖父母的旁系血亲，即伯叔姑与侄子女、舅姨与外甥子女、兄弟姐妹、堂兄弟姐妹、表兄弟姐妹之间均禁止结婚。1980年《婚姻法》禁止三代以内旁系血亲结婚，这是由于1950年《婚姻法》已贯彻实施了三十年，经过了广泛的宣传和科学知识的普及，广大群众已经认识到近亲结婚往往会危害下一代的健康。从实质上说，1980年《婚姻法》禁止三代以内旁系血亲结婚，就是坚决禁止习惯上的表兄妹间的"中表婚"。因为，在我国民间其他三代以内的旁系血亲，在习惯上都是不允许结婚的。

朱明强与唐明芳在1980年《婚姻法》生效后才申请补办结婚登记，显然不符合法律规定的结婚条件，因此，当时婚姻登记机关拒绝办理是合法的。

必须指出，2001年修正后的《婚姻法》新增第8条规定："要求结婚的男女双方必须亲自到婚姻登记机关进行结婚登记。符合本法规定的，予以登记，发给结婚证。取得结婚证，即确立夫妻关系。未办理结婚登记的，应当补办登记。"最高人民法院颁行的2001年《适用婚姻法的解释（一）》第5条规定："未按婚姻法第八条规定办理结婚登记而以夫妻名义共同生活的男女，起诉到人民法院要求离婚的，应当区别对待：（一）1994年2月1日民政部《婚姻登记管理条例》公布实施以前，男女双方已经符合结婚实质要件的，按事实婚姻处理。（二）1994 年 2 月 1 日民政部《婚姻登记管理条例》公布实施以后，男女双方符合结婚实质要件的，人民法院应当告知其在案件受理前补办结婚登记；未补办结婚登记的，按解除同居关系处理。”可见，1994 年 2 月 1 日民政部《婚姻登记管理条例》公布实施以前，男女双方已经符合结婚实质要件的，按事实婚姻处理，即使双方未补办结婚登记，该事实婚姻关系也具有与合法婚姻相同的法律效力。

讨论案例

1. 第一次登记结婚是被迫的，再次登记结婚是否属于重婚？

谢和平的父亲与金娜的父亲是高中同学，两家关系向来不错。早在谢和平和金娜还未出生的时候，两家人就相互约定，如果两家的孩子出生后是一男一女，他们两家就结成亲家。谢和平大学毕业后，金娜的父母与谢和平的父母就商量着兑现二十二年前的承诺。谢和平虽然反对此婚姻，但却知道自己怎么反抗也无济于事，便违心地答应了。2006 年元旦，谢和平与金娜办理结婚登记后即开始夫妻生活。

婚后，谢和平事业发展顺利，应酬也越来越多。2009 年 5 月，在朋友举办的生日宴会上，谢和平认识了于丽，一个刚大学毕业的中文系的学生。谢和平立刻被于丽漂亮大方的气质所吸引，而于丽也对谢和平深有好感。两人很快陷入热恋，于丽对谢和平提出了结婚的要求。谢和平思考再三，觉得自己的现在的婚姻一点都不幸福，况且被迫缔结的婚姻本来就不被法律保护，因此，谢和平隐瞒了自己已经登记结婚的事实，与于丽于 2010 年 1 月在另一座城市登记结婚了。

请问：对于谢和平前后两次登记结婚的婚姻，依法应当如何处理？

2. 冒名顶替结婚登记后，一方又与他人以夫妻名义同居是否属于重婚？

女青年陆芳经父母包办与素不相识的张春订婚后，因张春左眼失明，恐陆芳知道后不愿结婚，便叫 23 岁的弟弟张健经常与陆芳会面交谈。陆芳觉得“张春”高中文化，能说会道，会体贴人，又会木工，经济收入不错，便欣然答应了这门亲事。2008 年 12 月，张春叫张健代其与陆芳申请办理结婚登记，因婚姻登记员是张家的亲戚，明知是冒名顶替，也为“张春”、陆芳办理了结婚证。2009 年春节前夕，在张家举行的婚礼中，陆芳发现新郎不是与其恋爱、登记的“张春”，才明白自己受了欺骗，她当即大哭大闹然后跑回了家。事后，她找到张健说：“恋爱、登记我都认定的是你，我要与你结婚。”张健从内心也爱慕陆芳，两人便在镇上租房以夫妻关系同居生活。张春持结婚证多次气势汹汹地去镇上要陆芳回去同居，均遭陆芳拒绝，为此发生纠纷。2010 年 5 月，张春向法院起诉，要求追究张健与陆芳的重婚罪。

请问：张春与陆芳是否存在婚姻关系？张健与陆芳是否构成重婚？人民法院应当怎样处理本案？

四、有配偶者与他人同居案例

示范案例一

夫妻“忠诚协议”，是否具有法律效力？

2006 年 8 月 14 日，某法院开庭审理了一起特殊的民事纠纷——原告庄女要求被告陆男根据两人于 2001 年 6 月签订的夫妻“忠诚协议”，支付给原告 55 万元。

1998 年 12 月，原告庄女与大学同学陆男在经历了 3 年的爱情长跑后，终于幸福地结为夫妻。婚后，两人的感情一如大学校园里那般如胶似漆，陆男还时不时给庄女制造一些浪漫的惊喜。然而，由于丈夫陆男是某医院的主治医师，工作比较忙，在外面的应酬也比较多，庄女总有一种不安全感，担心陆男在外面会有越轨的行为。2000 年 1 月，陆男参加完一个同学聚会后，庄女在他的衬衣上发现了女人的口红印，当天两人便大吵了一架。此事之后两人虽然和好如初，但庄女仍觉得不踏实。于是在朋友的建议下，庄女想与丈夫签订一份夫妻“忠诚协议”，以保证丈夫对自己的感情万无一失。经过与丈夫沟通，陆男认为这对于庄女也是一种承诺，于是便同意了，双方约定的违约金为人民币 55 万元。

2001 年 10 月中旬，陆男所在的医院想通过对员工的培训来提升医院的医疗水平，由于陆男是医院的业务骨干，所以医院便派遣包括陆男在内的几名医生到美国进修，期限为 1 年。在医院的安排下，陆男与几个同事一起来到了美国。英语口语较为生疏的陆男为了不耽误学习，通过当地的中介机构找到了一名英文系华裔女大学生充当英文辅导老师。谁料两人日久生情，几个月下来，陆男便与这个女大学生住到了一起。而此时，在国内的庄女也听说了陆男的一些情况。

2002 年 11 月，陆男回国，庄女为此事与陆男争吵，但最终在陆男的苦苦哀求下，庄女还是原谅了陆男，毕竟，她不愿意放弃对丈夫的爱。她认为，既然丈夫已经认识到了自己的错误，就应该给他一个改过自新的机会。孰料，从 2006 年 1 月开始，庄女又获知，陆男又时常借口工作而夜不归家，却是与另一女性在外租房同居生活。在几番交涉无果后，庄女拿出了当初签订的夫妻“忠诚协议”，要求陆男依照当时的约定支付违约金，在被陆男拒绝后，她到法院起诉，请求法院判决陆男支付约定的违约赔偿金 55 万元，但没有提出离婚的诉讼请求。

在法庭辩论中，原告庄女提出，该夫妻“忠诚协议”是当时在与陆男双方自由协商的基础上订立的，且不违反法律规定，如今被告陆男的行为已违背了当时的协议，所以应该依约定支付给原告 55 万元违约金。被告陆男则认为，该夫妻“忠诚协议”固然是双方自愿签订的，但这是关于人的感情的规定，且是对人的自由的限制，不能适用 1999 年《合同法》，同时由于感情不是法律调整的对象，所以应该依法认定该协议无效。鉴于原告与被告之间的争议焦点是夫妻“忠诚协议”的效力这一目前法律尚无规定的问题，且经法院调解双方不能达成一致意见，所以法院将择期宣判。

请问：夫妻“忠诚协议”，是否具有法律效力？

分析意见

这是一起因有配偶者与他人同居，违反夫妻“忠诚协议”而引发的案件。目前，我国一些夫妻为了守住感情签订“忠诚协议”的并不鲜见。在现代社会，随着经济文化的发展，人们的思想观念发生了很大的变化，对婚姻家庭的态度也在产生潜移默化的影响，婚姻家庭关系的不稳定性与日俱增。我国 2001 年修正后的《婚姻法》第 4 条规定：“夫妻应当互相忠实，互相尊重；家庭成员间应当敬老爱幼，互相帮助，维护平等、和睦、文明的婚姻家庭关系。”第 46 条规定：“有下列情形之一，导致离婚的，无过错方有权请求损害赔偿：（一）重婚的；（二）有配偶者与他人同居的；（三）实施家庭暴力的；（四）虐待、遗弃家庭成员的。”2001 年《适用婚姻法的解释（一）》第 3 条规定：“当事人仅以婚姻法第四条为依据提起诉讼的，人民法院不予受理；已经受理的，裁定驳回起诉。”

在本案中，尽管被告与他人同居的行为为我国《婚姻法》所禁止，但由于原告没有提出离婚，所以不能适用《婚姻法》第46条的规定，不能请求离婚损害赔偿。而原告请求法院依据夫妻双方签订的“忠诚协议”，判决陆男支付约定的违约赔偿金。这涉及该夫妻“忠诚协议”是否具有法律效力？对此，我国2001年修正后的《婚姻法》及现行司法解释均无规定。

关于夫妻“忠诚协议”的性质和效力，目前我国学术界和司法界，主要有以下两种对立的观点：

一种观点认为，“忠诚协议”当属无效。有人认为，婚姻法规定“夫妻应当相互忠实”而非“必须忠实”，“应当”意在提倡，只有“必须”才是法定义务。法律允许夫妻对财产关系进行约定，但不允许通过协议来设定关系。人身权是法定的，不能通过合同来调整。还有人认为，“忠诚协议”虽不违法，但这种协议应由当事人本着诚信原则自觉履行，法院不能赋予忠诚协议强制执行力。否则，必然面临一个尴尬而危险的举证困难和一系列社会负面影响，我们应当考虑赋予忠诚协议强制执行力的巨大社会成本。另有人认为，忠诚协议主张的侵权损害赔偿欠缺法律依据，不属于《婚姻法》第46条规定的离婚损害赔偿之列。忠诚协议限制了公民的人身自由，法律不能通过合同契约的方式剥夺公民享有的人身自由这一基本宪法权利，故忠诚协议当属无效。①

另一种观点认为，应当对“忠诚协议”认定为有效。有学者指出，夫妻之间订立忠诚协议，并不违法。因为夫妻忠实本来就是法律规定的内容，属于法律明确的要求，协议双方等于把法定的义务变成了约定的义务，法院应当予以认可。② 有学者认为，对于夫妻双方自愿签订的忠诚协议，人民法院经审理查明确实属于夫妻双方的真实意思表示的，应当予以支持。因为，人民法院承认该忠诚协议有关财产赔偿约定的效力。这既符合婚姻法规定的精神，又符合社会主义婚姻道德的要求，也未破坏社会公序良俗，可以保障《婚姻法》有关“夫妻应当相互忠实”规定的实现，有利于弘扬夫妻相互忠实的道德风尚，有利于维护平等、和睦、文明的婚姻家庭关系，促进和谐社会的构建。③ 有法官主张：倾向于对“忠诚协议”认定为有效，因为其符合婚姻法的基本精神，是对婚姻法中“夫妻应当相互忠实”的规定的具体化。也正是由于夫妻签订了具体的协议，使得婚姻法上原则性的夫妻忠实义务具有可诉性。法律也未明

---

① “法律能干预婚外情吗?”载2002年12月31日《中国青年报》综合新闻版。

② 李明舜：《妇女权益法律保障研究》，第399页，国家行政学院出版社，2003。

③ 参见陈苇的发言记要，载罗杰：“最高人民法院关于适用《中华人民共和国婚姻法》若干问题的解释（三）（征求意见稿）专家论证会纪要”，西南政法大学外国家庭法及妇女理论研究中心网，http://www.swupl.edu.cn/mweb/wgjtf/content.asp?cid=821305199&id=959379247，上网时间：2010年6月15日。

文禁止当事人自行约定。忠诚协议的约定与婚姻法的基本精神相吻合，给付金钱具有违约赔偿性质，这种协议应当受到法律保护。因此，法院应当认定这种忠诚协议有效。至于违反忠诚协议行为的举证问题，根据“谁主张，谁举证”的原则，法院当然不会依职权去调查。如果当事人一方主张另一方违反忠诚协议但没有相应的证据予以证明，其只能承担败诉的后果，法院又怎么会陷入到“尴尬而危险”的举证困境中呢？[①]

示范案例二

如何处理夫妻一方与他人公开同居的行为？

2008年7月5日，某人民法院对一起妻子与他人同居引发夫妻感情破裂的离婚案作出一审判决，准予原告苏某（妻）与被告张某（夫）离婚，原告苏某支付被告张某精神损害赔偿款3000元。这是该院第一起因妻子不忠而被判支付精神损害赔偿款案件。

1997年，原告苏某与被告张某在广东省东莞市打工期间自由恋爱，1998年3月5日双方办理了结婚登记手续。婚后夫妻感情很好，儿子的出生更是给这个家庭增添了不少的欢乐。可是2007年10月，原告苏某离家出走与他人公开同居生活，给这个家庭蒙上一层阴影。被告张某经多方打听，均没有原告苏某的消息。正当被告准备放弃时，原告突然出现，请求被告原谅，原告还请求被告的姐姐帮忙说和，被告原谅了原告。但2008年3月，原告又外出与人同居，被告的弟弟和姐夫出门寻找原告，还被原告的同居男友打伤。

在庭审中，原告苏某诉称，自2007年1月以来，被告经常怀疑原告有婚外情，并因家庭琐事经常辱骂原告，严重地伤害了原告的自尊心，损害了双方的感情，导致夫妻感情已完全破裂，请求法院判决原告与被告离婚。被告张某认为，婚后夫妻感情很好，只因原告外出与他人同居才导致夫妻感情破裂，原告请求离婚，被告表示同意，但由于原告的过错，应支付被告损害赔偿款1万元。

一审法院认为，原、被告婚后夫妻感情很好，后因原告不珍惜夫妻感情，外出与他人同居，导致夫妻感情破裂，原告诉请与被告离婚，被告表示同意，

---

① 参见吴晓芳：《当前婚姻家庭案件的疑难问题探析》，载《人民司法》（应用版），第54～56页，2010（1）。

应予准许。鉴于原告的过错，造成被告精神损害，原告应给予适当的损害赔偿，但被告的要求过高，应予酌减，遂依法作出上述判决。

请问：一审法院的判决是否恰当？

分析意见

这是一起因夫妻一方与他人同居引起的离婚案件，法院的判决是正确的。

第一，有配偶者与他人同居是《婚姻法》禁止的行为。为了维护一夫一妻制，2001 年修正后的《婚姻法》增加规定“禁止有配偶者与他人同居”。本案中的苏某是有配偶者，而与他人公开以夫妻名义同居生活，该行为即属于 2001 年修正后的《婚姻法》明确禁止的“有配偶者与他人同居”的行为。

第二，一般的有配偶者与他人同居的行为，不构成犯罪。目前，对一般的有配偶者与他人同居的行为，我国《刑法》并未规定其为犯罪行为。2001 年修正后的《婚姻法》也未规定该行为构成犯罪。因此如果将一般的有配偶者与他人同居的行为按犯罪论处，于法无据。但是，如果有配偶者与他人同居的男女一方是现役军人的配偶，则是犯罪行为，应当被追究刑事责任。我国现行《刑法》第 259 条第 1 款规定：“明知是现役军人的配偶而与之同居或者结婚的，处三年以下有期徒刑或者拘役。”这里所指的“同居”，即是“有配偶者与他人同居的行为”，如果有配偶者与他人同居的男女一方明知对方是现役军人的配偶而与之同居的，按破坏现役军人婚姻罪而不能按重婚罪处罚。本案中的原告与被告，均不是军人的配偶，故其行为不构成犯罪。

第三，有配偶者与他人同居的行为，在民事上构成离婚条件。2001 年修正后的《婚姻法》第 32 条第 1 款规定，重婚的或有配偶者与他人同居的，一方要求离婚，经人民法院调解无效，应认定为夫妻感情确已破裂，判决准予离婚。据此规定，本案中的有夫之妇原告苏某两次公开与他人同居，法院经调解和好无效，应视为夫妻感情确已破裂，因此，法院判决准予离婚是正确的。

第四，有配偶者与他人同居的行为人离婚时，对无法定过错的配偶应承担损害赔偿责任。有配偶者与他人同居的行为，虽然不构成犯罪，但仍属于违法行为，应当承担民事责任。2001 年修正后的《婚姻法》第 46 条第 2 款规定，有配偶者与他人同居导致离婚的，无过错方有权请求损害赔偿。2001 年《适用婚姻法的解释（一）》第 28 条规定：“婚姻法第四十六条规定的‘损害赔偿’，包括物质损害赔偿和精神损害赔偿……”有配偶一方与他人同居，违反了夫妻忠实义务，属于重大过错行为，给无过错方在精神上、财产上造成了损害，在该原因引起离婚时，过错方应承担法定的损害赔偿责任，包括物质损害赔偿和精神损害赔偿。关于精神损害赔偿的数额，应根据2001年《确定民事侵权精神损害赔偿责任的解释》的规定，由各高级人民法院根据当地生活水平具体作出规定。被告所在省的高级人民法院规定精神损害赔偿的数额为1000~5000元。被告要求原告赔偿1万元精神损失费不符合该规定，因此，法院依该规定酌情判决原告赔偿被告精神损失费3000元，这是有法律依据的。

讨论案例

1. 对“婚外恋”者提出的离婚请求，应当如何处理?

方雨红与肖长乐登记结婚后，一度感情较好，生有一女，现年4岁。自2008年元月以来，方雨红在舞厅中结识了外地来此经商的个体老板薛洪贵，两人堕入了情网。不久，两人即公开以情人关系在薛洪贵的住所同居。经肖长乐多次规劝，方雨红虽偶尔回家与肖长乐过夫妻生活，但却仍继续与薛洪贵同居生活。2009年1月，薛洪贵回外地与其妻离婚后，与方雨红商议，让她也与其夫离婚，然后两人就登记结婚，做名正言顺的夫妻。方雨红遂以夫妻感情破裂为由，向法院起诉，坚决要求与肖长乐离婚，并表示不要共同财产中自己的份额，女儿由肖长乐抚养，她每月给付抚养费200元。在审理中，肖长乐考虑女儿年幼，需要母亲抚育，婚后夫妻感情尚好，只是因方雨红与薛洪贵同居才导致夫妻感情发生了变化，因此坚持不离婚。法官告知肖长乐：如果法院判决离婚，是否要求方雨红承担损害赔偿费。肖长乐表示，我既然不愿离婚，还提什么损害赔偿费。法院经审理认为，该夫妻结婚时间不长，女方因“婚外恋”而提出离婚，经多次调解和好无效，夫妻感情确已破裂，遂判决双方离婚，夫妻财产、子女抚养费亦参照方雨红起诉书提出的处理意见进行判决。肖长乐不服，向二审法院提出上诉。

请问：一审法院的判决是否正确?如果二审法院维持原判，肖长乐是否有提出请求离婚损害赔偿的权利?

2. 为了断“婚外情”而签下的补偿费协议，是否有效?

2009年10月，陈小红在工作中认识了来该地做生意的杨先广，两人互有好感。在双方交往的过程中，杨先广声称自己已经离婚，并出示了离婚证（后来证实为假证）有意与陈小红正式交往。于是，两人开始了同居生活。陈小红一心希望能与杨先广结婚，并于2010年元月怀上了他的孩子。但杨先广事实上并没有与妻子离婚，在陈小红怀孕后杨先广就明确地告诉她，自己不会离婚与她组成新家庭，让她去做人工流产。为了解除同居关系，双方经协商达成书面协议，约定由杨先广支付给陈小红20万元作为补偿。基于此协议以及该协议所附的欠款条，陈小红向法院起诉，要求杨先广支付为解除同居关系双方自愿约定的补偿费20万元。杨先广辩称，协议和欠款条是迫于陈小红及其亲戚、朋友的压力而写，并不是自己真实的意思表示。并认为陈小红知道其婚姻、家庭状况，并非上当受骗，而且陈小红在与其交往的同时也有其他异性朋友，不能确定孩子就是他的，故请求法院驳回陈小红的诉讼请求。

请问：本案应当如何处理?

五、家庭暴力及虐待案例

示范案例

如何处理家庭暴力案件?

齐元良是20世纪90年代初期分配到某政府机关工作的大学生，经人介绍与该县某厂女工谢家玲相识。不久，因齐元良所在的单位分房，两人匆忙登记结婚，婚后生有一子，现年9岁。谢家玲性格内向，温柔贤淑，为支持丈夫工作，承担了全部家务及抚育儿子的义务。齐元良道貌岸然，在外是谦谦君子，在家则如暴君，稍不遂心，便对谢家玲非打即骂。为顾全丈夫声誉，谢家玲总是忍气吞声，从未向外声张，人们都认为他俩是一对和睦夫妻。2005年齐元良升任县工业局局长之后，与未婚女秘书唐菲勾搭成奸，便决心抛妻弃子，与唐菲另结新欢。为迫使谢家玲主动提出离婚，齐元良一方面在经济上不再给谢家玲生活费，造成其母子生活困难；另一方面加重对其打骂，并将唐菲经常带回家中同宿，但谢家玲仍忍辱负重，委曲求全。齐元良再无计可施，加之唐菲迫不及待地催促其尽快离婚，2007年5月16日晚，齐元良持自己草拟的离婚协议书逼谢家玲签字，以便尽快登记离婚，谢家玲拒不同意。气急败坏的齐元良便拿起事先准备的木棒，对谢家玲大施淫威，进行毒打。谢家玲大呼救命，当邻居赶来时，谢家玲已血肉模糊，昏迷不醒，而齐元良却拂袖而去，谢家玲由邻居送往医院救治。经诊断，谢家玲右臂粉碎性骨折，腰椎断裂，经治疗后仍不能直立行走，且右臂功能丧失，经法医鉴定为三级残废，基本丧失劳动能力。经谢家玲请求，齐元良所在单位对齐元良开除公职，对唐菲行政记过处分。公安机关侦查后由县检察院以齐元良犯故意伤害罪向法院提起公诉。法院经审理后在合议该案时，法官们发生了分歧。一些法官认为，齐元良十多年来长期对其妻打骂，属持续性、经常性家庭暴力，应按虐待罪处二年有期徒刑；一些法官认为，齐元良虽然长期对谢家玲有殴打行为，但并未造成伤残严重后果，而此次谢家玲的致残是因齐元良的剧烈暴力行为所致，应按故意伤害罪处十二年有期徒刑。最后经法院审委会讨论决定，按后一种意见处理。

齐元良被判刑后，谢家玲又另案起诉，要求与齐元良离婚，并要求齐元良承担损害赔偿费 10 万元。儿子由谢家玲抚养，齐元良每月承担其子的抚养费 200 元。齐元良深感后悔，不同意离婚。经民庭判决，双方离婚，家庭房屋及齐元良的存款等夫妻共同财产共计价值 12 万元。齐元良应分割的部分，折抵损害赔偿费和子女抚养费。

请问：法院的判决是否正确，为什么？

分析意见

法院的刑事判决和民事判决都是正确合法的。

第一，严重的家庭暴力不能按虐待处理。家庭暴力与虐待是两个既有联系又有区别的概念，2001 年《适用婚姻法的解释（一）》第 1 条规定，家庭暴力是指行为人以殴打、捆绑、残害、强行限制人身自由或其他手段，给家庭成员的身体、精神等方面造成一定伤害后果的行为。持续性、经常性的家庭暴力构成虐待。从这一解释看出，家庭暴力与虐待是两个既有联系又有区别的概念。两者的主要相同点在于：（1）行为人与受害人都是互有权利义务的家庭成员。如夫对妻实施暴力或虐待，父母对子女、子女对父母、儿媳对公婆等实施暴力或虐待。（2）手段上都有采用殴打、捆绑、残害等行为侵害受害人的身体，使其肉体和精神受到痛苦，造成伤害后果。（3）都具有隐蔽性。受害人被侵害后，往往视为“家丑不可外扬”，不易为外人知晓。两者的主要区别在于：（1）行为方式不同。家庭暴力行为人是直接采用武力，以作为的方式侵害受害人的身体；虐待行为人既可以作为方式又可以不作为方式侵害受害人的身体和精神，如有病不给治疗，冻饿、毁谤、侮辱等侵害受害人的身体和精神。（2）时间不同。家庭暴力不少具有突发性，行为人事先并无准备突然施暴，一次暴力即足以使受害人重伤或死亡；虐待行为人早有准备和预谋，对受害人连续地、经常地、反复地进行，往往较长时间地侵害才能造成严重后果。（3）法律后果不同。家庭暴力行为人构成犯罪的应根据后果分别按刑法规定的故意伤害罪、非法拘禁罪、故意杀人罪处罚，且可数罪并罚；而虐待行为犯罪的，只能按刑法规定的虐待罪处二年以下有期徒刑、拘役或管制，且告诉才处理，即使虐待致人死亡的，也只能处二年以上七年以下有期徒刑。

我国现行《刑法》第234条规定，故意伤害他人身体，致人重伤的，处三年以上十年以下有期徒刑，致人死亡或以特别残忍的手段致人重伤造成严重残疾的，处十年以上有期徒刑、无期徒刑或死刑。本案中的齐元良在手段上虽未达到特别残忍的程度，但已经造成谢家玲严重残疾，使其丧失了劳动能力，因此，法院依法以故意伤害罪判处齐元良有期徒刑十二年。

第二，受害人应当寻求救助措施。2001年修正后的《婚姻法》第43条第1款规定："实施家庭暴力或虐待家庭成员，受害人有权提出请求，居民委员会、村民委员会以及所在单位应当予以劝阻、调解。"该条第3款规定："实施家庭暴力或虐待家庭成员，受害人提出请求的，公安机关应当依照治安管理处罚的法律规定予以行政处罚。"本案受害人谢家玲在婚后十多年中，受到齐元良的虐待和暴力侵害，一直忍气吞声，从未向齐元良所在单位或公安机关请求救助，维护自己的合法权益，致使齐元良视其软弱可欺，更加胆大妄为，以致出现伤害致残的严重后果。谢家玲的行为，值得人们警醒。

第三，实施家庭暴力者应承担民事责任。家庭暴力是严重侵犯家庭成员人身权的行为，即使行为人尚未构成犯罪，离婚时也应承担民事责任。2001年修正后的《婚姻法》第32条第2款规定，因实施家庭暴力或虐待、遗弃家庭成员，一方要求离婚的，经法院调解无效，应认定夫妻感情确已破裂，判决准予离婚。这一规定既适用于无过错方，也适用于过错方提出的离婚。该法第46条规定，因实施家庭暴力导致离婚的，无过错方有权请求损害赔偿。谢家玲在受到齐元良的严重家庭暴力致残后，坚决要求与齐元良离婚，虽然齐元良表示愿意悔改，坚持不离，但法院依法判决离婚，这符合法律的规定。谢家玲要求齐元良赔偿其身体损害和精神损害10万元以及承担子女抚养费，由于双方的共同财产总值只有12万元，齐元良只能分得价值6万元的财产，且齐元良已被判刑而将入狱服刑，他无其他财产承担赔偿责任，因此，法院将齐元良应分得的财产用于支付损害赔偿金和子女抚养费。

讨论案例

1. 因家庭暴力受伤，受害人是否有权单独请求损害赔偿？

徐永元和向春蕾两人都是中年离婚者，经人介绍两人相识。2006年春节前，两人登记结婚，系再婚夫妻。徐永元在外资企业工作，每月收入五千多元，向春蕾是国营企事业职工，每月工资1500元，由于双方都要负担与原配偶所生子女的抚养费，经夫妻双方书面约定，各自收入归自己所有和支配。徐永元每月出800元、向春蕾每月出400元作为共同生活费用，由向春蕾掌握使用。徐永元是有名的“酒罐子”，经常酒后回家无故打骂向春蕾。2007年底，徐永元随单位领导在酒楼喝完酒回家后，又对向春蕾骂骂咧咧，向春蕾回了几句，徐永元便操起铁杆一阵乱打，致使向春蕾左手前臂骨折，经手术治疗，花去医药费八千多元，徐永元分文不付，由向春蕾向亲友借支。同时，误工损失工资、奖金两千多元。由此，向春蕾要求徐永元赔偿经济损失1万元和精神损害费2000元，徐永元置之不理。向春蕾便以徐永元实施家庭暴力为由，向法院起诉，要求徐永元赔偿经济损失和精神损失费1.2万元。经法院审查后，裁定不予受理。

请问：法院不予受理是否合法，为什么？

2. 此家庭暴力行为的性质，应当如何认定？

冯志强和妻子彭华云于2005年1月登记结婚，婚后夫妻感情不错。同年12月，女儿的降生更是给这个幸福的家庭增添了几分温馨。2009年6月，冯志强在出差时遇见在一家外企工作的韦婷婷。韦婷婷刚从某大学的企业管理专业毕业，长相清秀，举止大方，且很有自己的想法，看问题的角度很独特。冯志强与韦婷婷通过一段时间接触，产生了感情。而由于沟通不到位，冯志强逐渐觉得妻子彭华云不理解自己，自己的许多想法没办法与她交流，于是夫妻之间开始争吵，后来演变成冯志强暴打彭华云，夫妻感情开始破裂。2009年6月，冯志强向彭华云提出离婚，彭华云认为女儿还小，拒绝离婚。2010年1月冯志强再次提出离婚，又被彭华云以同样的理由拒绝，冯志强不由得恼羞成怒。

2010年3月9日上午8点，冯志强趁女儿不在家，向彭华云下离婚的“最后通牒”。而彭华云坚持认为，夫妻感情原本很好，就是因为冯志强有了“外遇”才使夫妻感情恶化，并且女儿年幼，遂不同意离婚。冯志强暴怒，拿起身边的板凳砸向彭华云，被彭华云躲过。这更刺激了冯志强，冯志强开始殴打妻子。因为正值上班时间，彭华云的求救未能获得外界的救助，等后来邻居听到响动才给“110”打电话报警。警察赶到时，彭华云已经停止了呼吸。

请问：冯志强的家庭暴力行为该如何定性？为什么？

3. 故意杀死施虐丈夫，可否被减轻处罚？[①]

公诉机关：某市人民检察院

被告人：张某，女。

某市人民检察院起诉指控：2003年3月2日12时许，被告人张某由于不堪忍受其丈夫邹某长期的打骂和虐待，趁邹某醉酒后趴在饭桌上睡着之机，用铁锤猛击邹某头部数下，致邹某当场死亡。被告人张某在案发当日主动到派出所投案自首。张某的行为已触犯我国现行《刑法》第232条之规定，构成故意杀人罪，并具有现行《刑法》第67条规定的减轻处罚的情节。

被告人张某对自己的行为不做任何辩解。

辩护人辩护意见：被告人张某的主观恶性比其他故意杀人犯罪小。被告人张某不堪忍受被害人的打骂和虐待，离婚又怕儿女受伤害，不得已杀死被害人邹某，法院应依法对被告人张某减轻处罚。

法院经审理查明：被告人张某与被害人邹某（男，55岁）系夫妻关系，生有一子两女。婚后邹某经常虐待、打骂被告人及其子女，曾将被告人一步一棒从车站打回自己家里，将女儿打得不敢回家，张某曾自杀未遂。张某多次提出与邹某离婚，但均因邹某以杀死全家相威胁而未果。2003年3月2日晨，被害人邹某在自己的家中，因琐事骂其儿子，并向其儿子要钱，其儿子交给邹某300元，邹某边喝酒边把钱放到炉火里烧，其子上前阻止，邹某便拿炉铲子击打其儿子，又拿菜刀欲砍伤被告人张某，被其儿子拉开。张某遂产生杀死邹某之念。当天中午12时许，邹某趴在饭桌上瞌睡，被告人张某乘机拿一把铁锤，向邹某头部猛击数下，致邹某当场死亡。当日下午，被告人张某到派出所投案自首。案发后，邹某的子女及其他亲属还有同村的村民联名要求从轻处罚被告人张某。

请问：本案应如何处理？

---

① 参见上海律师热线：张永清故意杀死施虐丈夫被减轻处罚案，载 http：//www. lawyerhotline. com. cn/cases/1/56983. htm，上网时间：2010年8月16日。

六、遗弃案例

示范案例一

因母亲与他人同居，成年子女可以拒绝赡养母亲吗？

王小花与丈夫梁天平婚后生育有两个儿子，长子梁辉和次子梁星。2000年1月，梁辉结婚后从家里搬出，分家时对家里的平房、承包田及毛竹山进行了分割。2006年6月，梁天平去世后，家庭会议商定，梁天平在村里开办的一个加工厂折价人民币1万元由梁辉购买，在梁星未成家前，梁辉每年给付母亲王小花稻谷600斤，并订立了书面协议。此后，协议大部分都得到了履行，但对给付母亲王小花稻谷的义务梁辉却未履行。

2007年1月起，王小花与本村村民丧偶老人查天同居，这引起梁辉的不满。梁辉认为其母的行为有伤风化，因此与母亲矛盾加深，不仅仍然拒绝履行给付母亲稻谷的义务，还强行占用了王小花堆放柴草的一间房屋。近年来，王小花患有角膜炎、妇科病、胆囊息肉等多种疾病，劳动能力下降，加上治病花销很大，生活十分艰难。其两个儿子，只有在外打工的次子梁星每年寄给王小花部分医疗费用，梁辉则分文不付。2009年5月，王小花以梁辉为被告诉至法院。

法院经审理认为，子女赡养扶助父母是法定的义务，赡养扶助包括精神上慰藉、经济上供养、生活上照料三个方面的内容。即使父母有过错，但在他们需要赡养时，子女同样应当赡养。原告王小花近年由于患有多种疾病导致生活困难，被告梁辉作为其子女应当履行必要的赡养义务。2009年6月27日，法院判决被告梁辉每月给付原告王小花赡养费100元及稻谷60斤，并负担王小花此后医疗费的一半，同时判决被告梁辉一周内返还王小花的一间房屋。

请问：法院的判决是否正确，为什么？

分析意见

法院的判决正确合法。

第一，赡养父母是子女应尽的法律义务。2001年修正后的《婚姻法》第21条规定，子女对父母有赡养扶助的义务，子女不履行赡养义务时，无劳动能力的或生活困难的父母，有要求子女付给赡养费的权利。此规定表明，子女对父母的赡养是一项法定义务。子女对父母的赡养其内容包括经济上的供养、生活上的扶助和精神上的安慰。子女对父母给付赡养费是有条件的，其条件是：（1）父母无劳动能力或生活困难；（2）子女有负担能力。凡具备这两个条件，子女都应承担起父母赡养费给付的义务。子女赡养的方式可以是多样的，既可以支付赡养费（包括父母的生活费、医疗费、住房、交通等必需的费用），也可以让父母直接在家中予以生活供养。当子女不履行赡养义务时，父母有要求子女履行赡养扶助义务的权利。此外，目前在我国，双方均无配偶的人的同居生活，法律不予禁止，因此王小花的同居行为不是违法行为。而梁辉和梁星是由母亲王小花含辛茹苦抚养成人的，其兄弟两人都应该尽赡养母亲的法定义务。所以，梁辉拒付应给母亲的稻谷和医疗费的行为是一种遗弃行为。

第二，解决子女不履行赡养义务的法律途径。2001年修正后的《婚姻法》第44条第1款规定："对遗弃家庭成员，受害人有权提出请求，居民委员会、村民委员会以及所在单位应当予以劝阻、调解。"遗弃家庭成员，受害人提出请求的，人民法院应当依法作出支付抚养费、扶养费或赡养费的判决。根据这一规定，对具备法定条件的子女不履行赡养义务时，可通过两个法律途径解决：一是父母可以要求有关单位调解，即王小花可以请求村民委员会调解，要求梁辉履行法定义务。王小花将梁辉诉至法院则为另一途径，即通过诉讼方式要求梁辉履行法定的赡养义务，如果梁辉拒绝履行，王小花可以请求人民法院强制执行。

第三，遗弃行为情节恶劣的，还可追究其刑事责任。现行《刑法》第261条规定："对于年老、年幼、患病或者其他没有独立生活能力的人，负有扶养义务而拒绝扶养，情节恶劣的，处五年以下有期徒刑、拘役或者管制。"这里所指的"情节恶劣"，是指行为人不履行扶养义务，造成受害人死亡（包括自杀）、流离失所、乞讨等情节，应按遗弃罪追究刑事责任。此外，根据2001年修正后的《婚姻法》第45条和2007年修正后的《民事诉讼法》的相关规定，遗弃罪既可以由受害人提起自诉，也可以由检察机关提起公诉。受害人自诉的，可以和解或撤诉。

示范案例二

故意让患精神病的妻子流落街头，是否构成遗弃？

9年前，刘军经人介绍认识了张梅。在两人交往之前，张梅已经明确告诉刘军自己患有间歇性精神病，但刘军仍然决定跟她结婚。张梅怀孕后脾气变坏，时常找碴儿与刘军吵架，并摔东西。为了保住胎儿，刘军将张梅送往精神病院进行疗养。但由于经济困难，一段时间后刘军又将张梅接回家。回家后，张梅仍时常发病，几年过去了，张梅的病情并没有好转，刘军便将她锁在一间曾经用于养猪的房子里，每天除给她送两顿吃的外，基本上不再去看她。

2008年的一次朋友聚会上，刘军认识了管维珍。管维珍对刘军的遭遇很同情，两人相处一年多后，刘军希望能与其结婚，但咨询律师后才知道，由于张梅患有精神疾病，如他要离婚，必须为张梅找到适当的监护人才行。因张梅父母已过世，现在具有担任监护人资格的就是张梅的妹妹张丽。张丽在听完刘军讲述他想与张梅离婚且今后由张丽担任张梅监护人的想法后，她当场拒绝，并表示今后要断绝与刘军的来往。为了离婚，刘军决定用张梅将张丽诱出。由于担心张梅在路上可能会出现精神失常的情况，刘军请求父亲刘坤帮忙实施计划。2010年5月9日晚6点，刘军驾车同父亲一起将张梅从家中带到张丽家附近的公路上。刘军将事先写有张丽联系电话和地址的布条挂在张梅身上，将她带下车子，随后以自己去给她买吃的为由驾车离开。刘军认为，只要人们看到张梅身上挂有联系电话和地址的布条，总会有人打电话给张丽让她来领走张梅的。刘军回家等了好几天后，却始终没有接到张丽的电话。一周后，他向公安机关报警，谎称前几天张梅一人出去后就没有回来。公安机关经调查，证实在5月9日晚发生的一起交通事故中的无名女尸正是张梅。因受不了良心的谴责，刘军和刘坤主动到公安机关交代了前述事情的经过。

请问：刘军的行为是否构成遗弃？

分析意见

遗弃是指负有扶养义务的人，对年老、年幼、患病或其他没有独立生活能力的家庭成员，拒绝扶养的行为。拒绝扶养有以下三种情况：（1）人身遗弃。即行为人将家庭成员中的婴儿、幼儿或生活不能自理的人丢弃在医院、车站、码头、街道或荒郊野外，以达到推卸扶养义务的目的。（2）经济上拒绝供养。

行为人对年老、年幼、患病或其他没有独立生活能力的家庭成员，应当提供生活费、教育费、医疗费等必要的基本生活费用却拒绝支付，造成权利人生活极端困难。（3）生活上拒绝照料。行为人对年老、年幼、患病生活不能自理的家庭成员，日常生活上既不给予照料，也不作妥善安置，造成权利人生活上极端困难。凡是上述三种情况之一的，行为人的行为均可构成遗弃，行为人应承担相应的法律责任。

我国现行《刑法》第261条规定："对于年老、年幼、患病或者其他没有独立生活能力的人，负有扶养义务而拒绝扶养，情节恶劣的，处五年以下有期徒刑、拘役或管制。"在本案中，刘军故意将精神病人张梅独自一人丢弃在公路旁，且不采取任何防护措施，这是对没有独立生活能力的家人的一种人身遗弃，并最终导致张梅遭遇交通事故死亡的严重后果，其行为情节恶劣，已经构成遗弃罪。

讨论案例

1. 拒绝抚养人工授精所生的儿子，是否构成遗弃？

张男和李女于2002年结婚，婚后多年不孕，经医院检查，张男无生育能力。2007年下半年，夫妻两人通过熟人关系到医院为李女实施人工授精手术两次，均未成功。2006年初，夫妻两人再次到医院，找熟人又为李女实施人工授精手术。不久，李女怀孕，于2008年1月生育一子。之后，李女辞去工作，全身心投入照顾孩子。张男经常借口工作忙而在外过夜。夫妻双方常为生活琐事发生争吵，又长期分居，致使双方感情急剧恶化。2010年5月，李女向法院提起诉讼，要求与张男离婚，理由是张男对她和儿子不管不问，对家人也漠不关心，并且张男从2010年3月起，就已停止支付儿子的生活费，以致她和儿子生活十分困难。李女曾多次提出要求张男回来看望孩子均遭拒绝。张男认为人工授精未经他的书面同意，该孩子与自己没有血缘关系，因此拒绝抚养。为此，夫妻两人长期争吵。所以，李女起诉到法院，要求法院判决张男支付孩子的抚养费。

请问：张男与该人工授精生育的孩子是否有父子关系？张男对孩子拒绝抚养是否构成遗弃？

2. 是遗弃，还是买卖儿童？

2008年冬，农村妇女付某在去县城赶集的路上看见路边放了个箩筐，里面放有一个婴儿。由于当时已经立冬，且当天正在下小雨，箩筐里的婴儿已经冻得哭不出声。婴儿的身上有张纸条，上面写着孩子的出生年月日以及“请求好心人收养这个孩子”的字样。付某觉得这个孩子太可怜了，就抱回家抚养。但是付某以打临工为生，微薄的收入显然不能满足两人的生活，孩子太小，付某不得不一直待在家里照顾他。2009年夏，付某认为自己已经无力抚养这个孩子，经人介绍，付某以自己是该孩子亲生母亲的名义，将其以1万元的价格卖给了邻县的刘江。

请问：付某的行为应当如何定性？

七、与计划生育问题相关的案例

示范案例

超计划生育的孩子已送给别人抚养还算超生吗？

1989年8月1日，王某被江西省某县人事局招收为乡政府办事员。1992年3月，王某与农村户口的妻子生下一女，取名小潞。按照当时的计划生育政策，王某夫妇可生育两个子女。次年，王某夫妇又生下次女小柔，一直盼望儿子的夫妇俩商议把刚出生一个月的小柔送人收养，并办理了收养手续。

1996年2月，王某夫妇俩如愿得子小宇。1996年3月，王某被借调到镇政府广播站工作。2004年4月，镇政府与王某签订聘用合同，王某被聘为行管科科长。

2004年8月，镇政府接到群众举报后，依照《江西省计划生育条例》及某县人民政府《关于贯彻执行〈江西省计划生育条例〉的试行办法》的规定，认定王某超生，作出《关于王某降级的决定》，撤销其科长职务，降级为科员。2005年6月5日，王某不服镇政府的降级决定，申请人事仲裁。仲裁部门以不属于受案范围为由，不予受理。随后，王某向该县人民法院提起诉讼。

该县人民法院一审后依照《民事诉讼法》的有关规定，驳回王某的诉讼请求。

一审判决宣判后，王某不服，他坚持认为，他在与镇政府签订聘用合同后，没有任何违反国家法律法规和政策的行为，聘用方不可以滥用“降级”权，应按照合同约定恢复原级职位、补发工资及享受有关待遇，遂提起上诉。

某市中级人民法院经二审审理认为，根据当时的计划生育政策“凡超生三胎或三胎以上者（包括送养），均应视为超生子女”的规定，王某辩称其已将第二个孩子送给他人收养，故其不属于超生的理由不能成立。镇政府撤销其科长职务，既符合事实发生时的国家计划生育政策及地方为贯彻国家计划生育政策而出台的相关具体规定，也符合2004年聘用单位作出“降级”决定时的《人口与计划生育法》及《江西省人口与计划生育条例》等规定，聘用单位依据原《江西省计划生育条例》的相关规定属于适用规定不当，但不影响对王某的实体处理，故对聘用单位的决定应予以维持。王某因超生被降级，其要求按照原聘用合同恢复原级岗位等请求于法无据，不予支持。据此，该中级人民法院作出“驳回上诉，维持原判”的二审判决。与此同时，计生部门要求王某缴纳第三个孩子的社会抚养费。

请问：王某所在单位和计生部门的处理决定是否恰当，为什么？

分析意见

该单位的行政处分和计生部门的决定都是符合法律规定的。

第一，以送养子女为由超计划生育子女应当受到行政处分。以送养子女为由，超计划生育子女是严重违反现行《收养法》和2001年《人口与计划生育法》的违法行为。现行《收养法》第19条规定：“送养人不得以送养子女为理由违反计划生育的规定再生育子女。”《人口与计划生育法》第18条第1款规定：“国家稳定现行生育政策，鼓励公民晚婚晚育，提倡一对夫妻生育一个子女；符合法律、法规规定条件的，可以要求安排生育第二个子女。具体办法由省、自治区、直辖市人民代表大会或者其常务委员会规定。”依该法第41条、第42条的规定，超计划生育子女的人员，应当依法缴纳社会抚养费。缴纳社会抚养费的人员，是国家工作人员的，还应给予行政处分。《江西省计划生育条例》第50条规定，国家工作人员，违反本条例规定生育或收养一个子女的，给予降级或撤职处分。违法生育或收养二个或多个子女的，给予开除公职处分。

第二，超计划生育者应当缴纳社会抚养费。2001年《人口与计划生育法》使我国的计划生育工作纳入了法律调控，对超计划、无计划生育子女者，废除了罚款制度，改为统一标准的征收社会抚养费。该法第18条规定：“提倡一对夫妻生育一个子女；符合法律、法规规定条件的，可以要求安排生育第二个子女。”王某夫妻将超生的孩子送养，从而生下第三胎，造成符合计划生育规定进行生育的假象，这种行为本身就是违法的。该法第41条规定：“不符合本法第十八条规定生育子女的公民，应当依法缴纳社会抚养费。”这是因为无计划生育、超计划生育会给社会办学、交通、医疗、就业、国家管理等带来社会负担。社会抚养费征收数额，由于各地经济发展不平衡，由各省级人大常委会通过地方立法确定。2002年9月1日，江西省人大常委会颁布的《江西省人口与计划生育条例》第52条规定，计划外生育的，应当对其征收社会抚养费。因此，计生部门对王某的处罚决定是正确的。

讨论案例

1. 擅自生下曾与前夫协议同意做人工流产的孩子，是否违法？

2007年1月，孙女和王男登记结婚。婚后因为夫妻双方性格不合，两人经常因为家庭琐事吵架。后来，因为家庭住址与丈夫王男的工作单位相距较远，王男经常不回家造成夫妻长期分居，两人的感情日益淡漠。孙女认为，这样的夫妻关系名存实亡，遂于2008年6月向王男提出离婚。当时，孙女怀有两个多月的身孕，他们双方协议要去医院做人工流产，不要这个孩子。但因为急于分手，在办理离婚登记手续前孙女没有去医院做人工流产手术。当时，孙女承诺在办完离婚登记手续后，自己就去做人工流产手术。然而，离婚后的孙女却改变了主意，她没到医院去做人工流产，后来生下了一个儿子。她原本打算自己一人养育儿子，但随着她所在工作单位经济效益的逐年滑坡，其工资收入很不稳定，她一人单独扶养孩子确有困难。于是，孙女找到王男，要求他每个月给儿子500元抚养费。前夫王男不仅没答应，还指责孙女没按照双方的协议去做人工流产打掉这个孩子，这是违约的行为。

请问：孙女违约生子的行为，是否违法？

2. "丁克"：我妨碍了谁？

许桂芳和丈夫赵小全，两人都是20世纪80年代出生的"八零后"，他们的思想都比较前卫。自2005年元月两人结婚后，过了三年他们一直都没有生孩子。起初，他们双方的家长还以为他们两人的身体在生育方面可能有问题，遂将两人带到医院做检查，结果显示两人都很健康。原来，许桂芳和赵小全认为，夫妻二人世界很幸福，那种甜蜜感让人陶醉，而孩子的出现会破坏这种自由和惬意的生活。于是，夫妻双方商量决定，婚后两人不生育孩子。他俩的这种想法遭到长辈们激烈的谴责，认为"不孝有三，无后为大"，这种行为是对长辈的不孝、对祖宗的不敬。

请问：你如何看待此问题？

第二单元
亲属关系案例

一、亲等计算案例

示范案例

姑表兄妹是第几代的旁系血亲？

孟国兴的儿子孟元杰高中毕业后即与同村人一起外出打工，其间很少与家人联系，却与初中同学刘小娟联系频繁。刘小娟是孟元杰初中三年最要好的异性朋友，两人经常一起出去玩，一起探讨学习中遇到的问题，周围的同学经常取笑他们是最默契的“情侣”。当时两人还小，也没多想。后来，两人分别考上了不同的高中，彼此联系少了。2007 年国庆节，两人在打工的地方意外相遇，两人久别重逢十分高兴。经过一段时间的接触，两人彼此认定对方就是自己值得终身守候的人，于是回到家乡办理结婚手续。

按照当地风俗，结婚前男女双方的父母必须见面。双方的父母从闲谈中了解到，两家竟然还是亲戚。原来，刘小娟的母亲与孟国兴是亲兄妹，当年因为家庭贫困，刘小娟的母亲被送养到外地的一个朋友家。孟国兴成年后，孟国兴的母亲才将其妹妹被送养的情况告诉他，嘱咐他有机会去看望这个妹妹。双方父母了解到这些情况后都大吃一惊，赶紧阻止孟元杰和刘小娟两人办理结婚登记。但两人都坚决不改变主意，并因此而十分痛苦。

请问：刘小娟和孟元杰可以结婚吗？

分析意见

本案涉及要求结婚的当事人是否属于法律禁止结婚的近亲属问题。根据 2001 年修正后的《婚姻法》第 7 条之规定，直系血亲和三代以内的旁系血亲禁止结婚。所谓直系血亲是指出自同一祖先，有直接血缘联系的亲属。包括己身所出和己身所从出的两部分血亲。己身所从出的血亲即是生育自己的各代血亲，如父母、祖父母、外祖父母、曾祖父母、外曾祖父母、高曾祖父母和外高曾祖父母等。己身所出的血亲是指自己所生育的后代，如子女、孙子女、外孙子女、曾孙子女、外曾孙子女等。这些亲属与自身有纵向的血缘关系，因此，都是直系血亲。所谓旁系血亲是指除直系血亲以外，与自身出自同一祖先的血亲。如兄弟姐妹、侄子女、外甥子女、伯、叔、姑、舅、姨、表兄弟姐妹、堂兄弟姐妹等。

三代以内的旁系血亲是指同源于祖父母、外祖父母的除直系血亲以外三代以内的血亲。出自同一祖父母、外祖父母的三代以内的旁系血亲，其范围包括：兄弟姐妹，堂兄弟姐妹，表兄弟姐妹，叔、伯、姑与侄子女，舅、姨与外甥子女。旁系血亲代数的计算方法是：首先找到同源的直系血亲，再从己身往上数至同源的直系血亲，记下代数；再从同源的直系血亲往下数至要计算的旁系血亲，记下代数。如果两边的代数相同，则任何一边的数目即为他们的代数；如果两边的代数不相等，则以大的数目为其代数。例如，自身与姑表兄弟姐妹，是同源于祖父母的亲属，从己身往上数，己身为一代，数至祖父母，其代数是三代，再从祖父母往下数，祖父母为一代，数至姑表兄弟姐妹为三代，两边的代数相等，因此自身与姑表兄弟姐妹是三代旁系血亲。

在本案中，刘小娟的母亲和孟元杰的父亲孟国兴是亲兄妹，刘小娟和孟元杰属于三代以内的旁系血亲。按照我国2001年修正后的《婚姻法》的规定，刘小娟和孟元杰两人是法律禁止结婚的近亲属，因此两人不能结婚。

讨论案例

1. 表叔与表侄女是法律禁止结婚的近血亲吗？

1986年，冯涛刚满1岁时，其父亲去世。不久冯涛的母亲到外乡与马忠诚结婚，冯涛随母亲与继父一起生活，随继父姓改名马涛。二十多年来马涛的母亲与老家的亲友断绝了往来。2003年，马涛考入县高中，与同班女同学林娜关系较好，后两人一起考入同一所大学。大学毕业后，马涛与林娜两人确立了恋爱关系，双方父母也积极支持。

2009年，林娜同其父母到马家做客，聊起家常，方知马涛的母亲与林娜的祖母是同胞姐妹，马涛与林娜的父亲是姨表兄弟，马涛与林娜是表叔与表侄女关系。双方家长都认为两人辈分不同，故不能结婚。

请问：按罗马法计算亲等的方法，马涛与林娜是几亲等的何种亲属？双方家长都认为马涛与林娜两人辈分不同故不能结婚的理由是否有法律依据？

2. 同父异母的姐妹所生子女能否结婚？

蔡勇的妈妈和高洁的妈妈是同父异母的姐妹。两家来往密切，蔡勇和高洁性格投缘，两人经常在一起讨论各种问题。2009 年，蔡勇去部队参军，家里人认为，蔡勇参军回来后年纪大了会不好找对象，不如在出发前就把亲事给定了。正当家里人到处托人说媒时，高洁对蔡勇的妈妈说要嫁给蔡勇。而蔡勇也一直很喜欢这个小自己一岁且很乖巧的表妹。于是，向家里提出要娶高洁为妻的要求。这一要求遭到长辈的极力反对，高洁的妈妈认为，两家有近亲属关系，不能结婚。蔡勇和高洁两人很苦恼。

请问：蔡勇和高洁是属于何种血亲关系，能否结婚？

二、血亲关系案例

示范案例一

张霞与喻巧巧之间有何种亲属关系？

徐州市某县某镇农民谢子风和妻子刘长玲，在已经生有两个女儿的情况下，1999 年 5 月 2 日又生育了第三个女儿，为了不被查出来是超生，夫妻俩决定把这个孩子送人。谢子风夫妇连夜来到邻村的远房亲戚范富贵家，请求范富贵帮忙把孩子送人收养。

邻县 55 岁的喻槐、张霞夫妇结婚三十多年，一直没有生育，听说有人要送养孩子，闻讯赶来。喻槐、张霞夫妇从范富贵家抱走孩子后立即到民政部门申请办理收养弃婴的登记。民政部门经公告无人认领后，该小女孩被取名叫喻巧巧并办理了收养登记，然后与户主喻槐登记成父女关系。喻槐、张霞夫妇对这个孩子非常疼爱，将其视如己出。后来由于性格不和的原因，喻槐与妻子张霞于 2005 年 7 月离婚。喻巧巧随张霞一起生活。2007 年 8 月，张霞与刘建斌再婚，喻巧巧也随养母张霞到刘建斌家，与继父刘建斌共同生活。

自从孩子被送走以后，刘长玲后悔不已，日思夜想着自己流落在外的亲生女儿。刘长玲还偷偷去张霞家看过女儿，只见张霞家经济条件较好，女儿在他们家不愁吃不愁穿，刘长玲就稍微放心了。光阴似箭，转眼到了 2010 年，喻巧巧已经长成了一个活泼开朗的少女，而刘长玲一家通过做水产生意，腰包也渐渐鼓起来。刘长玲就想把自己的亲生女儿接回来，于是找到张霞，要求把孩子领回家抚养并补偿张霞这些年抚养女儿的抚养费。张霞坚决不同意，并说："女儿是我的心头肉，谁也别想抢走。要是为了钱，我当初离婚的时候就不会放弃补偿了！"见张霞的态度如此坚决，刘长玲知道这样的方法行不通，就于2010年6月向当地的人民法院起诉请求确认该收养无效。一审法院经调查审理认为，范富贵不具备送养人资格，遂判决该收养关系无效。根据判决，张霞必须将喻巧巧返还给生父母谢子风和刘长玲抚养，刘长玲和谢子风夫妇补偿张霞抚育费18万元。

张霞就要和心爱的女儿分开，非常痛苦。喻巧巧见母亲这样痛苦，询问为何原因，张霞含泪告诉喻巧巧整个事情的经过。喻巧巧搂着张霞，很坚定地说："我只有一个妈妈，你就是我的妈妈。我不离开你，我支持你去打官司。"有了女儿的支持，张霞向某中级法院提起上诉，说明自己收养喻巧巧符合收养条件且依法办理了收养弃婴的登记手续，是合法的；况且喻巧巧从生下来就一直与自己一起生活，因此由张霞抚养喻巧巧，对孩子的健康成长更为有利，而喻巧巧本人表示也不愿意与生母共同生活。该中级法院经过审理，最终撤销一审判决，驳回刘长玲和谢子风的诉讼请求。

请问：张霞与喻巧巧之间形成何种亲属关系？二审法院的判决合法吗？

分析意见

张霞与喻巧巧之间因收养形成了养母与养女的拟制血亲关系。二审法院的判决是合法的。

我国现行《收养法》第6条规定："收养人应当同时具备下列条件：（一）无子女；（二）有抚养教育被收养人的能力；（三）未患有在医学上认为不应当收养子女的疾病；（四）年满三十周岁。"第10条规定："生父母送养子女，须双方共同送养……有配偶者收养子女，须夫妻共同收养。"第11条规定："收养人收养与送养人送养，须双方自愿。收养年满十周岁以上的未成年人的，应当征得被收养人的同意。"第15条第1款规定："收养应当向县级以上人民政府民政部门登记。收养关系自登记之日起成立。收养查找不到生父母的弃婴和儿童的，办理登记的民政部门应当在登记前予以公告。"第23条规定："自收养关系成立之日起，养父母与养子女间的权利义务关系，适用法律关于父母子女关系的规定；养子女与养父母的近亲属间的权利义务关系，适用法律关于子女与父母的近亲属关系的规定。养子女与生父母及其他近亲属间的权利义务关系，因收养关系的成立而消除。”

在本案中，自喻巧巧出生起，谢子风和刘长玲夫妇即将孩子抱往远房亲戚范富贵家，请求其帮忙把孩子送人。喻某夫妇依法办理了收养弃婴的相关登记手续，该收养行为符合《收养法》的规定，具有法律效力。并且喻巧巧自被收养以后随张霞生活，现已 11 岁，与张霞建立了深厚的感情，如现在改变其生活环境，势必对其心理造成不良影响。谢子风和刘长玲除喻巧巧外尚有其他子女需要抚养，而张霞目前只抚养喻巧巧一人，喻巧巧亦明确表示不愿意随谢子风、刘长玲生活，故由张霞继续抚养喻巧巧，对未成年子女的成长更有利。因此，二审法院撤销一审判决，对谢子风和刘长玲请求确认收养无效的请求不予支持，驳回其诉讼请求，这是有法律根据的。张霞与喻巧巧之间的收养关系是合法有效的，其拟制血亲关系应当受到法律的保护。

示范案例二

父母子女关系可否因一方的声明而消灭?

现年 63 岁的退休老教师董谨有四个儿子，大儿子董刚在家种地，其余三个儿子均在外地的单位上班。2007 年春节期间，董刚结婚后与父母分家独立生活。董刚自己经营一家五金店，由于缺乏做生意的经验，五金店生意惨淡，面临倒闭的危险。董刚见饭店生意红火，几个开饭店的朋友都发财了，而自己又没有经费，遂请求父亲董谨为其提供五万元资金帮助开饭店。董谨认为，董刚脾气暴躁，为人也不精明，不是适合做生意的人。而董刚的妻子经常在邻里之间说长道短，弄得邻居之间的关系不和，也留下了不好的名声。于是，董谨拒绝了董刚的要求。一直与父亲关系不好的董刚被激怒了。他觉得之所以就他一个人在家种地，就是因为董谨当年没有好好培养他，才使他比不上他的弟弟们有出息，落到今天这么狼狈的境地。董刚越想越气愤，于是当着邻居的面，大声宣布他要与父亲董谨断绝父子关系。2009 年元月，董谨心脏病复发住进医院。董谨的老伴要求四个儿子轮流去医院照顾他们的父亲，遭到董刚的拒绝。董刚认为，他已经声明与父亲董谨断绝父子关系了，就没有照顾父亲的义务了。

请问：董刚声明断绝与董谨的父子关系有效吗?

分析意见

本案涉及的是自然血亲关系的解除问题。当事人是否可以通过声明断绝某种亲属关系的方式来解除自然血亲关系？根据自然血亲关系的发生与消灭的原因之基本原理来分析，本案当事人董刚采取单方声明的方式来断绝与董谨的父子关系是无效的。因为董谨和董刚的父子关系，属于自然血亲中的直系血亲关系。所谓自然血亲是指出自同一祖先，有真实血缘联系的亲属。如父母子女、兄弟姐妹、叔伯与侄子女、舅姨与外甥子女等，都是自然血亲，不分父系、母系。自然血亲是因人的出生这一法律事实而产生的。只要出生这一事实发生，出生者就与其父母、兄弟姐妹、叔叔、伯伯等亲属之间存在着自然的血缘联系，发生自然血亲关系，无须双方或对方认可，也不需要履行法律手续。因此，出生是自然血亲关系发生的唯一原因。自然血亲关系的消灭则只能是因为一方死亡，这是古今中外立法的通例。也就是说，自然血亲关系，除一方死亡外，不因为任何人为的原因而改变。父母子女关系不会因为父母离婚而消灭，也不会因为双方协议、一方声明或法院判决而解除。即使子女被他人收养，仅仅消除双方当事人之间的权利义务关系，因血缘联系而产生的父母子女的身份和称谓、法律上的禁婚效力以及对收养人的干预权利均不消灭。

因此，本案当事人董刚采取一方声明的方式来断绝与董谨的父子关系是无效的，他们之间的自然血亲关系和法定的权利与义务关系仍然存在。按照2001年修正后的《婚姻法》的规定，他仍然负有赡养父亲的义务，所以，董刚应当承担照顾生病的父亲董谨的法定赡养义务。

讨论案例

1. 父母子女间的权利义务能否因女儿出嫁而解除？

钱老汉夫妻生育有两个儿子和一个女儿。2007年底钱老汉的老伴去世后，钱老汉就与小女儿一起生活，在外地工作的两个儿子只有在过节和周末才回家看看父亲。2008年国庆节，钱老汉的小女儿嫁到外县为媳，回家的次数很少。两个儿子怕父亲一个人感觉孤独，就让父亲参加了家里附近的老年人俱乐部。2009年4月，钱老汉在去俱乐部的路上被一辆违章行驶的出租车撞倒，导致右腿骨折。两个儿子闻讯赶往医院，钱老汉的女儿第二天也来到医院。三个人商量着如何照顾父亲，钱老汉的女儿说：“我已经嫁出去，就没有照顾父亲的义务了，你们两个做儿子的应当承担照顾父亲的饮食起居的责任。”钱老汉的两个儿子听了，很不高兴，他们认为，不管女儿有没有嫁出去，都应该承担赡养父亲的义务。钱老汉的三个子女为此当场就吵了起来。

请问：钱老汉的女儿出嫁后，是否就解除了父母子女间的权利义务关系？为什么？

2. 父母离婚后子女未随其父生活的，亲子关系是否仍然存在？

刘家泰与王兰离婚后，两岁的女儿刘佳（后随继父改姓名为肖佳）随母亲王兰生活。刘家泰按协议支付女儿的抚养费，并有时去看望女儿。后刘家泰与李玉结婚，两人婚后又生一女，名叫刘丽。22 年之后，刘丽参加了工作并已结婚成家，刘丽一家时常回来看望两位老人。已经结婚成家的肖佳也有时来看望父亲。但在女儿参加工作并结婚分家另过后，刘家泰与李玉却常常因生活琐事发生争吵，感情渐渐恶化，于 2004 年 1 月两人协议离婚。2005 年春节，刘家泰与潘琳再婚。2010 年元月，刘家泰因意外事故死亡，并留下了一笔遗产。当肖佳提出自己是刘家泰的亲生女儿，依法享有继承权时，遭到了潘琳等人的强烈反对。潘琳等人认为肖佳的母亲早就与刘家泰离了婚，并且肖佳已改随继父姓，与刘家的亲子关系已经不存在了，没有资格继承刘家泰的遗产。

请问：肖佳与刘家泰之间的亲子关系是否仍然存在？为什么？

三、侵犯亲属权的案例

示范案例一

悼念权被侵犯了，怎么办？

2009 年的国庆节，林玲带上父亲最爱吃的铜锣湾饼回家看望父亲。进门发现只有继母一个人在家，林玲觉得很奇怪，就问道：“我爸呢？”继母支支吾吾半天没说话，林玲就更觉得奇怪了，一股不祥的预感袭上心头，追问之下，继母告诉林玲她的父亲已经在两个月前去世，连遗体都已经火化了。听到这个消息，林玲很悲痛，父亲去世自己都未被通知，她觉得继母做得太过分了。

林玲的父亲在 2006 年夏天认识林玲的继母，当时两人觉得比较合适，于是有结婚共同生活的意愿。两个长辈的想法遭到包括林玲在内的三个姐妹的极力反对。林玲的父亲表示，他与林玲的继母结婚以后不需要女儿们供养。同时，林玲的父亲把家里的财产统计了一下，平均分给了三个女儿。林玲的父亲再婚后，三个女儿总是借口工作忙，很少回家，且回家后都不与继母说话。父女关系因此也受到了影响。

现在林玲只能靠翻看以前的老照片来回忆和悼念父亲。让林玲生气的是，在父亲家里的墙上连一幅父亲的挂像都没有。林玲很伤心，认为父亲去世继母都不告诉她，害她连父亲的最后一面都没见到，而且遗体都火化了，以后想悼念父亲都不知道该去哪里。“连最后一个修补父女感情的机会都没有了，真是让人痛心！”林玲认为继母侵害了其对父亲的悼念权，遂将继母告上法庭。

请问：本案应如何处理？

分析意见

这是一桩涉及悼念权的案件。我国现行法没有明文规定公民享有悼念权。但立法没有明确规定的，并不表示该项权利不受法律保护。原告主张的悼念权可以被包含在2001年《确定民事侵权精神损害赔偿责任的解释》中的“其他人格权”的范围中，其是人身权的一种，也是亲属权的一种表现形式。根据民法理论，人身权包含人格权和身份权两部分，而亲属权是身份权的一部分。亲属权除去配偶关系和亲子关系以外还包括其他近亲属之间的身份权，其内容涉及除了配偶和父母与子女之外其他近亲属之间的权利义务关系。亲属权包括尊敬权、帮助体谅权、扶养权、悼念权等内容。对这些权利，根据民事法律适用的原则，有法律依法律，没有法律依民事习惯。正如本案中林玲主张的所谓悼念权，法律虽然没有明确规定，但按照我国民间的善良风俗习惯，人死亡后，近亲属瞻仰死者的遗容、参加火化及悼念等是其应尽的义务，也是其享有的权利。对近亲属的悼念权的剥夺，既违反了我国民间的善良风俗和社会公德，也会让相关近亲属的精神遭受巨大的痛苦。故本案中，原告林玲主张的悼念权应当受法律保护，侵权人应当承担相应的民事责任。

示范案例二

弃婴的死亡赔偿金，应当给谁？

2004年1月5日清晨，张兴在其家大门口发现一个用箩筐装着的婴儿。张兴见四周无人，再看婴儿身边有个纸条写有出生年月日和性别，才知道这是个被遗弃的女婴。这时，他见女婴的脸色已经变紫，就把她抱回家中，用热毛巾擦拭她的小脸并抱着她在火炉旁烤火，直到婴儿的脸色逐渐恢复正常。当天中午，张兴来到民政局反映上述情况。2001 年 1 月因为难产，张兴的妻子与未出生的儿子双亡，张兴至今尚未再婚亦无子女。他向民政局申请收养此被遗弃的女婴。民政局工作人员经依法进行公告程序仍无人认领后便给张兴办理了收养登记手续，此女婴被取名为张芊芊。

2009 年 2 月 6 日，张芊芊在过马路时被大货车撞倒，当场死亡。事后，张芊芊的养父张兴与车主达成赔偿协议：由车主对张芊芊的养父张兴一次性给付死亡赔偿金 22 万元。车主付款后，张芊芊的生父母出现，他们认为，他们才是张芊芊的真正的亲人，死亡赔偿金应当由他们取得。张芊芊的生父母因与张兴双方争执不下，便起诉至法院。法院经审理查明案件的事实后，做出如下判决：张芊芊的死亡赔偿金全部都由其养父张兴一人获得。

请问：法院的判决是否正确？

分析意见

这个案件涉及因收养而形成的养父母与养子女间的拟制血亲关系的效力。法院的判决是正确的。

死亡赔偿金是对死者近亲属带有精神抚慰性质的一种补偿，张兴与弃婴张芊芊在依法办理收养登记后双方已经形成养父与养女的关系，属于法律拟制血亲。依照我国现行《收养法》第 23 条的规定：“自收养关系成立之日起，养父母与养子女间的权利义务关系，适用法律关于父母子女关系的规定；养子女与养父母的近亲属间的权利义务关系，适用法律关于子女与父母的近亲属关系的规定。养子女与生父母及其他近亲属间的权利义务关系，因收养关系的成立而消除。”即该弃婴与生父母之间的权利义务关系，因张兴与张芊芊之间收养关系的合法成立而自动消除。故养父张兴应当是其养女张芊芊的死亡赔偿金的唯一合法享有者。据此，法院做出前述判决。

讨论案例

表侄对表叔有无悼念权？

邹琳的家庭关系较为复杂，自邹琳的曾祖父辈起，邹琳一家就与远房亲戚来往密切。2008 年 3 月，邹琳的祖父邹济才因病去世，在办理完丧事以后，全家人有很长一段时间都沉浸在悲痛之中。不料，2008 年 4 月初，邹琳的家人却收到法院的传票。原来，邹琳的祖父与表侄姚进一直往来密切。在邹琳的祖父去世以后，邹琳一家在通知亲朋好友时却遗漏了表侄姚进一家。之后，也没有人提起这件事。直到接到法院的传票，邹琳的长辈们才想起这回事。姚进认为，表叔邹济才曾经在他们家很困难的时候提供过帮助，他作为表侄应当好好回报邹济才，正当他生意不错，赚了一笔钱准备买些礼物来看望表叔邹济才时，听到的却是恩人去世的消息，这让他实在不能接受。姚进认为，邹家人是故意不告诉他的，并认为邹家人侵犯了他对表叔邹济才的悼念权。

请问：你认为姚进的主张是否成立，为什么？

第三单元

结婚制度案例

相关主要法律、法规及司法解释链接：

2001 年修正后的《婚姻法》

第五条　结婚必须男女双方完全自愿，不许任何一方对他方加以强迫或任何第三者加以干涉。

第六条　结婚年龄，男不得早于二十二周岁，女不得早于二十周岁。晚婚晚育应予鼓励。

第七条　有下列情形之一的，禁止结婚：

（一）直系血亲和三代以内的旁系血亲；

（二）患有医学上认为不应当结婚的疾病。

第八条　要求结婚的男女双方必须亲自到婚姻登记机关进行结婚登记。符合本法规定的，予以登记，发给结婚证。取得结婚证，即确立夫妻关系。未办理结婚登记的，应当补办登记。

第九条　登记结婚后，根据男女双方约定，女方可以成为男方家庭的成员，男方可以成为女方家庭的成员。

第十条　有下列情形之一的，婚姻无效：

（一）重婚的；

（二）有禁止结婚的亲属关系的；

（三）婚前患有医学上认为不应当结婚的疾病，婚后尚未治愈的；

（四）未到法定婚龄的。

第十一条　因胁迫结婚的，受胁迫的一方可以向婚姻登记机关或人民法院请求撤销该婚姻。受胁迫的一方撤销婚姻的请求，应当自结婚登记之日起一年内提出。被非法限制人身自由的当事人请求撤销婚姻的，应当自恢复人身自由之日起一年内提出。

第十二条　无效或被撤销的婚姻，自始无效。当事人不具有夫妻的权利和义务。同居期间所得的财产，由当事人协议处理；协议不成时，由人民法院根据照顾无过错方的原则判决。对重婚导致的婚姻无效的财产处理，不得侵害合法婚姻当事人的财产权益。当事人所生的子女，适用本法有关父母子女的规定。

2006年修正后的《未成年人保护法》

第十五条　父母或者其他监护人不得允许或者迫使未成年人结婚，不得为未成年人订立婚约。

一、婚约案例

示范案例

婚约是否具有法律效力？

王男与张女是邻居，从小一起长大，双方的感情一直很好。2004年7月，王男考取了省城的一所大学，张女则名落孙山。当时，王男19岁，张女18岁，张女的父母怕王男上大学后变心，便提议双方订婚，王男的父母一直很喜欢张女，就答应了。王男和张女双方也无异议。在王男上大学的前夕，双方家长为王男和张女举行了盛大的订婚仪式，并订立婚约一份，婚约中载明王男父母送给张女父母人民币1万元、彩电一台，以及价值5000元的金项链一条作为聘礼。张女父母也送给王男人民币5000元作为路费和上学期间的生活费。上大学后的最初一段时间，王男与张女的关系依然较好，王男大一、大二暑假就是在张女家中度过的，张女父母对未来的女婿热情接待，在此期间张女多次与王男出游，所需费用都由张女支付。在王男和张女分开的日子里，双方通过书信和电话的方式互致问候和思念之情，期间张女还多次给王男寄去不少生活用品。

2007年下半年，王男在与同学外出访友时，认识了附近一所大学的女生秦女，双方一见如故，很快就成为好朋友，不久两人就出双入对，成了一对恋人。由此导致了王男和张女的信件往来越来越少，电话交流也少了许多。王男告诉秦女自己已经订婚，秦女最初不信，当王男拿出婚约时，秦女才相信这是事实。秦女非常苦恼，但秦女的同学告诉她，根据我国法律，婚约不受保护，秦女与王男才从婚约的烦恼中摆脱出来。王男经谨慎考虑，向张女提出了解除婚约的要求，张女坚决反对，并来学校找王男说理，双方为此大吵一场，两家父母虽然从中做了不少工作，但收效甚微。2008年夏，王男与秦女将毕业，两人经努力被分到了同一个地方，不久王男与秦女登记结婚。张女一家知道此情况后非常气愤。张女起诉到法院，要求追究王男的重婚行为，并要求王男退还张家给予的5000元钱和偿还两个暑假在张家吃喝玩乐的费用3000元，以及支付张女

“青春损失费”5万元，张家订婚时收的聘礼因王男违反了婚约不予退还。

请问：法院应当如何处理本案？

分析意见

本案主要涉及三个问题：一是王男和张女的婚约是否具有法律效力；二是解除婚约后双方发生的财产纠纷如何解决；三是本案中王男的行为是否构成重婚。

首先，在我国婚约不具有法律效力。婚约是男女双方以将来结婚为目的而事先所作的约定，订立婚约的行为称为订婚，习惯上我们将订婚的男女双方称为“未婚夫妻”。在我国古代社会，订婚是缔结婚姻的必经程序，婚约具有强大的人身约束力。至现代社会，依民国时期1930年“民法亲属编”的规定，在法律上已不承认婚约是结婚的必经程序。婚约可由男女双方自愿订立，但结婚不以婚约为前提；婚约的形式无统一要求；婚约不得强迫履行；但无正当理由解约的，应负赔偿之责。[①] 1949年中华人民共和国成立后，在婚姻立法方面一直没有关于婚约的规定。为了指导解决在订婚方面产生的纠纷，中央人民政府法制委员会在1950年6月26日公布的《有关婚姻法实行的若干问题与解答》中指出：“订婚不是结婚的必要手续。任何包办强迫的订婚，一律无效。男女自愿订婚者，听其订婚，订婚的最小年龄，男为19岁，女为17岁。一方自愿取消订婚者，得通知对方取消之。”1953年3月19日，中央人民政府法制委员会发布的《有关婚姻问题的解答》中，再次强调：“订婚不是结婚的必要手续。男女自愿订婚者，听其订婚，但别人不得强迫包办。”2006年修正后的《未成年人保护法》第15条规定：“父母或者其他监护人不得允许或者迫使未成年人结婚，不得为未成年人订立婚约。”

由上述规定可见，我国法律既不禁止订立婚约，也不鼓励订立婚约。订婚不是结婚的必经程序。男女双方自愿订婚并履行的，法律尊重当事人的选择。订婚后一方解除婚约的，只要有单方的意思表示即可解除。对于当事人在订婚过程中及以后发生的财产关系，应当区别情况加以处理：属于为婚姻目的而赠与对方的财产，原则上应予返还，或折价赔偿；双方日常消费的财物和支出，赠与人一般不应要求返还；但价值较大的赠与物，受赠人已经处理的，应向赠与人折价补偿。

---

① 参见胡平主编：《婚姻家庭继承法论》，第122～123页，重庆出版社，2000。

其次，对于解除婚约时双方当事人的财产纠纷，应当酌情处理。由于张家送给王男5000元是基于今后女儿要与他结婚而为的赠与，现双方的婚姻关系无法成就，王男应予返还。至于双方交往期间的日常消费，不应视为赠与且数目不大，无须退还。对于青春损失费，由于婚约不受法律保护而不予支持。对于聘礼，由于价值较大，应予返还，但考虑解除婚约系由男方提出，且女方因婚约的解除而承受了一定的损失，应当酌情确定减少退还的具体数额。

最后，本案中女方要求追究男方的重婚行为，缺乏法律依据。如前所述，婚约不被法律所保护，存在婚约并不意味着双方存在婚姻关系，而王男与秦女的婚姻是进行了合法登记的婚姻，法律应予承认和保护。

因此，人民法院作出判决：王男与张女之间的婚约不受法律保护，王男与秦女的婚姻合法有效。王男应返还张女5000元人民币，张女退还所收部分聘礼人民币1万元，对张女要求王男支付“青春损失费”的请求，不予支持。

讨论案例

婚约解除后，能否请求返还彩礼？

2008年1月初，汪红军与姜小平经媒人撮合打算订婚。2008年1月15日，汪红军付给女方姜小平见面礼3万元。次日，汪红军再送给其金耳环一对。2008年1月18日，汪红军与姜小平订婚，又付给姜小平订婚宴的礼金1.8万元。姜小平实得汪红军彩礼计人民币4.8万元及金耳环一对。后来，由于汪红军与姜小平在交往中产生矛盾，双方于2009年1月算账退婚。2009年1月8日，姜小平退回汪红军彩礼3万元，其余彩礼1.8万元及金耳环一对拒绝返还汪红军，汪红军遂向法院提起诉讼，要求姜小平返还剩余彩礼1.8万元及金耳环一对。

请问：如何界定本案中彩礼的性质？本案应当如何处理？

二、结婚实质要件案例

示范案例一

继父与继女，是否可以结婚？

苏某出生后不久，其生父死亡。母亲刘某独自抚养苏某到10岁时，与同厂男工何某结婚。何某比刘某小5岁，性情温和，很喜欢小孩，对继女苏某非常疼爱。何某不但与刘某一起供养、照料苏某的生活，还经常给继女苏某辅导功课，苏某也非常喜欢继父，一家三口生活幸福平静。刘某在苏某16岁时被确诊为乳腺癌晚期，三个月后就去世了。刘某在去世前将女儿苏某托付给何某，何某承诺要将苏某抚养成年。苏某此后一直与何某共同生活，相依为命，继父与继女两人的感情也很好。多年来没有父亲又失去母亲的苏某非常珍惜现在的生活，对继父何某有一种很特殊的感情。苏某高中毕业后，在当地的一家大型超市找到一份工作。20岁的苏某给同事的印象是一个沉默、娴静、不太喜欢与人交往的女孩。每天下班后总是回到家里操持家务或读读小说、看看电视连续剧，与继父在一起的生活是她感到最安心舒适的生活。亲友给苏某介绍男友，均遭拒绝。在她的心中，继父是她选择男友的唯一标准，他性格恬淡、温和，有修养，有爱心，有责任感，没有任何不良的习惯，苏某把年龄与自己相仿的男性朋友一一与继父作比较，都感到不满意。渐渐地，苏某产生了一种想法，希望能够一辈子跟继父一起生活，或者嫁给继父。虽然没有其他的朋友可以商量，但在这种强烈愿望的驱使下，苏某向当地一家媒体的热线电话咨询，想知道没有任何血缘联系的继父与继女是否可以结婚。

请问：继父何某与继女苏某，是否可以结婚？

分析意见

根据我国2001年修正后的《婚姻法》的相关规定，继父何某与继女苏某不能结婚。

本案中的继父何某与刘某结婚时，继女苏某只有10岁，其后苏某与母亲、继父共同生活，继父何某承担了对继女苏某的抚养教育义务。在刘某去世后，何某还继续抚养继女苏某直至其成年。多年的抚养教育，已经使苏某与何某形成了法律拟制的直系血亲关系。2001年修正后的《婚姻法》第27条规定："继父或继母和受其抚养教育的继子女间的权利和义务，适用本法对父母子女关系的有关规定。"即父母子女直系血亲之间的禁婚规定，也同样被适用于形成抚养教育关系的继父母子女之间。

有人可能会提问，由于苏某与何某没有自然血缘联系，所以他们结婚后不可能生育不健康的后代。甚至，苏某与何某做绝育手术不生育后代总可以结婚吧，禁止近血亲结婚不就是为了防止生育不健康的后代吗？那么，法律禁止苏某和何某结婚是不是没有科学根据呢？必须指出，2001年修正后的《婚姻法》

中关于禁止结婚的近亲属范围的规定，不仅要考虑当事人双方的近亲属血缘联系，以免今后的生育影响后代的健康；而且要考虑的另一个因素就是人们的伦理道德观念。直系血亲之间不得通婚，这是我国民众普遍认同的婚姻伦理道德观念。而法律是人们的善良风俗能够容忍的伦理道德的底线。法律为人们行为制定准则的标准之一是人们的善良风俗习惯和伦理道德观念。因此，法律规定直系血亲的父母子女之间不能结婚，其中一个因素就是基于婚姻伦理道德观念的要求。由于继父何某与继女苏某属于法律拟制的直系血亲关系，所以，他们两人属于法律禁止结婚的对象范围。

示范案例二

缓刑犯在缓刑执行期间，是否可以结婚？

刘某因犯贪污罪，被法院判处三年有期徒刑、缓刑三年。但与刘某恋爱多年的女友却并未因此取消他们的结婚计划。由于准备在缓刑执行期间结婚，于是刘某通知了公安机关。公安机关的工作人员当即答复，在缓刑期间不得结婚。为此刘某非常痛苦，现在女友愿意与自己结婚，一旦结婚的事情被耽搁，以后两人的婚事可就没有准了。他认为，公安机关不许可他结婚的做法是不对的，直接侵犯了他的人权，是某些工作人员故意刁难和报复他。虽然自己犯罪了，但还是公民，又没有入狱，应当享有与普通人一样的基本权利。他便向有关机关反映此问题。

请问：刘某是否可以在缓刑期间与其女友结婚？

分析意见

婚姻自由是宪法赋予公民的权利。结婚是每个公民的基本权利，只要符合法律规定的条件，任何人不得加以限制和干涉。这意味着，只要符合法律的规定，公民可以自己决定是否结婚、与谁结婚、什么时候结婚。但是，对结婚的主体资格除 2001 年修正后的《婚姻法》之规定外，其他法律还有某些限制性规定。本案的当事人刘某处在缓刑执行期间，他的结婚行为是否受到法律限制呢？

为了维护国家的根本利益，法律禁止某些特殊的本国人与外国人结婚。我国民政部于 1983 年公布的《中国公民同外国人办理婚姻登记的几项规定》第

4 条对与外国人结婚的我国公民作了一定的限制：凡为我国的现役军人、外交人员、公安人员、机要人员和其他掌握重大机密的人员以及正在接受劳动教养和服刑的人，不准与外国人结婚。

同时，我国民政部 1986 年 9 月 11 日颁布实施的《关于正在劳改的犯人及正在接受劳教的人员申请结婚问题的通知》有以下规定：（1）1982 年公安部颁布的《监狱、劳改队管教工作细则》（试行）第 85 条规定："犯人在关押或保外就医、监外执行期间，不准结婚。"（2）根据现行《刑法》第 67 条和第 73 条宣告缓刑、假释的犯罪分子，依照 1963 年 8 月 31 日最高人民法院、最高人民检察院、公安部《关于服刑缓刑、假释、监外执行等罪犯的恋爱与结婚问题的联合批复》第 2 条的规定："在缓刑或假释期间，他们的恋爱与结婚问题，只要符合婚姻法规定的条件，是可以允许的，不必经过公安机关或人民法院审查批准。"（3）关于正在接受劳动教养的人员在劳教期间的婚姻问题。1962 年 3 月 13 日公安部《关于解决部分劳教人员婚姻问题的请示报告的批复》规定："对于劳教前确有婚约关系，现在双方要求结婚，或已经离婚双方又要求复婚，都应当允许向政府登记结婚或复婚。""对未婚或已正式离婚的男女劳教人员，相互间在改造中建立了感情，并且要求结婚的，可根据情况劝他们解除劳教后结婚，如劝说无效，亦应准予向政府登记结婚。"

由此可见，在我国，服刑人员如在关押或保外就医、监外执行期间，不准结婚；在缓刑或假释期间，可以结婚；劳教人员坚决要求结婚的，也予准许。这是因为，正在监狱服刑的服刑人员，其人身自由已经被剥夺，包括结婚的自由权。但如果服刑人员是在缓刑或假释期间，其享有一定程度的人身自由，不许可其结婚是不人道的。因此，本案中公安机关的答复不正确，依法应准许刘某结婚。

讨论案例

1. 艾滋病毒携带者，是否可以结婚？

马某在上高中时就是学校有名的"大姐大"，为了讲义气在同学中拉帮结派，搞得班上乌烟瘴气。还没有毕业她就认识了一些社会上的"朋友"，他们带她吃喝玩乐，并教会她吸食毒品。为了吸毒，她不惜卖淫以获取足够的毒资。在强制戒毒中马某被发现已经感染艾滋病毒。从戒毒所里出来后，父母不再允许她回家，马某只好在外暂时租房居住。住在隔壁的方某发现马某白天沉默寡言，夜晚常哭泣，于是经常默默帮助马某。日子一长，两人相互有了好感，经常在一起谈天。马某向方某说明自己是艾滋病毒携带者，但方某并没有因此中断与马某的交往，而是更加关心照顾她。堕入爱河的两人开始了长达两年的同居生活，现方某和马某决定申请结婚登记。经过检查，方某并没有感染上艾滋病毒，马某依然是艾滋病毒携带者。

请问：根据我国2001年修正后的《婚姻法》的规定，马某与方某可以结婚吗？

2. 如果表兄妹做绝育手术后坚决要求结婚，是否可予以登记？

张女与裴男是姨表兄妹。他们的母亲是同父异母的姐妹，早年两人一起出嫁到离家很远的同一个村里，平日里相互交往频繁，两家人关系一直非常融洽。张女从小与裴男一起长大，两人性情相投，感情也很好。张女与裴男的母亲都相信“亲上加亲”的说法，所以支持他们在一起。张女与裴男去办理结婚的登记手续时，工作人员却告诉他们，因两人是三代以内的旁系血亲，近亲婚配会增加遗传病的遗传概率对后代不利，故依法不能结婚。张女与裴男感到难以接受双方分手的结局，回家思前想后，权衡利弊后决定不要孩子也要与自己所爱的人在一起。于是两人再次来到婚姻登记机关，说明双方愿意做绝育手术不生育孩子也坚决要求结婚。

请问：张女和裴男是三代以内旁系血亲吗？如果张女与裴男做绝育手术后是否可以办理结婚登记？为什么？

三、结婚形式要件案例

示范案例

夫妻身份应当从何时开始？

2009年初，离异男子韩某经人介绍，与邻县丧偶妇女侯某认识。双方交往一段时间后，彼此都比较满意。为了迎接新娘的到来，韩某翻盖家里的旧房子，并一直忙于修房子和布置新房。侯某也时常来帮忙，两人忙得不亦乐乎。

婚期将近，两人抽出时间办理各种相关手续，最后前往镇政府办理结婚登记。身份证、户口簿、婚姻状况证明书和婚检合格证书都带上了，结婚申请表也填好了，镇政府的工作人员经过审查认为他们符合结婚的法定条件，准予结婚。结婚证书都填好了，才发现没有带照片。工作人员只好遗憾地告诉他们今天办不了，明天把照片带来贴上才可以领取结婚证。

因为修房子和筹备婚礼酒席等事情，韩某和侯某忙都忙不过来，又想反正已经去登记了，晚一些时间去领结婚证也没什么关系，所以就迟迟没有去婚姻登记机关补交照片。再后来，房子修好了，婚礼也结束了，韩某与侯某两人就把补交照片取回结婚证的事情给忘记了。

2010年元旦后的一个周末，韩某去城里进货，不幸遭遇车祸死亡。悲痛欲绝的侯某前往城里处理后事，韩某的父母就到家里来帮忙。在安葬完韩某一个月后，侯某接到通知去领取赔偿金，却被告之韩某的父母已经将5万余元赔偿金领走。侯某回家后，发现韩某的父母已经关闭了韩某经营的杂货店，并叫来了韩某家的亲属辱骂侯某并勒令其当日搬走。侯某争辩说，自己作为韩某的妻子，有权继承韩某的部分遗产。更何况，家里的一些财产还是夫妻共同财产，别人无权擅自处分。可是，韩某家的亲属有人知道他们因为忘带照片而没有领回结婚证的事，就要求她拿出结婚证来看。由于侯某拿不出结婚证，她就被韩某的亲属赶出了家门。

请问：侯某是韩某的合法配偶吗？为什么？

分析意见

婚姻的有效成立，除了必须符合结婚的实质要件外，还应当符合法律规定的形式要件。在我国，婚姻有效成立的形式要件是结婚登记，即要求结婚的男女双方必须亲自到婚姻登记机关进行结婚登记。结婚登记的程序分为三个环节：申请、审查和登记。婚姻登记机关对当事人的结婚申请进行审查，符合结婚条件的，应当即时予以登记，发给结婚证。结婚证是证明婚姻关系有效成立的法定证件。2001年修正后的《婚姻法》第8条规定："要求结婚的男女双方必须亲自到婚姻登记机关进行结婚登记。符合本法规定的，予以登记，发给结婚证。取得结婚证，即确立夫妻关系。"可见，取得了结婚证，才能确立合法的夫妻关系，夫妻身份关系从取得结婚证时产生。

本案中，侯某与韩某虽然申请过办理结婚登记，并经过婚姻登记机关的审查双方当事人都符合结婚的实质要件，婚姻登记机关也准备予以办理登记。但是由于欠缺双方的照片，故没有取得结婚证。所以，侯某与韩某两人的婚姻还没有合法成立，侯某与韩某之间还没有确立法律上的夫妻身份关系。由于侯某不具有韩某合法配偶即妻子的身份，因此不能享有配偶继承权。

讨论案例

1. 结婚登记后一方翻悔，应当如何处理？

葛晨是县城水泥厂的工人，经人介绍，葛晨认识了乡村教师孙灵。孙灵在县城郊区某小学当代课老师，一直希望到县城的小学来工作。葛晨的姨父在县教育局工作，认识葛晨以后，孙灵经常要求葛晨去找他姨父帮忙解决工作调动问题，但其姨父则称孙灵只不过是葛晨的女朋友，如果是侄媳妇，可能会考虑帮助。葛晨把其姨父的意思转告了孙灵。不久，孙灵听说有名额可以调到县城小学，为了实现此心愿，她同意与葛晨结婚。两人迅速办理了结婚登记后，葛晨在孙灵的授意下找到其姨父请求帮助。

由于孙灵自身的条件比较差，在小学老师的选拔中名落孙山，葛晨的姨父也帮不上忙。眼见进入县城小学无望，孙灵在失望中把过错归咎于葛晨和他的姨父，认为他们根本就不打算帮忙，只是为了让葛晨娶到媳妇才合伙骗她的。孙灵认为，既然结婚是建立在为自己调动工作的基础上的，是以能被调到县城小学工作为目的的，那么现在此婚姻就没有存在的必要了。于是，孙灵取消了即将举行的婚礼，并到婚姻登记机关以自己被欺骗结婚为由，要求撤销结婚登记。在没有得到肯定的答复后，勃然大怒的孙灵在婚姻登记机关撕毁了结婚证，宣布她与葛晨不存在任何关系了。

请问：结婚可以附条件吗？孙灵可以翻悔请求撤销她与葛晨的婚姻吗？依法应如何处理本案？

2. 未亲自办理结婚登记的婚姻，是否具有法律效力？

2009 年初，田某（男）与黄某（女）经人介绍认识，同年底两人相约去登记结婚。因田某生意繁忙，在登记当天抽不出时间亲自去办理，便委托其亲戚张某代为办理。登记结婚后不久，两人的感情出现裂痕，在相持一段时间后，黄某提出离婚，并要求分割其丈夫的财产，而田某则向法院提出请求宣告该婚姻无效。

法院对本案进行审理后，在处理意见上有分歧：

一部分法官认为，该案可以调解结案。因为，2001 年修正后的《婚姻法》没有规定未亲自办理结婚登记的婚姻属于婚姻无效的情形。根据“法不禁止皆自由，法不授权皆禁止”的原则，不能笼统认定为婚姻无效，应根据具体情况具体分析，调解处理。

但另一部分法官却认为，根据《婚姻法》第 10 条规定，婚姻无效的情形包括四种：一是重婚的；二是属于禁止结婚的亲属关系的；三是婚前患有不宜结婚的疾病，婚后尚未治愈的；四是未到法定结婚年龄的。未亲自办理结婚登记并未明确包括在婚姻无效情形之中，但根据《婚姻法》第8条规定，要求结婚的男女双方必须亲自到婚姻登记机关进行结婚登记，因此，由他人代为登记结婚的情形违反了该条的强制性规定。结合《民法通则》第58条第1款第5项规定，违反法律或社会公共利益的民事行为无效，因此，对未亲自办理结婚登记的情形，虽然《婚姻法》并未规定其无效，但其违反了法律的强制性规定，符合《民法通则》第58条第1款第5项规定的情形，应属无效民事行为，因此，未亲自办理结婚登记而由他人代为登记的婚姻，应当被宣布为无效。

请问：本案应当如何认定和处理？

四、无效婚姻与可撤销婚姻案例

示范案例一

婚前隐瞒疾病史欺骗对方的婚姻，是否具有法律效力？

朴志兵，男，现年29岁，一家外企的人事经理。他已近而立之年，仍然没有找到人生中的另一半，亲朋好友都替他着急。虽然朴志兵各方面条件都不错，但也有自己的苦恼。上大学的时候他被检查出患有乙肝，两对半检查结果是“大三阳”。通过一段时间的治疗，肝功能指标恢复正常，病毒含量的检测也显示朴志兵的传染性很弱，但两对半检查却一直是“大三阳”。“大三阳”成为朴志兵最大的心病，他一方面担心自己的肝炎会恶化为肝癌，另一方面又担心别人知道会远离自己。曾经交往过的女朋友，都是在他坦诚相告后离开的，这也让朴志兵很伤心，很长一段时间他都不愿意谈恋爱。

2009年初公司新招聘了一些员工，朴志兵也因此结识了一位叫段冰冰的女孩。两人在一起工作，非常投缘，迅速确立了恋爱关系。热恋中的朴志兵这次是再也不敢实话实说了，他向段冰冰隐瞒了他的慢性肝炎病情。同年8月1日他与段冰冰一起申请结婚登记并顺利地领到结婚证。接下来两人开始装修新房，购置结婚用品，筹备婚礼，忙了整整两个月。婚礼在即，朴志兵感到肝区隐隐作痛，而且非常疲倦、恶心，于是背着段冰冰去医院检查，多次检查确定的结果几乎将他击溃，他的肝部发现肿瘤。医生要求他马上住院治疗，动手术，并劝慰说肿瘤不是晚期，手术成功的话还可以维持许多年的生命。万念俱灰的朴志兵回到家中，把病情告诉了段冰冰。段冰冰感到非常害怕，但还是为朴志兵收拾了东西，将他送到医院，并且一直陪伴着他。段冰冰的父母听女儿讲了朴志兵的病情，反应却很出人意料。首先，除了上班时间他们就把女儿软禁在家里，并劝说她赶紧与朴志兵分手；然后，他们去医院与朴志兵谈判，要求取消婚礼。朴志兵的父母无法容忍这样的行为，与段冰冰的父母发生激烈争吵，并将他们赶出病房。两家人关系闹僵后一个礼拜，段冰冰向婚姻登记机关提出，由于朴志兵在结婚前故意隐瞒重大疾病，欺骗了她，才取得结婚证，所以要求婚姻登记机关宣告他们的婚姻无效，撤销结婚登记。

分析意见

对以上朴志兵和段冰冰的婚姻是否有效，有两种不同的观点：

第一种观点认为，朴志兵和段冰冰的婚姻关系属于可撤销婚姻。婚姻是一种民事上的身份契约，应当适用合同法的一些重要原则。根据 1999 年《合同法》，一方当事人因受到另一方当事人欺诈而缔结的合同，受到欺诈的一方有权在一定期间内撤销该合同。同理，朴志兵没有如实向段冰冰说明自己的真实健康状况，段冰冰在误认为朴志兵健康状况良好的情况下表示同意结婚，属于意思表示不真实。因此，朴志兵和段冰冰的婚姻契约是否能有效存续下去，也应当由受朴志兵欺骗的段冰冰本人决定是否请求撤销该婚姻登记。段冰冰在结婚登记后三个月内向婚姻登记机关提出请求宣告婚姻无效，撤销结婚登记，已明确表示不愿意承认此受欺诈登记的婚姻的效力，因此婚姻登记机关应当撤销该婚姻。

第二种观点认为，朴志兵和段冰冰的婚姻关系有效。根据我国 2001 年修正后的《婚姻法》第 2、5、6、7 条的规定，结婚的法定实质要件有：男女双方完全自愿、达到法定婚龄、没有禁止结婚的近血亲关系、没有患有医学上认为不应当结婚的疾病，符合一夫一妻制度。朴志兵与段冰冰登记结婚，符合以上所有的结婚实质要件要求，在实体法上不存在无效的情形。在登记结婚的程序上，虽然朴志兵有弄虚作假的行为，但是并非所有弄虚作假的行为都会使婚姻被宣告无效。应当被宣告婚姻关系无效的弄虚作假行为应该是指隐瞒该《婚姻法》第 10 条所指情况的行为，即包括：（一）重婚的；（二）有禁止结婚的亲属关系的；（三）婚前患有医学上认为不应当结婚的疾病；（四）未达到法定婚龄的。朴志兵的慢性肝炎，并不属于医学上认为不应当结婚的疾病，即使经过正常的婚前医学检查，如果没有其他问题，朴志兵的健康检查也应该是合格的。因此，朴志兵的行为情节轻微，婚姻登记机关可以对其进行批评教育，但不宜宣告其婚姻无效。

我们同意第二种观点，朴志兵和段冰冰的婚姻关系有效。如果段冰冰要求解除两人之间的婚姻关系，可以通过离婚程序解决。因为，慢性肝炎并非禁止结婚的疾病，故这并不必然导致其婚姻无效。第一种观点我们不能认同。因为，在民事领域，当事人因受到欺诈而作出缔结合同的不真实的意思表示，受到欺诈的当事人可以请求撤销。但是 1999 年《合同法》已明确规定不适用于与身份有关的契约。在现行《婚姻法》已对婚姻无效的法定情形有明确规定的情况下，应依照该规定处理。因此，第二种观点是正确的。

示范案例二

女方能否以其结婚时未满法定婚龄为由，请求宣告婚姻无效？

陈某（女）与顾某（男）是同乡，两人同在广东一家玩具厂打工，两个人经常来往，互有好感，不久就确立了恋爱关系。为了节省生活费用，陈某与顾某合租住房，开始同居生活。2007 年底，19 岁的陈某在亲戚的帮助下隐瞒自己的真实年龄与顾某一起领取了结婚证。顾某认为结婚后陈某作为儿媳应该待在家里照顾公婆，可是陈某觉得自己还年轻应当出去挣钱，双方因此产生了矛盾。2009 年 1 月，陈某向法院提起诉讼，以结婚登记时其未达到法定婚龄为由请求法院宣告其婚姻无效。

请问：本案人民法院应当如何处理？

分析意见

从本案的具体情况看，人民法院不应该支持陈某请求宣告婚姻无效的诉讼请求。诚然，依据 2001 年修正后的《婚姻法》第 10 条第 4 款规定，结婚的当事人未到法定婚龄的，婚姻无效。陈某与顾某办理结婚登记时均未达到法定婚龄，不符合结婚的实质要件的要求，婚姻应属无效。但是根据 2001 年《适用婚姻法的解释（一）》，对无效婚姻是采取宣告无效，即必须由适格的申请主体在导致婚姻无效的情形依然存在时向人民法院提出申请，经人民法院审理并依法宣告婚姻无效后，婚姻才自始无效。并且根据2001年《适用婚姻法的解释（一）》第8条规定："当事人依据婚姻法第十条规定向人民法院申请宣告婚姻无效的，申请时，法定的无效婚姻情形已经消失的，人民法院不予支持。"

在本案中，陈某以自己没有达到法定婚龄就登记结婚为由请求法院宣告婚姻无效，人民法院应当不予支持。因为陈某在起诉时已经达到法定婚龄，已不存在法定的无效婚姻情形，因此人民法院不应当支持陈某的诉讼请求。

讨论案例

1. 已经与人以夫妻名义同居后又与他人登记的婚姻，该婚姻是否具有法律效力？

瞿某的妻子在2008年初因病去世，剩下瞿某和不满5岁的女儿一起生活。瞿某一方面要经营家具厂，一方面要照顾年幼的女儿，实在忙不过来。这时，厂里的会计张某主动帮助瞿某照顾小孩，操持家务。对张某的好意，瞿某很感激，也经常请张某吃饭或送些小礼物。经人撮合，瞿某正式向张某求婚，张某也高兴地接受了。为了办理结婚登记，张某回到老家去拿户口簿。张某回来后，一直好像有什么心事，整日心神不宁。瞿某问她有什么不妥当的地方，她却说没有。

瞿某和张某顺利地办理了结婚登记手续，并定于2010年5月1日举行婚礼。婚礼的时间越来越近，本来应当感到幸福的新娘张某却越来越紧张和惶恐。举行婚礼的前一天，张某担心的事情终于发生了。一名三十多岁的男子带着几个精壮的小伙子登门"拜访"了瞿某和张某。这名男子声称张某是他的老婆，逃跑几年终于找到，要求张某跟其回家，与瞿某解除婚姻关系，否则告他们重婚。原来这名男子彭某与张某从2002年3月开始以夫妻名义同居，次年生有一个女儿。一天，张某在家里带孩子时，因为做家务时疏忽，孩子掉进排水沟淹死了。彭某为此将伤心欲绝的张某毒打一顿，并且经常以此为由毒打张某，双方感情急剧恶化，最后张某于2007年初离家出走，没有任何消息。这次张某回家乡拿户口簿，被彭某查出行踪，于是发生以上一幕。

张某坚决表示不愿回去，瞿某不愿看到张某再受到彭某的虐待，也拒绝了彭某的要求。彭某带人砸坏了新房中的家具，留下威胁的话后扬长而去。为了不让瞿某受到重婚罪的处罚，张某第二天就与瞿某一起去婚姻登记机关，请求撤销结婚登记。

请问：张某与彭某之间是什么关系？张某与瞿某的结婚登记是否具有法律

效力？张某与瞿某是否已经构成重婚罪？为什么？

2. 因不堪家庭暴力离婚不成又与他人结婚，是否构成重婚？

陈某（男）和李某（女）经媒人撮合于2005年9月登记结婚。婚后，由于两人性格不和，感情一直不好，特别是陈某有酗酒的毛病，每次醉酒后就对李某实施家庭暴力，李某苦不堪言。李某每次提出离婚，陈某坚决不同意。有一次，陈某威胁李某说，如果李某要求离婚，陈某会让李某一辈子不得安宁。李某有些害怕，但又不堪忍受陈某的家庭暴力。为了躲避陈某，李某外出打工。2008年4月，李某在广州认识了工人何某，两人一见如故，很快，李某便和何某开始了同居生活。李某隐瞒其已结婚有配偶的事实，与何某于2009年12月在广州某区登记结婚。2010年3月，同村的村民回村告诉陈某，李某在广州与别人结婚了。2010年4月陈某把何某和李某以重婚罪一起告上法庭。

请问：何某与李某是否构成重婚罪？为什么？

五、事实婚姻与非婚同居关系案例

示范案例一

本案当事人是否构成事实婚姻？

1993年1月，安徽某地农村，雷正国与李琼未办理结婚登记，便以宴请宾客的方式举行婚礼，随即以夫妻名义同居生活。雷正国与李琼同居后一直与父母和兄弟同住。因李琼不会做家务，又有些小性子，这使得雷正国的母亲对儿媳妇很不满意。雷正国常年在外打工，结婚5年之后，李琼生了一个女儿。期望早日抱孙子的公婆脸色就越来越难看，不久就分了家，让雷正国和李琼在另一处生活。

为了偿还建房时的欠款，雷正国继续到广东打工。经老乡介绍，在一家酒店当保安。2008年8月，雷正国在酒店值夜班时发现有人偷盗，在与小偷的搏斗中被小偷刺死。老乡带信给雷正国的家人，李琼带着女儿跟公婆一起到广东处理后事。酒店转交了雷正国的遗物和他8000元钱工资存款，并给了5万元的抚恤金，某报社还转交了社会各界对忠于职守的雷正国近亲属的捐款约10万元。雷正国的父母领走了全部款项，李琼要求分割，遭到拒绝。无奈之下，李琼以自己的名义并代理女儿要求分割丈夫遗产。

法院查明：1993年1月，雷正国与李琼举行婚礼时，因为李琼只有19岁，不到20周岁的法定婚龄，所以没有办理结婚登记。举行婚礼后，一直以夫妻名义同居，没有补办结婚证。到雷正国2008年8月死亡时，他与李琼两人同居期间所得的共有财产价值约3万元，雷正国的工资存款8000元。

请问：本案应如何处理？

分析意见

雷正国的父母之所以不同意分割部分财产给李琼，主要的理由就是李琼与雷正国没有办理结婚登记，因此李琼不是雷正国的妻子，无权请求分得遗产。本案的关键在于，李琼与雷正国之间是否构成夫妻关系？

根据2001年《适用婚姻法的解释（一）》第5条的规定："未按婚姻法第八条规定办理结婚登记而以夫妻名义共同生活的男女，起诉到人民法院要求离婚的，应当区别对待：（一）1994年2月1日民政部《婚姻登记管理条例》公布实施以前，男女双方已经符合结婚实质要件的，按事实婚姻处理；（二）1994年2月1日民政部《婚姻登记管理条例》公布实施以后，男女双方符合结婚实质要件的，人民法院应当告知其在案件受理前补办结婚登记；未补办结婚登记的，按解除同居关系处理。"该司法解释第6条规定："未按婚姻法第八条规定办理结婚登记而以夫妻名义共同生活的男女，一方死亡，另一方以配偶身份主张享有继承权的，按照本解释第五条的原则处理。"本案中，李琼在与雷正国举行婚礼开始同居时虽然没有达到法定婚龄，但是到1994年2月1日，李琼已年满20周岁，属于"1994年《婚姻登记管理条例》公布实施以前，男女双方已经符合结婚实质要件"的，所以李琼与雷正国的关系已经构成事实婚姻，故李琼有权以妻子的身份参加继承。同时，李琼与雷正国的亲生女儿依1985年《继承法》的规定，有权作为第一顺序法定继承人参加继承。

但是需要注意的是，雷正国的遗产只占他与李琼的夫妻共同财产的一半，也即价值约1.5万元的财物和4000元存款。这些财产由雷正国的妻子李琼、女儿和父母四人继承。另外，酒店支付的抚恤金是依法给予死者近亲属的生活费，社会捐款是给予死者近亲属的慰抚金。即是说，抚恤金和社会捐款并非雷正国的遗产，依照本案的实际情况，可以由雷正国的妻子李琼、女儿和父母四人共同取得，酌情适当分配。

示范案例二

如何处理解除同居关系时的财产纠纷？

2005年初，吴军、赵婷未办理结婚登记即开始同居生活，居住在商场旁吴军的套房内。后因赵婷嫌周围环境太嘈杂而不愿在该房居住，吴军将此套房出卖后用售房款购买了位于某糖酒公司院内的二室一厅住房一套，吴军向房屋开发商杨红亭交纳了首付款5.3万元，并以其个人的名义办理了房屋所有权证。双方同居期间，赵婷参与了吴军生意的经营，并曾因患有支气管哮喘病住院。后因双方发生矛盾，曾于2008年10月13日签订协议书一份，主要内容为“双方同意解除同居关系，共同经营所得2万元财产男方分给女方5000元，同居前的个人财产归个人所有，今后再无财产纠纷。”见证人洪建军、王义梅签字并按了指印。后因赵婷对该协议财产分割的内容反悔，她主张同居期间所购房屋应作为共同财产估价平分，此外因在同居期间她生病，医疗费花费较多，吴军应给付一定的经济帮助费。于是，2009年1月吴军向某区人民法院提交诉状，请求处理与赵婷的财产纠纷。

该法院经审理认为，2005年初原告与被告未办理结婚登记即共同生活，这属于同居关系。2008年10月，原告与被告为解除同居关系签订的财产分割协议，是双方真实意思的表示，且不违反法律规定，其效力应予以确认。两人在同居期间购置的房屋，是原告以出卖其个人所有旧房的价款购买的，故该房屋的所有权应仍归原告享有。并且，双方在协议中商定的原告给被告5000元，被告称原告实际上并未给付，原告又不能证明其已经给付。此外，鉴于被告在同居期间患有支气管哮喘病，且无固定的生活收入，依照有关规定，解除同居关系时原告应给被告一定数目的经济帮助费。

请问：法院的处理是否正确，为什么？

分析意见

本案是一起诉请处理解除同居关系之财产纠纷的案件。原告与被告双方曾就解除同居关系时的财产问题达成一份协议，但后来由于被告对该协议反悔，原告为此诉至法院。对诉请解除同居关系时的财产问题的处理，主要应考虑一个问题，即双方在同居期间所得财产如何处理？

我国2001年修正后的《婚姻法》第8条规定：“要求结婚的男女双方必

须亲自到婚姻登记机关进行结婚登记。符合本法规定的，予以登记，发给结婚证。取得结婚证，即确立夫妻关系。”可见婚姻关系必须经过法定的程序，才具有法定的效力。否则，将得不到法律的承认，即使双方以夫妻名义生活，也只能视为同居关系。本案中，原告与被告未办理结婚登记即开始同居生活，两人之间并未形成合法的婚姻关系，只能按同居关系对待。我国2003年《适用婚姻法的解释（二）》第1条规定：“当事人起诉请求解除同居关系的，人民法院不予受理……当事人因同居期间财产分割或者子女抚养纠纷提起诉讼的，人民法院应当受理。”

解除同居关系时，双方的财产纠纷应如何处理？由于同居关系不具有婚姻的效力，故对于双方在同居期间取得财产的处理就不能完全适用夫妻离婚时对共有财产的认定和分割的有关规定。对此，1989年《审理以夫妻名义同居生活案件的意见》，对此类案件的处理作出了明确的规定：解除同居关系时，同居生活期间双方共同所得的收入和购置的财产，按一般共有财产处理；同居期间为共同生产、生活而形成的债权、债务，可按共同债权、债务处理；一方在共同生活期间患有严重疾病未治愈的，分割财产时，应予适当照顾或者由另一方给予一次性的经济帮助。

本案原告与被告双方所争议的财产，既有在同居期间取得的财产，也有一方在同居前的个人财产。对于个人财产，一方必须有证据予以证明，属实的，按照2001年修正后的《婚姻法》的有关规定，属于个人所有，同居关系的另一方不享有权利。对于同居生活期间所取得的财产，1989年《审理以夫妻名义同居生活案件的意见》第11条规定：“解除非法同居关系时，同居期间为共同生产、生活而形成的债权、债务，可按共同债权、债务处理。”本案中双方同居期间购买的房屋，是原告个人所有房屋出卖后之价款所购，仍为其个人财产，并不属于双方同居期间的所得财产，对此原告提出了证据证明属实。因此，该房屋应认定为原告的个人财产。同居期间共同经营取得的2万元财产，依照规定，应属双方共同所有。但原告与被告发生矛盾后，曾就这部分财产签订了协议书，对该部分财产作出了处理，并有见证人在场。根据1999年《合同法》的相关规定，该协议是双方合意的结果，不存在欺诈和胁迫，也不违反法律的规定。因此，依据当事人意思自治原则，双方对共有财产分割的协议对双方有约束力，原告与被告双方应当依据协议履行，法院应尊重当事人的意愿，对当事人已处理的财产不再作出判决，原告与被告应按协议履行。

本案被告在同居期间患有支气管哮喘病，至今未治愈，且无固定的经济来源。因双方已协议处理了共同财产，法院不应适用照顾女方的原则为被告多分得财产。但1989年《审理以夫妻名义同居生活案件的意见》第12条规定：

"解除非法同居关系时，一方在共同生活期间患有严重疾病未治愈的，分割财产时，应当适当照顾，或者由另一方给予一次性的经济帮助。"被告可要求原告给予其一次性的经济帮助，以解决她支付医疗费的经济困难。

综上所述，法院的处理是有法律依据的。

讨论案例

1. 不足法定婚龄即同居是否构成事实婚姻?

戴惠凤与男友王朝早已确定了恋爱关系。由于王朝的父母在镇上开有一家诊所，19 岁的戴惠凤 1992 年 7 月在卫校毕业后没有另外找工作，她直接来到王朝家从事护理工作。因为离自己家很远，戴惠凤吃住都在王朝家。不久，在王朝父母的主持下，王朝与戴惠凤举行了婚礼，然后两人开始以夫妻名义同居生活。

2002 年春节前夕，王朝与戴惠凤准备办理结婚登记。这时，戴惠凤被检查出患有乳腺癌。于是，两人的结婚登记被取消了，戴惠凤进入医院住院接受治疗。但令戴惠凤意想不到的是，王朝和他的家人在送她到医院后就再也没有露过面。戴惠凤的父母无法承担巨额的医疗费用，遂向王朝家要钱。王朝家认为，王朝和戴惠凤还没有办理结婚登记，戴惠凤就不是王朝的妻子，他们没有义务出钱。但是考虑到戴惠凤曾经在诊所工作，可以本着人道主义精神拿出 1000 元。戴惠凤的父母则主张，女儿从 19 岁起就为王朝家工作，而且与王朝以夫妻名义同居生活已有九年多，已经形成了事实婚姻。王朝应当为妻子看病治疗出钱，这是天经地义的。由于王朝家仍然拒绝支付医疗费用，2002 年 3 月戴惠凤的父母代理戴惠凤向法院起诉，要求王朝支付戴惠凤的医疗费用，并要求王朝的父母支付戴惠凤在诊所工作九年多的工资。

法院经审理查明：王朝与戴惠凤开始以夫妻名义同居的时间是 1992 年 9 月。两人婚礼后同居时，王朝 21 周岁，戴惠凤只有 19 周岁，周围的街坊邻居都认为他们是夫妻。此外，戴惠凤从 1992 年 7 月起开始在王朝的父母开办的诊所工作，至 2002 年 2 月止，共计工作了 9 年零 1 个月。由于戴惠凤吃住都在王朝家，又是儿媳妇的身份，所以从来没有领过一分钱的工资，只有逢年过节时王朝的父母才会给她一些零用钱。

请问：

1. 戴惠凤与王朝两人不足法定婚龄即以夫妻名义同居，是否属于事实婚姻?

2. 王朝是否有义务支付戴惠凤的医疗费用？

3. 戴惠凤与诊所是什么关系？王朝的父母是否应当支付戴惠凤在诊所工作9年零1个月的工资？

2. 未办理结婚证的同居关系当事人是否受法律一定的保护？

金老师是一位小学退休教师。五年前她的丈夫因车祸去世，儿女又不在身边，她一个人住在丈夫过去单位分配的住房里。居委会的热心老大妈们就介绍她参加“夕阳红”组织，和其他老年人一起活动。“夕阳红”的活动很多，金老师喜欢登山。一起登山的人中有一位退休干部谢老，与金老师最谈得来。谢老也是丧偶，有两个子女，现在与儿子居住在一起。金老师与谢老两人经常一起登山、交谈，旁人就撮合他们结婚，也好相互有个照应。两位老人也考虑要结婚，但是又担心子女反对。经多方做工作，子女同意两人可以像夫妻一样同居生活，但是不得登记结婚。

两位老人接受了子女们提出的条件。2005年5月1日，谢老搬到金老师家里，在门上贴上大红的双喜，开始了共同生活。同年8月，金老师前夫的单位进行住房制度改革，将原来租给职工的房子卖给职工。金老师以原来承租人的未亡人身份以个人存款将她现在住着的房子买下来了。

在2010年春季一次“夕阳红”组织的旅游中，谢老和金老师乘坐的巴士发生车祸，谢老当场死亡，金老师也摔断七根肋骨，被送往医院抢救。首先得到通知是谢老的两个子女，他们办理了父亲的后事，没有照顾金老师便急忙赶往谢老和金老师的住所，清理遗物。他们发现了写有父亲名字的存折共有七万余元，写有金老师名字的存折三万余元，写有金老师名字的2001年10月办理的房产证。谢老的子女领取了父亲的死亡赔偿金和保险金8万元，拿走了写有父亲名字的存折。金老师的子女从外地赶来照顾母亲，当他们回家后，发现家里被翻得一塌糊涂，气愤不已。征得母亲同意后即代理金老师到法院起诉谢老的两个子女，认为金老师作为同居关系的当事人也有权请求酌情分得遗产。谢老的子女不承认金老师可以请求酌情分得遗产。

请问：未办理结婚证的同居关系当事人是否受法律的一定保护？金老师是否可以请求酌情分得适当遗产？

第四单元
家庭关系案例

一、夫妻人身关系案例

相关主要法律、法规及司法解释链接：

2001年修正后的《婚姻法》

第十三条　夫妻在家庭中地位平等。

第十四条　夫妻双方都有各用自己姓名的权利。

第十五条　夫妻双方都有参加生产、工作、学习和社会活动的自由，一方不得对他方加以限制或干涉。

第十六条　夫妻双方都有实行计划生育的义务。

第二十条　夫妻有互相扶养的义务。

一方不履行扶养义务时，需要扶养的一方，有要求对方付给扶养费的权利。

2001年《适用婚姻法的解释（一）》

第十七条　婚姻法第十七条关于“夫或妻对夫妻共同所有的财产，有平等的处理权”的规定，应当理解为：

（一）夫或妻在处理夫妻共同财产上的权利是平等的。因日常生活需要而处理夫妻共同财产的，任何一方均有权决定。

（二）夫或妻非因日常生活需要对夫妻共同财产做重要处理决定，夫妻双方应当平等协商，取得一致意见。他人有理由相信其为夫妻双方共同意思表示的，另一方不得以不同意或不知道为由对抗善意第三人。

第十八条　婚姻法第十九条所称“第三人知道该约定的”，夫妻一方对此负有举证责任。

第十九条　婚姻法第十八条规定为夫妻一方所有的财产，不因婚姻关系的延续而转化为夫妻共同财产。但当事人另有约定的除外。

示范案例

夫妻一方擅自处分共有房屋的行为，是否属于行使夫妻家事代理权？

黄明与妻子谢霞结婚多年，但因婚前缺乏了解，婚后双方的感情一直不好，常常因为琐事争吵不休，但为了孩子，双方还是勉强地维持这个婚姻。黄明和谢霞为了改善居住环境，在婚后买了一套二手房居住，房产证上只登记了黄明一个人的名字。2009 年 9 月，谢霞被本单位派出到外地进修学习半年。2010 年 1 月黄明没有与谢霞商量，私自在房屋交易市场与陌生人马天达成购房协议，将其名下的夫妻共有房屋以 9 万元的价格卖给马天，在办理了房屋产权过户登记手续后，即交付该房屋给马天使用。黄明带着孩子回到其父母家居住。一个月后，谢霞结束在外地的进修学习回家，她才发现了丈夫擅自处分夫妻共有的家庭住房给马天的行为。谢霞对此非常气愤，遂将丈夫黄明与马天两人告上法庭，请求法院确认该房屋买卖合同无效，并要求黄明对由此造成的损失对其进行赔偿。

在法庭上，黄明声称，自己作为丈夫有夫妻家事代理权，有权对夫妻共有的房屋进行处分，况且该房屋的产权证上只有自己一人的名字，自己完全有权进行此房屋的买卖行为，妻子谢霞没有理由起诉自己。然后，黄明向法官出示了自己为该房屋唯一所有权人的产权证书。马天则声称，自己对于谢霞突如其来的诉讼，感到莫名其妙。因为，该房屋的产权证上白纸黑字只有黄明一人的名字，黄明是以自己个人的名义与他办理的买卖该房屋的相关手续，他没有理由不相信该房屋是黄明自己个人所有的。并且，他也不知道黄明的婚姻情况，而只是看了房屋的产权证书，在交付了全部购房款后即依法办理了该房屋产权的登记过户手续，故自己根本不存在任何过错。所以，该房屋买卖合同应当有效，自己对该房屋的所有权应当受到法律的保护。

请问：法院应当如何处理本案？

分析意见

本案涉及两个法律问题：一是黄明单方擅自处分夫妻共有房屋是否属于行使夫妻家事代理权的行为；二是黄明与马天的房屋买卖合同是否有效。

第一，根据有关家事代理权的法律规定，黄明单方擅自处分夫妻共有房屋不属于行使夫妻家事代理权的行为。夫妻家事代理权是指，夫妻因日常家庭事务与第三人为一定法律行为时互为代理的权利。夫妻于日常家庭事务中互为代理人，互有代理权。被代理方须对代理方从事日常家庭事务行为产生的债务，承担连带清偿责任。虽然我国现行《婚姻法》没有规定夫妻家事代理权，但根据2001年《适用婚姻法的解释（一）》第17条的规定，《婚姻法》第17条关于“夫或妻对夫妻共同所有的财产，有平等的处理权”的规定，应当理解为：“（一）夫或妻在处理夫妻共同财产上的权利是平等的。因日常生活需要而处理夫妻共同财产的，任何一方均有权决定。（二）夫或妻非因日常生活需要对夫妻共同财产做重要处理决定，夫妻双方应当平等协商，取得一致意见。他人有理由相信其为夫妻双方共同意思表示的，另一方不得以不同意或不知道为由对抗善意第三人。”可见，夫妻家事代理权，仅限于处理满足日常家庭生活需要的行为。由于房屋属于价值较大的不动产，并且房屋的买卖行为不属于满足日常家庭生活需要的行为，所以黄明对夫妻共有房屋的买卖行为不属于行使夫妻家事代理权的范围。并且，依前述司法解释的规定，夫或妻非因日常生活需要对夫妻共同财产做重要处理决定，夫妻双方应当平等协商，取得一致意见。我国《物权法》第97条亦规定，处理共同共有的财产，应该经过所有共有人同意，共有人没有与其他共有人协商的情况下，擅自处理共同共有的财产，处分行为无效。也就是说，黄明在没有与妻子谢霞协商一致的情况下，擅自对夫妻重要的共同财产房屋进行买卖，构成对谢霞财产权益的侵害，谢霞有权主张黄明对该财产的处分行为无效。

第二，根据有关善意取得的法律规定，黄明与马天的房屋买卖合同有效。我国《物权法》第106条规定：“无权处分人将不动产或者动产转让给受让人的，所有权人有权追回；除法律另有规定外，符合下列情形的，受让人取得该不动产或者动产的所有权：（一）受让人受让该不动产或者动产时是善意的；（二）以合理的价格转让；（三）转让的不动产或者动产依照法律规定应当登记的已经登记，不需要登记的已经交付给受让人。受让人依照前款规定取得不动产或动产的所有权的，原所有权人有权向无处分权人请求赔偿损失。”从本案情况看，其一，马天在购买房屋时已尽到了一般买方的注意义务。由于马天并不知道黄明的婚姻状况，且该房的产权证上只有出卖人黄明一人的名字，因此马天在购买房屋时有理由认为黄明一人为该房屋的所有权人，而不知道黄明是无权处分人，他是善意的。其二，马天在购房时已向黄明支付了合理的价金。其三，马天购房时还依法办理了房屋产权过户登记手续，已取得该房屋的所有权。因此，马天符合善意取得的法定条件，其取得的房屋所有权应当受到法律的保护。

综上所述，法院依法应当判决：一、驳回谢霞确认该房屋买卖合同无效的请求，确认该房屋买卖合同有效，该房屋产权归马天所有；二、黄明对其单方擅自处分夫妻共同财产行为所造成的损失，承担对谢霞进行赔偿的责任。[①]

讨论案例

1. 夫妻一方违反同居义务，是否应按协议支付“空床费”?

陈某（女）和李某（男）于2007年3月登记结婚，婚后因两人的性格不合，感情一直不太好。从2008年5月起，丈夫李某经常夜不归宿。经双方多次争吵和协商，夫妻双方达成一致签订了“空床费”协议，即如果丈夫李某在凌晨零时至早上七时夜不归宿，按每小时100元的标准支付“空床费”给妻子陈某。

2009年9月，陈某实在不堪忍受李某经常夜不归宿的生活状况，向当地法院起诉请求判决离婚并要求丈夫李某按协议支付2008年5月至2009年9月的“空床费”共计23.8万元。

一审法院经审理认为，由于李某经常夜不归宿，造成夫妻感情确已破裂致使调解和好无效，双方协议约定的“空床费”属于精神损害赔偿范围，但数额巨大，应当酌情减少，遂判决两人离婚，并判决李某支付陈某精神损害赔偿金3万元。但是，陈某认为“空床费”和精神损害赔偿两者完全不同，此赔偿数额不符合协议约定的“空床费”数额，于是提起上诉。二审法院经审理认为，夫妻双方有相互陪伴的义务，因在婚姻期间男方未尽此义务，夫妻双方

---

① 主编注：必须指出，法院对此案做出这样的判决虽然是合法的，但由于此判决会使婚姻当事人无家可归，损害了婚姻当事人的基本生活权益，显得很不合理。值得我们注意的是，2010年6月制定的《最高人民法院关于适用〈中华人民共和国婚姻法〉若干问题的解释（三）》（征求意见稿）［以下简称《适用婚姻法的解释（三）》（征求意见稿）］第12条规定：“登记于一方名下的夫妻共同所有的房屋，一方未经另一方同意将房屋出售，第三人善意购买、支付合理对价并办理登记手续，另一方主张追回该房屋的，人民法院不予支持。但该房屋属于家庭共同生活需要居住的除外。夫妻一方擅自处分共同所有的房屋，造成另一方损失的，离婚时另一方有权请求赔偿损失。”我们认为，诚然，根据我国《物权法》规定的善意取得制度，善意当事人的利益应当受到法律的保护。然而，根据我国《宪法》第49条“婚姻、家庭、妇女、儿童受国家的保护”之规定的精神，《婚姻法》作为调整婚姻家庭关系的特别法，应当针对保护婚姻家庭生活有特殊的规定。因此，这次《适用婚姻法的解释（三）》（征求意见稿）第12条，根据专家论证会的研讨意见，对家庭共同生活需要居住的住房做出了特殊的“但书”除外规定。此除外规定，既反映了我国《宪法》中的国家保护婚姻家庭的立法精神，符合我国《婚姻法》夫妻共同财产权受法律保护的精神，并且也体现了联合国《人权宪章》倡导的对基本的“生存权”给予法律保护的精神，该宪章第16条明确规定：“家庭是天然的和基本的社会单元，并应受社会和国家的保护。”

协议约定给予女方一定的补偿费，名为"空床费"实为一种补偿费，该约定是双方的真实意思表示，且不违背法律的规定，应属有效约定，应予支持，并就"空床费"的数额予以调解。

请问：李某违反了夫妻同居义务，是否应按协议支付"空床费"？为什么？

2. 对于子女的姓氏，父母应当如何确定？

周婷和曾明婚后于2007年元月生育一子。在周婷坐月子期间，曾明从医院领走孩子的出生证明，在未征得妻子同意的情况下，他替孩子取名为曾然，并去办理了户口登记。后来，周婷与曾明因儿子应当随父母何方姓的问题多次发生争吵，导致夫妻感情破裂。2010年2月，周婷诉至法院，请求与曾明离婚并要求将孩子改为随自己姓。法院经调解无效，认定夫妻感情确已破裂，判决准予离婚，并对周婷要求更改孩子姓氏的请求予以驳回。

请问：对于子女的姓氏，父母应当如何确定？

二、夫妻财产关系案例

相关主要法律、法规及司法解释链接：

2001年修正后的《婚姻法》

第十七条　夫妻在婚姻关系存续期间所得的下列财产，归夫妻共同所有：

（一）工资、奖金；

（二）生产、经营的收益；

（三）知识产权的收益；

（四）继承或赠与所得的财产，但本法第十八条第三项规定的除外；

（五）其他应当归共同所有的财产。

夫妻对共同所有的财产，有平等的处理权。

第十八条　有下列情形之一的，为夫妻一方的财产：

（一）一方的婚前财产；

（二）一方因身体受到伤害获得的医疗费、残疾人生活补助费等费用；

（三）遗嘱或赠与合同中确定只归夫或妻一方的财产；

（四）一方专用的生活用品；

（五）其他应当归一方的财产。

第十九条　夫妻可以约定婚姻关系存续期间所得的财产以及婚前财产归各自所有、共同所有或部分各自所有、部分共同所有。约定应当采用书面形式。

没有约定或约定不明确的，适用本法第十七条、第十八条的规定。

夫妻对婚姻关系存续期间所得的财产以及婚前财产的约定，对双方具有约束力。

夫妻对婚姻关系存续期间所得的财产约定归各自所有的，夫或妻一方对外所负的债务，第三人知道该约定的，以夫或妻一方所有的财产清偿。

2003 年《适用婚姻法的解释（二)》

第十一条　婚姻关系存续期间，下列财产属于婚姻法第十七条规定的“其他应当归共同所有的财产”：

（一）一方以个人财产投资取得的收益；

（二）男女双方实际取得或者应当取得的住房补贴、住房公积金；

（三）男女双方实际取得或者应当取得的养老保险金、破产安置补偿费。

第十二条　婚姻法第十七条第三项规定的“知识产权的收益”，是指婚姻关系存续期间，实际取得或者已经明确可以取得的财产性收益。

第十三条　军人的伤亡保险金、伤残补助金、医药生活补助费属于个人财产。

第十四条　人民法院审理离婚案件，涉及分割发放到军人名下的复员费、自主择业费等一次性费用的，以夫妻婚姻关系存续年限乘以平均值，所得数额为夫妻共同财产。

前款所称年平均值，是指将发放到军人名下的上述费用总额按具体年限均分得出的数额。其具体年限为人均寿命七十岁与军人入伍时实际年龄的差额。

第二十二条　当事人结婚前，父母为双方购置房屋出资的，该出资应当认定为对自己子女的个人赠与，但父母明确表示赠与双方的除外。

当事人结婚后，父母为双方购置房屋出资的，该出资应当认定为对夫妻双方的赠与，但父母明确表示赠与一方的除外。

第二十三条　债权人就一方婚前所负个人债务向债务人的配偶主张权利的，人民法院不予支持。但债权人能够证明所负债务用于婚后家庭共同生活的除外。

第二十四条　债权人就婚姻关系存续期间夫妻一方以个人名义所负债务主张权利的，应当按夫妻共同债务处理。但夫妻一方能够证明债权人与债务人明确约定为个人债务，或者能够证明属于婚姻法第十九条第三款规定情形的除外。

示范案例一

婚前完成作品、婚后发表所得的稿酬，是否属于夫妻共同财产？

2010年1月，小说家顾男与周女结婚。2010年4月，顾男因一篇作品在一次重大比赛中获奖而声名鹊起，他遂将婚前完成的部分著作向各出版社投稿，结果均被采用，共获得稿酬18万元。顾男想把这笔钱全部用于再创作，周女却认为应拿出一部分用于家里的房屋装修，夫妻二人的意见不一。顾男认为这笔钱是自己用婚前完成的作品换来的，应归自己个人所有，怎么用这笔钱应自己一个人说了算，而周女却认为这笔钱是在婚后取得的，自己为顾男出书也尽了力，这笔钱应是夫妻共有财产，两人应协商决定如何使用。

请问：婚前完成作品、婚后发表所得的稿酬，是否属于夫妻共同财产？

分析意见

夫妻共同财产，是指夫妻双方或一方在婚姻关系存续期间所得的财产，但法律另有规定或当事人另有约定的除外。2001年修正后的《婚姻法》第17条规定："夫妻在婚姻关系存续期间所得的下列财产，归夫妻共同所有：（一）工资、奖金；（二）生产、经营的收益；（三）知识产权的收益；（四）继承或赠与所得的财产，但本法第十八条第三项规定的除外；（五）其他应当归共同所有的财产。夫妻对共同所有的财产，有平等的处理权。"该条第（三）项规定即明确了知识产权的收益是夫妻共同财产。值得注意的是该条所称的"所得"，一般系指财产所有权的取得。著作权属于一种兼具人身权和财产权双重属性的知识产权。著作权人特别是作者，固然可在完成作品之时取得各项权利，如发表权、署名权、获得报酬权。但著作财产权之获得报酬权与作品发表后实际取得报酬的财产所有权不能混为一谈。著作权人完成作品的行为使其获得著作权包括获得报酬权，而此获得报酬权只是一种取得经济收益的财产期待权。在作品被发表而实际取得经济收益即报酬后，作者对该报酬取得了现实的财产所有权。因此，如果著作权人在婚前完成作品并且将其发表而获酬，则此收益应属其婚前所有的个人财产。最高人民法院2003年《适用婚姻法的解释（二）》第12条规定："婚姻法第十七条第三项规定的'知识产权的收益'，是指婚姻关系存续期间，实际取得或者已经明确可以取得的财产性收益。"如果作品被完成在婚前，但其实际收益的取得是在婚后，则该收益应当被认定为夫妻共同财产。

在本案中，顾男后来投稿的作品尽管都是在婚前完成的，但这些作品的发表及收益的取得却是在婚后，依上述法律规定，这18万元稿酬应当属于顾男与周女的夫妻共同财产。顾男与周女两人应在平等协商的基础上决定该笔钱如何使用。

示范案例二

夫妻一方婚前按揭贷款购买且婚后用个人工资还贷的婚姻住房，是否属于该方的个人财产？

2000年2月，秦某（男）办理按揭贷款购买了一套住房。秦某个人偿还该住房的贷款两年半以后，于2002年8月与女友石某登记结婚。当时夫妻双方口头约定，该住房婚后由夫妻共同居住，秦某的工资收入继续偿还剩余部分贷款并于2010年1月还清，但房产证上的姓名仍是秦某的。2007年9月以来，由于秦某与某女同事的关系甚密，秦某和石某夫妻两人经常为此发生争吵，导致夫妻关系恶化。2010年2月，石某向法院起诉离婚，并要求分割该婚姻住房及该房在婚姻期间的增值利益。而秦某认为，该住房是他一人婚前购买的，房产证上只有他一人的姓名，且婚后秦某以自己个人的工资继续偿还剩余部分的贷款，故该房应属其个人财产，该房在婚姻期间的增值利益也属其个人财产，都不应作为共同财产予以分割。

请问：秦某婚前按揭贷款购买、婚后用个人工资还贷的婚姻住房，是否属于秦某的个人财产？本案应当如何处理？

分析意见

我国2001年修正后的《婚姻法》第18条规定：“有下列情形之一的，为夫妻一方的财产：（一）一方的婚前财产；（二）一方因身体受到伤害获得的医疗费、残疾人生活补助费等费用；（三）遗嘱或赠与合同中确定只归夫或妻一方的财产；（四）一方专用的生活用品；（五）其他应当归一方的财产。”在本案中房屋是秦某婚前以个人名义购买的，应当属其个人财产。但是，秦某是在婚后以其工资收入继续偿还的剩余部分贷款，依2001年修正后的《婚姻法》第 17 条规定：夫妻在婚姻期间所得的工资，属于夫妻共同财产。即秦某实际上是以夫妻共同财产付清的该个人购房的剩余部分贷款。因此，他应当以其个人所有的财产向夫妻共同财产进行补偿。然后，石某应从共同财产的补偿款中取得属于自己的份额，即应当以夫妻双方共同还贷七年半的费用之一半作为补偿石某的数额。

此外，关于该婚姻住房在婚姻期间的增值利益是否应归属秦某个人所有？诚然，根据民法有关原物与孳息的原理，个人所有房屋的自然增值应当归属房屋的所有权人。但是由于在我国现实生活中，大多数夫妻往往只购买一套婚姻住房且共同归还贷款，如果婚姻住房属于夫妻一方婚前所有但是由夫妻共同归还贷款的，其在结婚后至离婚前产生的增值利益全部归属夫妻一方个人所有，这对夫妻另一方就是不公平、不合理的。因此，应当根据 2001 年修正后的《婚姻法》第 17 条规定的婚后所得共同制的精神和民法的公平原则，认定该婚姻住房在婚姻期间的增值利益属于夫妻共同财产。也就是说，石某有权取得该住房婚姻期间增值利益的一半。此增值利益应由秦某向石某进行折价补偿。[①]

讨论案例

1. 婚前所购股票婚姻期间出售，所得收益是否属于夫妻共同财产？

2005 年 4 月，于某（男）在结婚之前用 1 万元钱购买了一部分单位内部发行的原始股。同年 5 月，于某与吴某结婚。2007 年 1 月，于某所持股票上市后增幅颇大，于某遂将该股票出售，连本带利共获得 5 万元钱并以自己的名义将其存入银行。2010 年 6 月，于某与妻子吴某因感情破裂而诉请离婚，吴某认为，于某在婚姻期间出售股票所得的 5 万元中，除 1 万元本金外其余的 4 万元收益应为夫妻共有财产，要求将此收益平均分割，于某则坚持该 5 万元钱全部系自己个人所有的财产。

① 主编注：目前，2010 年 6 月最高人民法院制定的《适用婚姻法的解释（三）》（征求意见稿）第 9 条规定："夫妻一方婚前签订不动产买卖合同，以个人财产支付首付房款并在银行贷款，婚后不动产登记于首付款支付方名下的，离婚时可将该不动产认定为不动产权利人的个人财产，尚未归还的部分贷款为不动产权利人的个人债务。婚姻关系存续期间由夫妻共同财产还贷部分，应考虑离婚时不动产的市场价格及共同还贷款项所占全部款项的比例等因素，由不动产权利人对另一方进行合理补偿。"此司法解释有关"应考虑离婚时不动产的市场价格"和"由不动产权利人对另一方进行合理补偿"的规定，明确地体现了夫妻一方婚前购买而婚后共同部分还贷的不动产之"增值利益"，被视为夫妻共同财产的精神。所以，就本案而言，应当考虑将此婚姻住房在结婚后至离婚前产生的"增值利益"作为夫妻共同财产，在离婚时由该婚姻住房的权利人对另一方进行合理的补偿。

请问：该项婚姻期间出售股票的收益是否属夫妻共有财产？为什么？

2. 夫妻一方在婚姻期间购买彩票中奖的奖金，是否为该方的个人财产？

王华（男）与丁丽（女）于2004年元旦结婚，感情一直不错。但是，由于丁丽体弱多病的缘故，婚后一直未能怀孕。2007年以来夫妻感情开始恶化。2008年春节期间，王华买了张彩票，居然中了二等奖，奖金20万元。王华一直将中奖之事保密。2010年1月，王华与丁丽离婚。2010年5月，丁丽从亲戚处得知王华离婚前中奖一事，便向法院起诉要求分割该中奖的奖金。王华认为彩票是他买的，中奖后所得的奖金应该属于其个人财产，归他所有。

请问：王华在婚姻期间购买彩票中奖的奖金是否为夫妻个人财产？为什么？

3. 婚姻期间夫妻一方私自赠与他人小汽车的行为，是否有效？

在某外企工作的杨女士与某公司销售部经理陈先生经人介绍相识，经过3年的恋爱后，2009年1月两人登记结婚，婚后两人的感情很好。2010年春节前的一个星期天，杨女士在家整理书房时，意外地发现了一张15万元的发票。该发票上面写明的付款时间是2010年1月5日，付款人的姓名是陈先生，而购买的产品是一辆红色的女士小汽车。杨女士看到此发票心里很奇怪，家里根本就没有买过小汽车，丈夫陈先生怎么会签这么一张发票呢？她赶忙给丈夫打电话询问，陈先生却很坦然地告诉妻子，他这是给单位买的车，自己负责办理所以签了自己的名字。杨女士听了此话，心里感到松了一口气。她也相信她的丈夫不会背着她私下买车的。可是几天后，杨女士去银行想用家里的存款买一些理财新产品，却发现她与陈先生的共同存款中少了15万元。这时，她联想到那张15万元的购车发票。难道丈夫真的在私下买了车？可是，这车即使他已经买了，也从没有见他开过车，他把这车送给谁了呢？

杨女士在回家的路上，带着这些疑问，边走边想。她想，如丈夫能够向她坦白地说明一切，还可以给他一个改过的机会；如果丈夫继续撒谎欺骗她，她就马上提出与他离婚。回家后，杨女士与陈先生一见面，就直截了当地问他，这张15万元的购车发票到底是怎么回事？她还向他说明了她刚才在回家路上的两种想法。陈先生想如果自己再不坦白，这个婚姻就保不住了，于是，他就向妻子坦白了一切。原来，陈先生的确背着妻子私下买了一辆红色的女士小汽车，并把此车送给了本单位销售部的一位姓张的女同事。不过，陈先生一再说明，他与张女士只是工作上的好朋友。因为工作上的原因，两人经常互相帮助，在下班后两人私交甚密，经常共进晚餐、共同去购物及外出游玩等。最近，张女士帮助陈先生处理了一桩工作中非常棘手的事情，所以陈先生送给张女士这辆女士小汽车，以示酬谢之意。他还说，他在购车时认为，其单位在春节前会发年度奖金，他就用部分奖金填补此购车款，此事今后就神不知鬼不觉地消失了，没想到购车的发票却被妻子发现了。陈先生还说，如果妻子杨女士不放心，他今后一定不再与张女士继续私下交往。

对于陈先生的上述说法，杨女士并不完全相信。不过，既然现在陈先生已经在某种程度上有所坦白，并表示今后一定不再与张女士继续私下交往，她想给丈夫一个改过的机会，所以就不再提出离婚。但为了追回这辆小汽车，2010年3月5日，杨女士以丈夫陈先生和张女士为被告到法院起诉，请求法院确认陈先生擅自动用夫妻共同财产购买小汽车私下赠给张女士的行为无效，请求张女士返还该小汽车。

在法庭上，原告杨女士主张，丈夫陈先生没有经过她的同意，擅自用夫妻共同存款购买小汽车而私下赠送给张女士，请求法院确认这是无效的行为，并向法院出示了丈夫陈先生签名的15万元的购车发票及她在银行打印的当日交易单据。丈夫陈先生称，他自己确实是隐瞒着妻子杨女士，擅自用夫妻共同存款购买的小汽车，然后赠送给同事张女士，并承认自己现在已经认识到这是不对的，请求法院确认此赠与行为无效。然而，张女士却认为，陈先生当时是自愿购车送给她的，因为陈先生一直在追求她，在与她谈恋爱，她自己并不知道他是已婚人士，并且此车在购买时就已经登记在张女士的名下了，她应属于善意取得。因此，此赠与行为应当有效，所以杨女士无权请求她返还该小汽车。

法院经审理查明，丈夫陈先生未经妻子杨女士的同意，擅自动用夫妻共同存款15万元购买小汽车并私下赠给张女士的行为属实。张女士确实不知道陈先生是已婚人士。该小汽车已经被登记在张女士的名下，张女士现在每天上下班都使用它。

请问：本案应当如何处理？为什么？

三、夫妻扶养关系案例

示范案例

夫妻扶养义务如何履行？

赵强与妻子丁君于1998年6月结婚，婚后感情较好，夫妻两人共同经营一家小日杂用品商店。2001年10月，丁君生育一女。2007年7月，日杂店因电线老化而引起火灾，丁君为救助困在火场中的女儿而被严重烧伤，女儿也在大火中丧生。赵强则因为当日外出进货而幸免于难。赵强在照顾妻子丁君的过程中，渐感厌烦，加上考虑到丁君因烧伤严重而致残，今后生活更加困难。于是，2007 年 12 月，赵强以需挣钱为丁君交医药费为由外出打工，一去不回。2009 年 10 月，丁君托人多方打听，才了解到赵强已回到老家，并开了个养鸭场，生意十分红火。她在家人帮助下找到赵强，要求赵强回到自己身边，尽到做丈夫的责任。赵强则以夫妻分居已多年，感情破裂为由要与丁君协议离婚，丁君则表示坚决不同意离婚。2010 年 5 月，丁君向法院起诉，要求丈夫赵强给付医疗费、生活费等费用。

请问：本案依法应如何处理？

分析意见

2001 年修正后的《婚姻法》第 20 条第 1 款规定："夫妻有互相扶养的义务。"据此，夫妻一方因疾病、丧失生活能力等原因而需要他方扶养的，有负担能力的夫或妻应当履行扶养义务。如有负担能力的一方无正当理由拒绝扶养他方的，该条第 2 款明确规定，"需要扶养的一方，有要求对方付给扶养费的权利。"

在本案中，赵强在妻子烧伤住院期间不但不在医院照料妻子，反而借故逃避，事后又不主动与妻子取得联系且拒绝妻子的合理要求。同时，从赵强开办了养鸭场且生意兴旺，可见其具有经济负担能力。因此，法院依法应当支持妻子丁君要求丈夫赵强给付医疗费、生活费的请求，判决由赵强给付丁君扶养费。

讨论案例

本案应否认定夫妻一方未尽扶养义务？

姚女从小患有间歇性精神病，她的父母一直为女儿的婚姻大事着急。2009 年 5 月，于男答应娶姚女，并自愿入赘姚家，姚父、姚母对此非常高兴，很快让姚女与于男办理了结婚登记，然后两人举行了婚礼。但 2009 年 6 月的一天，姚女突然不见了，姚父、姚母四处寻找姚女的下落，于男也每天起早贪黑地出去寻找姚女，但姚女音讯杳无。由于姚女平时很少出门，姚父、姚母对女儿的失踪很是怀疑。2009 年 8 月的一天，有朋友打电话给姚母，说在精神病医院看到姚女了。姚母连忙赶去，发现正是自己日夜寻找的女儿。她问女儿是谁带她来医院的，女儿回答是于男。姚母很是生气，于2009年9月向法院提起诉讼，请求法院判决于男对姚女履行夫妻的扶养义务。而于男认为，其将姚女带去精神病医院住院治疗，目的就是为了治疗妻子姚女的疾病，以便使她及时康复。

请问：本案当事人于男是否未尽夫妻扶养义务？为什么？

四、生子女与生父母关系案例

相关主要法律、法规及司法解释链接：

2001年修正后的《婚姻法》

第二十一条　父母对子女有抚养教育的义务；子女对父母有赡养扶助的义务。

父母不履行抚养义务时，未成年的或不能独立生活的子女，有要求父母付给抚养费的权利。

子女不履行赡养义务时，无劳动能力的或生活困难的父母，有要求子女付给赡养费的权利。

禁止溺婴、弃婴和其他残害婴儿的行为。

第二十二条　子女可以随父姓，可以随母姓。

第二十三条　父母有保护和教育未成年子女的权利和义务。在未成年子女对国家、集体或他人造成损害时，父母有承担民事责任的义务。

2001年《适用婚姻法的解释（一）》

第二十条　婚姻法第二十一条规定的“不能独立生活的子女”，是指尚在校接受高中及其以下学历教育，或者丧失或未完全丧失劳动能力等非因主观原因而无法维持正常生活的成年子女。

第二十一条　婚姻法第二十一条所称“抚养费”，包括子女生活费、教育费、医疗费等费用。

示范案例一

子女成年后，父母仍须对其尽抚养义务吗？

于建是于文祥、赵茜夫妇的独子。自小，于文祥夫妇便对于建十分宠爱，养成了其懒惰、骄纵的恶习。于建高中尚未毕业就辍学在家，一直无所事事。

2009年4月，于文祥多方请人帮助，好不容易才给20岁的于建找了个仓库管理员的工作，但于建上班才两天就嫌这份工作又脏又累，第三天就表示不愿再去上班了。于文祥非常生气，狠狠责骂了于建。于建负气出走，自己租房另住，但月底又回家向父母索要400元的生活费和280元的房租费。于文祥夫妇断然拒绝了于建的要求。于建遂于同年5月向法院提起诉讼，以自己没有生活来源为由要求父母于文祥、赵茜承担其抚养费用。

请问：法院应否支持于建的诉讼请求？

分析意见

父母子女是血缘关系最近的直系血亲，相互有法定的抚养、赡养义务，是家庭关系的核心。2001年修正后的《婚姻法》第21条第2款规定："父母不履行抚养义务时，未成年的或不能独立生活的子女，有要求父母付给抚养费的权利。"2001年《适用婚姻法的解释（一）》第20条进一步规定："婚姻法第二十一条规定的'不能独立生活的子女'，是指尚在校接受高中及其以下学历教育，或者丧失或未完全丧失劳动能力等非因主观原因而无法维持正常生活的成年子女。"由上述规定可以看出，父母对子女的抚养义务不是无条件、无期限的，一般到子女成年或具有独立生活能力时终止。

根据本案的实际情况，于建已成年且并未丧失劳动能力，其没有工作及没有生活来源的现状完全由于自己好逸恶劳、拈轻怕重的不良习惯所致，于文祥夫妇不再对其负有法定抚养义务，故人民法院不应该支持于建的诉讼请求。

示范案例二

无婚姻关系的男女所生子女，是否有权继承生父的遗产？

2002年2月，曾刚与张丽结婚，次年1月生育儿子曾强。由于曾刚与张丽两人性格不和，婚后夫妻感情一直不好，曾刚曾提出双方协议离婚，但被张丽拒绝。2005年初，曾刚与几个朋友到广州成立了一个装修公司，曾刚出任总经理。2007年初，曾刚与黄雅认识，后来他们两人公开同居生活。2009年初，曾刚与黄雅的儿子曾辉出生。2010年2月，曾刚出差不幸因车祸丧生。为了实现儿子曾辉的继承权，黄雅多次上门要求张丽让曾辉参加分割曾刚的遗产。张丽则声称："我和曾强才是曾刚名正言顺的继承人。曾辉是野种，你就是告上法庭，法院也不会判给你们一分钱。”2010 年 4 月，黄雅以儿子曾辉法定代理人的身份，将张丽告上法庭，请求法院确认曾辉是其生父曾刚的法定继承人，有权继承其父的遗产。

请问：曾辉是否有权继承其生父曾刚的遗产？

分析意见

没有婚姻关系的男女所生子女，在我国《婚姻法》上被称为“非婚生子女”。2001 年修正后的《婚姻法》第 25 条第 1 款规定：“非婚生子女享有与婚生子女同等的权利，任何人不得加以危害和歧视。”也就是说，非婚生子女与婚生子女具有平等的法律地位。尽管对于非婚生子女与婚生子女，在称谓上或者在人们的日常评价中两者有所不同，但《婚姻法》已经赋予两者完全平等的法律地位。因此，在本案中，曾辉尽管是由没有婚姻关系的黄雅与曾刚在同居期间所生的子女，但他仍然享有与婚生子女曾强完全相同的权利。他是曾刚的亲生子女，属于生父曾刚的法定继承人，有权继承生父曾刚的遗产。

讨论案例

1. 离婚后不直接抚养子女的一方，应否对子女致人损害的行为承担赔偿责任？

2008 年 5 月，赵国平、徐小兰夫妇双方协议离婚，两人约定 8 岁的儿子赵小军与父亲赵国平共同生活，徐小兰每月支付抚养费 500 元。2010 年春节，赵小军在乡下奶奶家燃放鞭炮时不慎将另一小孩吴强的眼睛炸伤。吴强的父母为儿子治疗眼伤先后花费医药费六万余元，于是要求赵国平负责赔偿此费用。赵国平由于其经营的公司在一次商业活动中被他人骗走二十多万元资金，现拿不出钱来赔偿，遂与已在外地某外企工作的徐小兰商量，要求其与自己共同承担此赔偿责任。但徐小兰认为自己未与赵小军一起生活，赵国平应为其对儿子管教不力而负责，于是拒绝了赵国平的请求。

请问：对赵小军给吴强造成的伤害，赵国平应否承担民事责任，为什么？徐小兰应否承担民事责任，为什么？

2. 如果男方拒绝做亲子鉴定，如何推定子女与生父的亲子关系？

林某（女）和刘某（男）两人谈恋爱期间即开始同居生活。2006 年 3 月，林某与刘某准备在五一国际劳动节结婚。在筹备婚礼的过程中，由于双方意见不一致，经常发生争吵，林某断然与刘某分手。两人分手后不久，林某发现自己怀孕了，但林某不忍心将这个孩子做人工流产，于2007年1月生下了一个男孩。2010年3月，林某由于工作的原因需要暂时外出，不能把孩子带在身边，于是她便找刘某商量，让其将孩子接回去共同生活一段时间。可是，刘某拒不承认该孩子是自己的亲骨肉。林某无奈将刘某告上法庭，请求法院确认刘某是孩子的生父，让刘某承担对该孩子的抚养责任。虽然，林某有证据证明在她怀孕期间刘某曾与她同居生活一段时间，故指认刘某是孩子的生父，但刘某却拒绝做亲子鉴定。

请问：如果男方拒绝做亲子鉴定，如何推定子女与生父的亲子关系？

五、人工生育子女案例

相关主要法律、法规及司法解释链接：

2001年《人类辅助生殖技术管理办法》

第十四条　实施人类辅助生殖技术应当遵循知情同意原则，并签署知情同意书。涉及伦理问题的，应当提交医学伦理委员会讨论。

卫生部2003年修订的《人类辅助生殖技术规范》①

二、人工授精技术规范

……

（二）管理。

1. 实施授精前，不育夫妇必须签定《知情同意书》及《多胎妊娠减胎术同意书》；

2. 供精人工授精只能从持有卫生部批准证书的人类精子库获得精源；

3. 机构必须及时做好不育夫妇的病历书写并按《医疗机构病历管理规定》严格管理，对每一位受者都应进行随访；

4. 实施供精人工授精的机构，必须向人类精子库反馈妊娠、子代以及受者使用冷冻精液后是否出现性传播疾病的临床信息等情况，记录档案应永久保存；

5. 严格控制每一位供精者的冷冻精液最多只能使5名妇女受孕；

---

① 卫生部修订人类辅助生殖技术等规范，载http://www.fx120.net/disease2/200902/392132.html，上网时间：2010年6月30日；人类辅助生殖技术规范，载http://www.moh.gov.cn/open/uploadfile/2005112816435508.doc，上网时间：2010年6月30日。

6. 除司法机关出具公函或相关当事人具有充分理由同意查阅外，其他任何单位和个人一律谢绝查阅供受精者双方的档案；确因工作需要及其他特殊原因非得查阅档案时，则必须经授精机构负责人批准，并隐去供受者双方的社会身份资料；

7. 人工授精必须具备完善、健全的规章制度和技术操作手册并切实付诸实施；

8. 机构必须按期对人工授精的情况进行自查，按要求向卫生行政审批部门提供必要的资料及年度报告。

……

三、实施技术人员的行为准则

（一）必须严格遵守国家人口和计划生育法律法规；

（二）必须严格遵守知情同意、知情选择的自愿原则；

（三）必须尊重患者隐私权；

（四）禁止无医学指征的性别选择；

（五）禁止实施代孕技术；

（六）禁止实施胚胎赠送；

（七）禁止实施以治疗不育为目的的人卵胞浆移植及核移植技术；

（八）禁止人类与异种配子的杂交；禁止人类体内移植异种配子、合子和胚胎；禁止异种体内移植人类配子、合子和胚胎；

（九）禁止以生殖为目的对人类配子、合子和胚胎进行基因操作；

（十）禁止实施近亲间的精子和卵子结合；

（十一）在同一治疗周期中，配子和合子必须来自同一男性和同一女性；

（十二）禁止在患者不知情和不自愿的情况下，将配子、合子和胚胎转送他人或进行科学研究；

（十三）禁止给不符合国家人口和计划生育法规和条例规定的夫妇和单身妇女实施人类辅助生殖技术；

（十四）禁止开展人类嵌合体胚胎试验研究；

（十五）禁止克隆人。

示范案例

异质人工授精子女的法律地位，应当如何认定？

陈某（男）与杜某（女）均有生理疾病，婚后6年未育。经治疗后杜某恢复了生育能力，而陈某的病情一直未有好转。2007年9月，两人经协商后决定到医院进行人工授精，共同到某医院递交了人工授精申请书，其中写明“我们承认人工授精后出生的子女是我们的亲生子女。”夫妻两人在与医院办理完毕申请手续并签订《知情同意书》及《多胎妊娠减胎术同意书》后，陈某还专门给杜某写了一份接受并愿意抚养该子女的保证书。2008年10月，接受人工授精后的杜某顺利生下一子。此后，陈某因家庭经济问题而与杜某多次发生争吵，夫妻感情出现较大裂痕。2010年5月，陈某向杜某提出要求离婚，并称杜某生育的孩子与自己并无血缘关系，在离婚后自己不再继续承担抚养该孩子的义务。杜某则认为，同意与陈某离婚，但其接受人工授精是经夫妻两人协商同意后才进行的，陈某还写有一份承认抚养该子女的保证书，因此其不抚养孩子绝对不行。于是，杜某向法院提起诉讼，请求与陈某离婚，并要求其承担孩子的抚养费。

请问：该异质人工授精所生的孩子与陈某是什么关系？陈某在离婚后是否应支付该孩子的抚养费？

分析意见

人工授精是人类生殖领域的一大突破性的成果。人工授精实际应用的推广，使许多不育的夫妇实现了生育子女的美好愿望，但由此也引发了一些现实的法律问题。人工授精可分为同质人工授精与异质人工授精，前者是指精源是来自丈夫；后者是指精源是来自丈夫以外的男性。在现实生活中，对于异质人工授精而出生的子女，有些丈夫往往翻悔，否认该子女与其发生亲子关系。为此，最高人民法院在1991年7月8日《关于夫妻关系存续期间以人工授精所生子女的法律地位的函》中指出“在夫妻关系存续期间，双方一致同意进行人工授精，所生子女应视为夫妻双方的婚生子女，父母子女之间的权利义务关系适用《婚姻法》的有关规定。”我国2001年《人类辅助生殖技术管理办法》第14条规定：“实施人类辅助生殖技术应当遵循知情同意原则，并签署知情同意书。”我国卫生部2003年修订的《人类辅助生殖技术规范》也规定，实施授精前，不育夫妇必须签订《知情同意书》及《多胎妊娠减胎术同意书》。禁止给不符合国家人口和计划生育法规和条例规定的夫妇和单身妇女实施人类辅助生殖技术。

从上述法规及司法解释可见，只有符合我国《人口与计划生育法》及相关条例规定的不育夫妇才具有接受人工授精的主体资格。并且，夫妻双方共同签订《知情同意书》及《多胎妊娠减胎术同意书》是实施人工授精的法定要件，即目前我国只允许符合法定条件的不育夫妻在双方书面同意的前提下实施人工授精。夫妻双方共同签订《知情同意书》是认定人工生育子女与该夫妻相互关系的法定证据。在我国，经夫妻双方协商同意并共同签订《知情同意书》等法定文件而实施的人工授精所生子女，包括同质人工授精和异质人工授精所生子女，均被视为夫妻双方的婚生子女，其父母子女间的权利义务关系适用《婚姻法》有关父母子女间权利义务的规定。

从本案情况看，杜某接受人工授精是与陈某协商并取得其同意的，这可以从夫妻两人向医院提交的申请书和《知情同意书》等文件的双方签名中得到证明，并且陈某还向杜某提交了一份专门的抚养子女的亲笔保证书。因此，陈某与杜某所生孩子之间应适用2001年修正后的《婚姻法》对父母子女关系的规定，该孩子应视为夫妻双方的婚生子女，陈某应依法履行对该孩子的抚养义务。即使陈某与杜某离婚后，陈某作为该孩子父亲的身份不会改变，其仍应依法支付该孩子的抚养费。

讨论案例

1. 误用他人精液施行人工授精，该子女的法律地位如何认定?

2005年7月，某医院的产科医生在手术过程中，误把他人精液当做谢某的丈夫吴某提供之精液而为谢某施行了人工授精手术。2006年5月，谢某生下一名男婴，吴某及其家人甚是欢喜。但事后发现孩子的体貌特征均与吴某有很大差异，遂生疑心，夫妻关系因此恶化。2008年8月，吴某向法院诉请离婚，并声称虽然自己与妻子双方签订《知情同意书》及《多胎妊娠减胎术同意书》后实施人工授精，但因医院的医疗事故，致使谢某所生男孩非自己亲生，因此其离婚后不承担该孩子的抚养费。法院在征得夫妻双方同意后，经DNA鉴定证明该男孩确与吴某无血缘关系。

请问：误用他人精液施行人工授精，所生孩子的法律地位如何确定？离婚后，吴某应否支付该孩子的抚养费?

2. 夫妻协议同意丈夫与他人同居，以便代为生子的行为是否合法？

孟某（男）和谢某（女）于1999年结婚，两人婚后感情很好，但一直没有生育子女。夫妻两人去医院检查后，医生确定系谢某患有不育症。谢某的不育症经多方求医治疗后仍无好转。2009年5月，谢某远房的表妹张某到谢某处玩，谢某把自己的苦恼告诉张某并央求张某帮忙，代自己为孟某生一个孩子。孟某、张某起初都不肯答应，后谢某以死相逼，孟某、张某和谢某才共同订立了一份协议，约定由张某替孟某生育一个子女并付给其报酬8000元。张某遂在孟家住下并与孟某同居生活。一个月后，谢某因不能忍受丈夫与他人同居生活而表示反悔，并要赶走张某。张某认为，自己之所以这样做完全是为了谢某，现在谢某的做法太无理，于是坚持不走。

请问：夫妇协议同意丈夫与张某同居，以便代为生子的行为是否合法？本案应如何处理？

六、继子女与继父母关系案例

相关主要法律、法规及司法解释链接：

2001年修正后的《婚姻法》

第二十七条　继父母与继子女间，不得虐待或歧视。

继父或继母和受其抚养教育的继子女间的权利和义务，适用本法对父母子女关系的有关规定。

示范案例

生母与继父离婚，已形成抚养关系的继父母子女关系是否自然解除？

2006年，唐纯（6岁）的生父因病去世。2008年8月，唐纯的生母何凤英与赵文显结婚，赵文显表示，他愿意与何凤英一起抚养唐纯。婚后，二人因性格不和造成夫妻感情破裂。2010年4月，何凤英向法院诉请离婚，并要求赵文显每月支付唐纯抚养费700元。赵文显则认为唐纯不是自己亲生，离婚后没有再抚养唐纯的义务。

请问：如果法院判决准予离婚，赵文显是否需要支付已形成抚养关系的继子唐纯的抚养费？

分析意见

在我国，现行《婚姻法》第 27 条第 2 款规定：继父或继母和受其抚养教育的继子女间的权利和义务，适用本法对父母子女关系的有关规定。据此，以继父母子女间是否形成抚养关系为依据，将继父母子女关系分为受继父母抚养教育的继父母子女和未受继父母抚养教育的继父母子女两大类，前者属于法律拟制的直系血亲关系，后者则属于直系姻亲关系。所谓“受继父母抚养教育”，一般是指在经济上负担继子女全部或部分抚养费用，或生活上实际照料、教育继子女。而抚养教育关系一旦形成以后能否被解除，现行《婚姻法》无明文规定。最高人民法院 1993 年《子女抚养意见》第 13 条规定：“生父与继母或生母与继父离婚的，对曾受其抚养教育的继子女，继父或继母不同意继续抚养的，仍应由生父母抚养。”据此，受继父母抚养教育的继子女，在生父母与继父母离婚时，如果继子女未成年并由生父母一方带走抚养的，该继父或继母与继子女已形成的权利义务关系随之终止；如果继父母愿意抚养，生父母同意的，则该继父母子女间已形成的抚养关系继续存在。

就本案而言，唐纯因受赵文显的抚养、照料而与之形成法律拟制的直系血亲关系，此即有抚养关系的继父母与继子女关系。现何凤英与赵文显离婚，唐纯尚未成年，加上赵文显不愿意继续抚养，故如法院判决准予离婚，则继子唐纯与继父赵文显间已形成的拟制血亲关系就此终止，赵文显无继续支付唐纯抚养费的义务。

讨论案例

1. 被继母抚养成年的继子女能否自行解除与继母的抚养教育关系？

郭淳 8 岁时父母离婚后，郭淳跟父亲一起生活，后来，郭淳的父亲与刘敏再婚。刘敏在生活中对郭淳尽心照顾并为其支付了部分生活费和教育费。2009 年 7 月，22 岁的郭淳大学毕业后进入了一家公司工作。其父在同年 10 月因病去世。郭淳找到继母刘敏，告诉她从此与她断绝一切关系，自己要搬到生母处去居住并照顾其生活。刘敏认为：自己在经济上和精力上都为郭淳付出了许多，现在郭淳翻脸不认人太绝情。于是刘敏提出，郭淳须将她多年付出的抚养费用全部还清，才能与他断绝继母子关系。

请问：郭淳与刘敏之间的继母子关系能否因郭淳单方主张而解除？刘敏的要求是否合法？

2. 在什么条件下，继父母可与继子女形成拟制血亲关系？

肖平4岁时父母离异，肖平跟着父亲一起生活。肖平5岁时，父亲肖飞与熊悦结婚。熊悦很喜欢小孩，对肖平疼爱有加，肖飞因为工作忙，就将肖平放心地交给熊悦抚养。肖平与熊悦也很亲近。肖平10岁时，其父肖飞因病去世。肖平与继母熊悦继续共同生活，熊悦因担心影响肖平的身心健康成长也未再婚。肖飞去世后第三年，肖平的生母提出要求由她抚养肖平，但肖平本人表示其不愿意与他的生母一起生活。

请问：肖平与继母熊悦是否形成拟制血亲关系？肖平在生父去世后是否可以继续与熊悦共同生活下去？

七、养子女与养父母关系案例

相关主要法律、法规及司法解释链接：

2001年修正后的《婚姻法》

第二十六条　国家保护合法的收养关系。养父母和养子女间的权利和义务，适用本法对父母子女关系的有关规定。

养子女和生父母间的权利和义务，因收养关系的成立而消除。

现行《收养法》

第四条　下列不满十四周岁的未成年人可以被收养：

（一）丧失父母的孤儿；

（二）查找不到生父母的弃婴和儿童；

（三）生父母有特殊困难无力抚养的子女。

第六条　收养人应当同时具备下列条件：

（一）无子女；

（二）有抚养教育被收养人的能力；

（三）未患有在医学上认为不应当收养子女的疾病；

（四）年满三十周岁。

第九条　无配偶的男性收养女性的，收养人与被收养人的年龄应当相差四十周岁以上。

示范案例

收养应符合什么条件？

吴某（男）因为妻子的对他不忠而离婚，这使他对婚姻失去了信心，他决定终身不再结婚。一日，吴某看到街上一个乞讨的小女孩，顿生怜悯之心，便把小女孩带回家。街坊邻居都认为吴某可以收养这个小女孩，反正小女孩也没有家。吴某觉得这个主意不错，至少小女孩长大了也可以与他相互照应。于是吴某带着小女孩去民政部门申请办理收养登记。

请问：吴某在什么条件下可以收养这个小女孩？

分析意见

收养是指通过法律拟制的方法而在本无父母子女关系的人之间创设该关系的法律行为。收养的条件可分为实质要件和形式要件，关于收养的实质要件，根据我国现行《收养法》的有关规定，收养人应当具备的条件有四：第一，无子女；第二，有抚养教育被收养人的能力；第三，未患有在医学上认为不应当收养子女的疾病；第四，年满三十周岁。如果无配偶的男性收养女性的，收养人与被收养人的年龄应当相差四十周岁以上。被收养人应当具备的条件如下，被收养人须为未满十四周岁，且具有下列情形之一的未成年人：第一，丧失父母的孤儿；第二，查找不到生父母的弃婴和儿童；第三，生父母有特殊困难无力抚养的子女。关于收养的形式要件，《收养法》第 15 条规定：收养应当向县级以上人民政府民政部门登记。收养关系自登记之日起成立。收养查找不到生父母的弃婴和儿童的，办理登记的民政部门应当在登记前予以公告。收养关系当事人愿意订立收养协议的，可以订立收养协议。收养关系当事人各方或者一方要求办理收养公证的，应当办理收养公证。因此，如果吴某与将被收养的小女孩双方都满足上述条件，并依法办理公告和收养登记手续后，其收养关系就合法成立。

讨论案例

1. 被收养人能否继承生父母的遗产？

刘明、常英夫妇因生活困难而于 2004 年 6 月将 4 岁的儿子刘涛送给邻居蒋华、董芳夫妇收养并办理了收养登记。2009 年 2 月，刘明购买的一张福利彩票中了五百万元的大奖，刘明、常英夫妇见生活上从此不用发愁便找到蒋华夫妇要求解除收养。而蒋华夫妇自收养刘涛后，对其照顾得无微不至，与刘涛已培养了深厚的感情，于是拒绝了刘明夫妇的多次要求。刘明夫妇见短期内不能要回儿子便计划用中奖的钱外出旅游后，再来解决这一问题。不料，两人旅游途中因交通事故而死亡，且经查实两人除刘涛这一亲生子女外，再无其他法定继承人，面对刘明夫妇余下的 495 万元巨款，蒋华夫妇想以刘涛法定代理人的身份替刘涛主张继承其生父母的遗产并代为管理。

请问：蒋华夫妇的主张能否得到法律支持？为什么？

2. 在被收养人成年之前，收养人可否单方提出解除收养关系？

2005 年初，俞娜的丈夫因意外事故而丧生，自己又被查出得了白血病需住院治疗，加上所在单位效益不好，感到实在无力抚养自己 6 岁的女儿何小霞。于是经人介绍与一对因丧失生育能力而希望收养子女的孟杰、张晓夫妇订立了收养协议。办理收养登记手续后，何小霞由孟杰夫妇抚养。由于俞、孟两家相距不远，俞娜经常去看望何小霞，孟杰夫妇一直欢迎，甚至允许俞娜偶尔将何小霞带回家住一两天。2009 年 3 月以来，俞娜随着病情的好转，身体也逐渐恢复健康。她转到了一家效益不错的单位工作，生活条件有了很大改善。此时，孟杰夫妇却在较远的地方另置了房屋居住。俞娜认为，孟杰夫妇是有意隔断自己与女儿的联系，经常上门与孟杰夫妇争吵，还在何小霞面前说了孟杰夫妇很多坏话，使何小霞不听从养父母的教育，严重地影响了孟杰夫妇与何小霞的关系。孟杰夫妇见俞娜生活状况有了改变，便要求解除收养。俞娜认为自己尚需进一步治病加上工作较忙，暂时不愿直接抚养何小霞，故予以拒绝。孟杰夫妇认为，现在的局面完全是俞娜造成的，于是起诉到法院请求判决解除收养，并要求俞娜支付何小霞被收养期间的生活费、学费等各项费用共计 2 万元。

请问：孟杰夫妇的请求是否有法律依据？本案应如何处理？

八、其他近亲属关系案例

相关主要法律、法规及司法解释链接：

2001 年修正后的《婚姻法》

第二十八条　有负担能力的祖父母、外祖父母，对于父母已经死亡或父母无力抚养的未成年的孙子女、外孙子女，有抚养的义务。有负担能力的孙子女、外孙子女，对于子女已经死亡或子女无力赡养的祖父母、外祖父母，有赡养的义务。

第二十九条 有负担能力的兄、姐，对于父母已经死亡或父母无力抚养的未成年的弟、妹，有扶养的义务。由兄、姐扶养长大的有负担能力的弟、妹，对于缺乏劳动能力又缺乏生活来源的兄、姐，有扶养的义务。

示范案例

祖父母在何种条件下对孙子女有抚养义务？

王利是王红军的孙女。王利的父亲王明和母亲童倩结婚后一直忙于做生意，很少去看望王红军，王红军也与儿子一家人的感情很淡薄。2010 年 2 月的一天，由于电线老化引起火灾，把王明和童倩辛辛苦苦挣的一切都化为乌有。王明为了保护王利被大火严重烧伤，送医院医治无效逝世。童倩也在这次大火中丧失自理能力。5 岁的王利无人照料，王利所在街道居委会干部多次联系要求王红军抚养其孙女王利，但是王红军一直表示拒绝。

请问：祖父王红军对孙女王利有无抚养义务？为什么？

分析意见

祖孙关系是一种隔代亲属关系，随着现代社会家庭结构的变化，以夫妻关系和父母子女关系为中心的核心家庭已成为现代社会家庭模式的主流。一般情况下，孙子女的抚养教育等义务均由其父母直接承担，但在一定条件下，祖父母、外祖父母对孙子女、外孙子女依法必须承担抚养义务。我国 2001 年修正后的《婚姻法》第 28 条规定："有负担能力的祖父母、外祖父母，对于父母已经死亡或父母无力抚养的未成年的孙子女、外孙子女，有抚养的义务。"也就是说，其一，祖父母、外祖父母有负担能力；其二，孙子女、外孙子女的父母已经死亡或父母确实无抚养能力；其三，孙子女、外孙子女尚未成年，这是祖辈对孙辈承担抚养义务的三个法定条件。

从本案实际情况看，5 岁的王利系父母无力抚养且尚需抚养的未成年人，而作为其祖父的王红军本身具有负担能力，完全符合前述《婚姻法》第 28 条规定的祖辈对孙辈承担抚养义务的条件，故祖父王红军应依法承担对未成年的孙女王利的抚养义务。

讨论案例

1. 继祖孙间有无法定扶养义务？

贺奇与前妻所生的女儿贺晓（6岁）在贺奇与前妻离婚时被判归贺奇直接抚养。贺奇与张敏再婚后，感情很好，张敏对贺晓也视同己出，细心照料其生活。2008年3月，贺奇与张敏因单位效益不好双双下岗后，贺奇在某厂打工，因操作机器方法不当而受重伤，经救治后一直在家养病，家庭生活十分窘迫。2009年9月，贺晓因上高中又需要交一大笔学费，贺奇便与妻子商量找张敏的父亲张立在经济上适当资助。张立是一家私人公司的老板，因反对张敏与贺奇的婚姻已多年不与张敏一家来往。

请问：本案继祖父张立有无抚养继孙女贺晓的法定义务？

2. 哥哥对已经成年的弟弟有无法定扶养义务？

吴刚、吴江、吴建三兄弟的父母早亡，哥哥吴刚很早就进入工厂工作，靠自己的工资照顾弟弟们的生活并供他们上学读书。吴建在三兄弟中最小，因为长期受哥哥照顾而十分懒散，学习成绩也差，初中毕业就不愿继续读书而一直闲散在家。吴江在哥哥吴刚的扶养下，大学毕业后进入政府机关工作。吴刚靠自学拿到大专文凭在单位当上了干部。吴建的哥哥们在事业上都有发展，他却不思进取，年满二十岁了还不愿参加工作，整日无所事事，缺钱花就找哥哥们要，由其两个哥哥共同扶养。吴刚、吴江起初还满足吴建的要求，但后来见吴建多次经人介绍工作都不愿参加，加上吴刚、吴江两人都要准备结婚费用，便拒绝给付吴建扶养费，让其申请社会最低生活保障费维持生活。吴建认为自己父母早亡，按“长兄当父”的传统观念，应由两个哥哥共同扶养没有经济收入的弟弟。于是，2009年6月，他起诉到人民法院，请求两个哥哥吴刚和吴江给付其扶养费。

请问：吴建的要求是否合法？为什么？

第五单元
离婚制度案例

一、离婚法定条件案例

相关主要法律、法规及司法解释链接：

2001年修正后的《婚姻法》

第三十一条　男女双方自愿离婚的，准予离婚。双方必须到婚姻登记机关申请离婚。婚姻登记机关查明双方确实是自愿并对子女和财产问题已有适当处理时，发给离婚证。

第三十二条　男女一方要求离婚的，可由有关部门进行调解或直接向人民法院提出离婚诉讼。

人民法院审理离婚案件，应当进行调解；如感情确已破裂，调解无效，应准予离婚。

有下列情形之一，调解无效的，应准予离婚：

（一）重婚或有配偶者与他人同居的；

（二）实施家庭暴力或虐待、遗弃家庭成员的；

（三）有赌博、吸毒等恶习屡教不改的；

（四）因感情不和分居满二年的；

（五）其他导致夫妻感情破裂的情形。

一方被宣告失踪，另一方提出离婚诉讼的，应准予离婚。

第三十三条　现役军人的配偶要求离婚，须得军人同意，但军人一方有重大过错的除外。

第三十四条　女方在怀孕期间、分娩后一年内或中止妊娠后六个月内，男方不得提出离婚。女方提出离婚的，或人民法院认为确有必要受理男方离婚请求的，不在此限。

示范案例一

过错方要求离婚，法院应否准许？

王某（男）与张某（女）于1992年自由恋爱结婚，婚后一度感情较好，但一直未生育子女。王某系某单位干部，在20世纪80年代末辞职经商，收入较多。张某因单位效益不好而下岗后，在家从事家务。从2005年初以来，王某与年轻貌美的秘书夏某勾搭成奸，经常发生不正当的两性关系。王某经常借口工作忙不回家，但并未引起张某的怀疑。一日，张某在街上偶遇丈夫王某与夏某亲密之状，才明白事出有因。张某自觉与王某感情尚好并考虑到经济原因，认为王某可能是一时糊涂，因此就未曾声张。岂知夏某不愿甘做情人，怂恿王某离婚。由于张某坚决不同意离婚，王某就搬出家门，与夏某公开同居，也不给张某生活费，并于2010年2月向人民法院提出离婚诉讼。

王某诉称：他与张某虽系自由恋爱结婚，有一定的感情基础，但是在婚后，张某不思进取，在家经常打麻将，所有生活开销全是他一人所挣，张某也不听从他的劝告，思想上、生活上与他的兴趣爱好差距日渐增大，双方的感情已经破裂，无法共同生活，请求与张某离婚。张某辩称：他与王某系自由恋爱结婚，婚前有感情基础。主要是由于夏某出现后，王某喜新厌旧，变了心，希望法律能惩罚王某“包二奶”的行为，并且张某不同意离婚。

在审理中，法官依据2001年修正后的《婚姻法》第46条的规定，询问张某，如果王某坚决离婚，是否要求他给付离婚损害赔偿费以及夫妻共同财产如何处理。张某表示，自己坚决不同意离婚，不要什么赔偿费，也不存在分割夫妻共同财产的问题，只是请求法院惩罚王某的“包二奶”行为并要求王某每月按期给付自己生活费3000元。

法院经审理查明，王某属于有配偶者与夏某公开同居，其“包二奶”行为属实。现有的夫妻共同财产包括房屋、存款、家具电器等总价值52万元，王某现每月收入8000元。法院经审理后认为，由于王某与夏某婚外同居导致夫妻感情确已破裂，经调解和好无效，且夫妻二人确无和好的可能，遂判决准予离婚，并判决共同财产的一半属于张某。

王、张两人均对一审判决不服，提出上诉。王某认为：家庭现有财产是自己一个人挣来的，张某无权分割。因此，请求二审法院撤销一审有关财产分割的判决，维持离婚判决。张某则认为：王某道德败坏，他“包二奶”还要求离婚，一审法院判决离婚是是非不分，支持歪风邪气，要求撤销一审离婚判决。并表示，如果二审法院硬要维持一审的离婚判决，那么应当照顾无过错方多分财产，即应分给自己现有财产的三分之二，并赔偿自己精神损失费3万元。此外，她离婚后无生活来源，王某应一次付给其生活费5万元。经二审调解无效，二审法院遂判决维持一审判决，驳回张某的上诉请求。

请问：法院的判决是否合法？

分析意见

本案是一个因过错方“包二奶”并要求离婚的案件，涉及准予离婚或不准离婚的标准、夫妻共同财产分割、离婚损害赔偿和离婚后的生活帮助四个方面的法律问题。

第一，法院判决离婚是有法律依据的。2001年修正后的《婚姻法》第32条规定人民法院审理离婚案件，经调解无效，应判决准予离婚的法定情形是：“（一）重婚或有配偶者与他人同居的；（二）实施家庭暴力或虐待、遗弃家庭成员的；（三）有赌博、吸毒等恶习屡教不改的；（四）因感情不和分居满二年的；（五）其他导致夫妻感情破裂的情形。”这五种法定情形是2001年修正后的《婚姻法》新增加的内容。如果当事人的情况符合上述情形之一，由无过错方提出离婚的，准予离婚自无异议，但是，如果离婚诉讼由过错方提出，无过错方不同意离婚，又调解无效的，怎么办？对此有不同看法。一种观点认为，为了惩罚过错方，可不支持其提出的离婚请求而判决不准离婚。另一种观点认为，婚姻自由包括结婚自由和离婚自由，不能因为当事人有过错就剥夺法律赋予其的离婚的自由和权利，婚姻法判断离婚的标准是“感情是否确已破裂”，而不应考虑当事人一方是否有过错。不论是过错方提出离婚还是无过错方提出的离婚诉讼，只要符合该条规定的法定情形，就说明双方已经达到感情破裂的程度，经调解无效的，一般应准予离婚。同时，因一方有法定过错情形导致离婚的，离婚时无过错方可根据2001年修正后的《婚姻法》第46条的规定，请求有过错一方给予损害赔偿。我国最高人民法院2001年《适用婚姻法的解释（一）》第22条规定：“人民法院审理离婚案件，符合第三十二条第二款规定‘应准予离婚’情形的，不应当因当事人有过错而判决不准离婚。”这说明，凡是符合2001年修正后的《婚姻法》第32条规定的五种法定情形之一的，无论是过错方，还是无过错方起诉要求离婚的，经法院调解无效，夫妻感情确已破裂的，就应当判决准予离婚。总之，本案中王某虽然有“包二奶”的过错行为，但其要求离婚，符合判决准予离婚的法定情形，故一审法院判决准予离婚是合法的。由于张某不同意离婚，在一审期间她未提出损害赔偿请求，因此，一审法院未判决有过错方王某给付无过错的张某损害赔偿金，这也是符合法律规定的。

第二，法院判决张某分得夫妻共同财产的一半，由于未照顾无过错方适当多分财产，这是不合法的。2001 年修正后的《婚姻法》第 17 条规定，夫妻在婚姻关系存续期间所得财产，归夫妻共同所有。夫妻对共同财产有平等的处理权。这表明，只要夫妻在婚姻关系存续期间，无论是夫妻双方所得的财产，还是夫妻一方所得的财产，除双方另有约定的外，均属于夫妻共同财产。离婚时，对共同财产夫妻双方有平等分割的权利。本案中，争议财产虽是王某婚后个人所挣得，但依法属于夫妻共同财产。同时，最高人民法院 1993 年《财产分割意见》规定了夫妻共同财产分割的“照顾无过错方”原则。本案的被告张某是无过错方，她因不同意离婚，故没有提出离婚损害赔偿的要求。而法院既然判决准予离婚，就应当适用“照顾无过错方”的原则，照顾张某适当多分共同财产。然而，一审法院在判决分割共同财产时，却没有照顾张某适当多分，而是判决张某分得夫妻共同财产的一半，这是不符合该司法解释精神的。至于张某要求分得夫妻共同财产的三分之二，对此要求法院是否应予以支持？由于本案夫妻共同财产的总额为 52 万元，其数额较大而不宜按三分之二照顾张某适当多分。法院可根据双方的具体情况，酌情照顾张某适当多分。

第三，一审法院没有判决王某承担损害赔偿费是有法律根据的，但二审法院未履行告知义务是不符合司法解释规定的。根据 2001 年修正后的《婚姻法》第 46 条的规定，离婚当事人因法定过错引起离婚的，无论是过错方提出离婚，还是无过错方提出离婚，无过错方均有权请求过错方承担损害赔偿责任。2001 年修正后的《婚姻法》第 46 条规定：“有下列情形之一，导致离婚的，无过错方有权请求损害赔偿：（一）重婚的；（二）有配偶者与他人同居的；（三）实施家庭暴力的；（四）虐待、遗弃家庭成员的。”凡具有这四种法定过错行为之一而引起离婚的，无过错方有权请求过错方给予损害赔偿。关于离婚损害赔偿请求权的行使，2001 年《适用婚姻法的解释（一）》第 30 条作了明确规定：“人民法院受理离婚案件时，应当将婚姻法第四十六条等规定中当事人的有关权利义务，书面告知当事人。在适用婚姻法第四十六条时，应当区分以下不同情况：（一）符合婚姻法第四十六条规定的无过错方作为原告基于该条规定向人民法院提起损害赔偿请求的，必须在离婚诉讼的同时提出。（二）符合婚姻法第四十六条规定的无过错方作为被告的离婚诉讼案件，如果被告不同意离婚也不基于该条规定提起损害赔偿请求的，可以在离婚后一年内就此单独提起诉讼。（三）无过错方作为被告的离婚诉讼案件，一审时被告未基于婚姻法第四十六条规定提出损害赔偿请求，二审期间提出的，人民法院应当进行调解，调解不成的，告知当事人在离婚后一年内另行起诉。”本案中的王某有与夏某公开同居的行为，并由其提出离婚，根据前述《婚姻法》第46条的规定，妻子张某有权要求丈夫王某给付损害赔偿费。但在一审中，法院征求张某的意见时，因其不愿离婚，就未提出损害赔偿的请求。一审法院判决离婚后，在二审中张某提出了损害赔偿的请求，但经法院调解未达成协议，因此，根据上述司法解释，二审法院对张某要求王某给付3万元的精神损害赔偿金的请求予以驳回，维持原判。张某如果坚持提出这一诉讼请求，可在离婚后一年内提出，过期不提出时，则视为放弃这一权利。因此，二审法院未判决给付离婚损害赔偿费是有法律根据的。然而，二审法院对被告在二审期间提出的损害赔偿请求调解不成时，却未告知当事人在离婚后一年内另行起诉，这是不符合该司法解释规定的。

第四，张某要求王某一次性给付生活帮助费不具备法律规定的条件。2001年修正后的《婚姻法》第42条规定：“离婚时，如一方生活困难，另一方应从其住房等个人财产中给予适当帮助。具体办法由双方协议；协议不成时，由人民法院判决。”2001年《适用婚姻法的解释（一）》第27条规定：“婚姻法第四十二条所称‘一方生活困难’，是指依靠个人财产和离婚时分得的财产无法维持当地基本生活水平。”张某虽无工作，亦无个人财产，无收入来源，但是离婚时依法院判决分得了夫妻共同财产52万元中的一半，不仅能维持基本生活，还可利用这笔财产再就业，获得收入。因此，法院认为张某不具备法定获得生活帮助费的条件，故判决驳回其该项请求。

示范案例二

婚后长期互不理睬的“冷战”，是否是确定夫妻感情破裂的依据？

侯涛（男）与张君（女）经自由恋爱，于2002年12月结婚，婚后双方由于性格差异，常因为家庭琐事吵架后互不理睬。从2005年4月开始，双方一直处于互不理睬的“冷战”状态。其间双方多次口头提出协议离婚，但因种种原因而无法达成一致意见。2010年5月，侯涛向法院起诉请求离婚，诉称双方感情已破裂，无法挽回，请求法院依法判决准予离婚，并对婚后财产予以分割。

请问：婚后长期互不理睬的“冷战”能否作为法院认定夫妻感情破裂的

依据？

分析意见

夫妻是共同生活的伴侣，夫妻之间需要精神的支持和满足，需要感情的碰撞和信任，需要语言的沟通和思想的交流，需要互相扶持和互相理解，需要相互迁就和包融。若夫妻双方缺乏日常生活中最基本的语言沟通，互相猜忌对方，不能相互理解和信任。那么，继续生活下去，对双方无疑都是一种精神上的严重折磨和伤害。现实生活中，有些夫妻长期的互不理睬的“冷战”，致使夫妻双方在发生矛盾、冲突和隔阂后，不能采取积极主动的态度，以和善的方式，主动找对方沟通、交流思想感情，而是互不理睬，甚至在出现矛盾后，夫妻一方常用“离婚”二字来威胁对方，以致夫妻双方感情越来越脆弱，最终导致夫妻感情破裂。

本案中原告与被告虽然结婚时间较长，具有一定的感情基础，但双方由于性格方面的较大差异，以致婚后常因家庭琐事生气吵架，双方发生冲突后，又不注重夫妻间感情的沟通与培养，婚后不久便一直处于一种“冷战”状态，谁也不理谁，各过各的生活，形同陌路人，缺乏夫妻生活中最起码的语言交流和信任，理解和迁就。对此类型的夫妻关系，若继续下去，对原告和被告双方来说都是一种隐形的精神折磨，法官如调解和好无效，应视为夫妻感情确已破裂，依法准予离婚。

讨论案例

1. 妻子与他人通奸所生子女未满一岁，丈夫可否请求离婚?

张立与李梅二人于2006年9月登记结婚。2007年10月，李梅在参加大学同学聚会时遇到初恋男友刘庆，喝醉酒后两人发生了性关系。2008年7月，李梅生下一个男孩。2009年5月，孩子因病需要输血，通过检验血型，张立发现，孩子不可能是自己和李梅所生。

张立对此气愤不已。他以妻子与他人通奸并生育子女而导致夫妻感情破裂为由，向人民法院提起诉讼，坚决要求离婚。但李梅认为《婚姻法》规定女方在分娩后一年内，男方不得提出离婚，遂要求法院驳回张立的离婚请求。

请问：法院依法应否受理张立的离婚诉讼，为什么？

2. 现役军人与“第三者”同居，法院可否判决离婚?

王成系现役军人，2007年初与某高校教师刘莉结婚。婚后，王成借口工作原因，平时很少回家，每次回家总是与刘莉因琐事争执。2009年一次偶然的机会，刘莉发现王成手机中存有王成与另外一个女人的合影。追问之下，王成承认：这个女子是他的老乡，他们一直相好，并在外租房同居一年多了。王成表示，与该女子来往是自己精神苦闷时犯下的错误，自己保证今后不再与其来往，希望能得到原谅。刘莉对双方聚少离多的日子本来就不满意，现在王成在感情上也背叛了自己，于是坚决要求离婚，但王成坚决不同意离婚。刘莉便起诉到人民法院，请求判决离婚。

请问：法院能否判决准予离婚?

3. 夫妻因工作原因长期分居，是否可以作为离婚理由?

李军与秦琴于五年前结婚，因李军从事野外流动工作，夫妻长期分居两地，仅每年探亲相聚一次，加之夫妻间缺乏其他交流方式，秦琴与李军感情较为淡薄。近年来，秦琴遇到一名男子，两人有许多共同语言，遂产生了爱恋之意。但秦琴一直向对方隐瞒自己已婚的事实。深感自己与丈夫在一起的时间屈指可数，且生活实在是平淡无奇，秦琴便向李军提出要求离婚，但李军不同意离婚。秦琴便以夫妻长期分居为由，向人民法院提起离婚诉讼。

请问：夫妻因工作原因长期分居，是否可以作为离婚的理由?

4. 他人代办的离婚登记，是否具有法律效力?

李玲莉与齐伟系大学同学，毕业后被分配在同一城市工作，情投意合的两人很快登记结婚。不久，李玲莉被公派出国工作。由于她年轻、漂亮，又有学识，且工作顺心、收入颇丰，又想终身留在国外，李玲莉遂发来电子邮件与齐伟商量双方协议离婚。而齐伟在国内事业也干得不错，于是回复电子邮件同意离婚。但李玲莉由于在国外工作近期无法回国，便发来电子邮件叫其妹李玲英代其与齐伟共同去婚姻登记机关办理了离婚手续。离婚后两个月，李玲莉在国外因车祸身亡。在办理后事中，齐伟得知李玲莉有百万财产，便以离婚登记是李玲莉的妹妹李玲英代替其办理的为由，向婚姻登记机关请求撤销离婚登记，以便使自己有权获得对李玲莉遗产的继承权。

请问：李玲英代其姐与齐伟办理的离婚登记，是否具有法律效力?

二、离婚财产分割案例

相关主要法律、法规及司法解释链接：

2001 年修正后的《婚姻法》

第三十九条　离婚时，夫妻的共同财产由双方协议处理；协议不成时，由人民法院根据财产的具体情况，照顾子女和女方权益的原则判决。

夫或妻在家庭土地承包经营中享有的权益等，应当依法予以保护。

第四十条　夫妻书面约定婚姻关系存续期间所得的财产归各自所有，一方因抚育子女、照料老人、协助另一方工作等付出较多义务的，离婚时有权向另一方请求补偿，另一方应当予以补偿。

第四十二条　离婚时，如一方生活困难，另一方应从其住房等个人财产中给予适当帮助。具体办法由双方协议；协议不成时，由人民法院判决。

示范案例一

婚后指定的赠与以及一方获得的奖牌、奖章和分红型保险金，离婚时是否可按夫妻共同财产分割？

陈月明系省级运动员，曾参加全国游泳比赛获过多枚金牌，与某外企白领张玉莲相恋，2001 年结为伉俪。婚后，两人虽忙于事业，但夫妻感情甚笃。2008 年由于张玉莲在工作中表现出色，晋升为业务部门经理，工作更加繁忙，而陈月明退役后当了游泳教练，也少有空闲，但仍夫妻恩爱，日子过得很是甜美。但是，陈月明的父母因抱孙心切，对儿媳一直不愿生育略有微词，并多次在陈月明面前提起。陈月明想到结婚已 7 年，双方都有了稳定的工作，且都三十多岁了，也应该要一个孩子了，便向张玉莲提出此事。张玉莲眼看实在无法违背公婆、丈夫的心意，就答应生一个孩子，可过了一年也没怀孕。陈月明在无意中发现张玉莲竟在偷服避孕药，顿时感到受了欺骗，便勃然大怒，质问张玉莲为何欺骗他，张玉莲坦诚相告，若现在生小孩，自己这些年在公司的辛苦奋斗所获得的地位将付诸东流，自己不愿成为一个只在家带孩子的家庭主妇。自此，夫妻二人反目，产生矛盾，2010 年 4 月陈月明向法院起诉，要求离婚。经法院调解，双方对离婚均无异议，但在财产分割上存在分歧。

法院经审理查明：两人共有存款 25 万元，婚后购置了一套 140 平方米的商品房；陈月明结婚时父母指明赠与他的一套100平方米的住房；陈月明共获金牌2枚，银牌1枚，奖金4万元；张玉莲购买的分红型保险4万元。两人对25万元存款及140平方米的住房均分无异议，但陈月明认为自己所得的奖牌与奖金属于个人性质的财产，父母赠与的房产也应属于自己，张玉莲所买的保险应由夫妻平分。张玉莲则主张，陈月明的奖牌及奖金都属于夫妻结婚后所得，陈月明父母所赠房产也是婚后所赠，应由双方平分，而自己购买的保险具有人身保险性质，应当属于自己个人所有。法院审理后认为：两人共有存款25万元及140平方米的住房为夫妻共有财产，双方均无异议；而陈月明父母赠与的100平方米的住房虽是婚后所赠，但证据表明，该住房属于指定赠与其儿子陈月明，应属陈月明的个人财产；陈月明所获奖牌是一种荣誉象征，具有特定的人身性，应为陈月明个人所有；奖金4万元按夫妻共同财产予以分割；张玉莲购买的分红型保险4万元是属夫妻关系存续期间夫妻共同收入的一部分，双方无书面约定，属于夫妻共同所有的财产。

请问：法院的判决是否正确，为什么？

分析意见

在我国，现行《婚姻法》对于夫妻共同财产的认定，即哪些财产应该属于双方共同所有，哪些财产应属于一方所有都有明确的规定。2001年修正后的《婚姻法》第17条规定："夫妻在婚姻关系存续期间所得的下列财产，归夫妻共同所有：（一）工资、奖金；（二）生产、经营的收益；（三）知识产权的收益；（四）继承或赠与所得的财产，但本法第十八条第三项规定的除外；（五）其他应当归共同所有的财产。"第18条规定："有下列情形之一的，为夫妻一方的财产：（一）一方的婚前财产；（二）一方因身体受到伤害获得的医疗费、残疾人生活补助费等费用；（三）遗嘱或赠与合同中确定只归夫或妻一方的财产；（四）一方专用的生活用品；（五）其他应当归一方的财产。"这是认定夫妻共同财产与夫妻个人财产范围的法定标准。

在离婚案件中，正确认定夫妻共同财产的范围及分割是一个重要问题。2001年修正后的《婚姻法》第19条规定："夫妻可以约定婚姻关系存续期间所得的财产以及婚前财产归各自所有、共同所有或部分各自所有、部分共同所有。约定应当采用书面形式。没有约定或约定不明的，适用本法第十七条、第十八条的规定。"这说明，对夫妻财产范围的认定，应当按照"有约定按约定，无约定按法定"的原则进行划分。本案中，双方当事人对财产并无约定，应该按法律的规定来划分。两人共有的存款 25 万元及 140 平方米住房系婚后的夫妻共同财产。离婚时，存款 25 万元应由夫妻双方平分；住房可归一方所有并居住，并按其价值的一半给予另一方补偿。

对于在夫妻关系存续期间一方无偿获得的赠与财产，我国 2001 年修正后的《婚姻法》第 18 条第 3 项明确规定，对指定赠与给夫妻一方的个人财产，属于夫妻一方的个人财产。本案中陈月明的父母指定该 100 平方米住房赠与陈月明，应属于陈月明的个人财产，张玉莲无权分割。

陈月明所获奖牌是运动员的一种荣誉象征，具有特定的人身属性，只能属于权利人本人，因此陈月明所获得的奖牌应归他个人所有。陈月明所获的奖金 4 万元，则属于夫妻共同财产。因为奖金属于财产权利，依《婚姻法》规定在婚姻关系存续期间一方所获的工资、奖金都属于夫妻共同财产，故应由双方平分。

张玉莲所购买的分红型保险具有投资经营和人身保险的双重属性，虽具有一定的人身属性，但是张玉莲购买保险是双方在婚姻关系存续期间用共同财产投保的，应属于共同财产，其所交的保险费和分红所得收益应当对半分割，可以由保单持有人张玉莲拿出所交保险费和分红收益价值一半的钱补偿给陈月明。

示范案例二

离婚时，无过错方可否要求精神损害赔偿？

原告隋华与被告刘阳 2005 年经人介绍相识，并于 2007 年 8 月办理了结婚登记。婚后原告与被告感情较好，于 2009 年 7 月生一男孩取名刘永。2008 年初刘阳的养父刘春为刘阳购置了一辆桑塔纳轿车供刘阳经营出租车业务。刘阳在开出租车期间认识一李姓女子并与之在外同居。为此，隋华曾于 2010 年元月写了一份诉状起诉离婚，后由于刘阳的苦苦哀求而撤诉。2010 年 5 月，刘阳又与一张姓女子认识，并将其带到家中公然同居。隋华无法忍受，遂于同年 6 月向法院起诉，请求与被告离婚，并要求被告付给原告生活补助金、精神损害赔偿金各 1 万元。

经查明，刘阳现经营出租车业务，月收入 3000 元，隋华无职业，双方也无房屋、存款等财产可供分割。

请问：本案依法应如何处理？

分析意见

本案中，原告与被告婚后夫妻感情较好，但因被告与婚外异性同居，现原告要求离婚，被告同意与原告离婚。故法院对原告离婚的请求应予以支持。此外，本案还涉及离婚损害赔偿和离婚时的经济帮助问题。

离婚损害赔偿是指在婚姻关系存续期间，夫妻一方有法定过错行为导致离婚的，无过错方有权要求过错方以个人财产给予经济赔偿的法律制度。其构成要件，应包括以下三个方面：其一，一方须有法定的过错，即指2001年修正后的《婚姻法》第46条规定的四项法定情形，包括：重婚的；有配偶者与他人同居的；实施家庭暴力的；虐待、遗弃家庭成员的。其二，对方须无过错。其三，一方的法定过错行为导致了夫妻感情破裂而离婚的，而给无过错方造成了物质上和精神上的损害后果。2001年《适用婚姻法的解释（一）》第28条规定："婚姻法第四十六条规定的'损害赔偿'，包括物质损害赔偿和精神损害赔偿。"

在本案中，被告刘阳在开出租车期间认识李姓女子，两人经常同居，后认识张姓女子，发展到带回家中同居，这属于前述《婚姻法》第46条规定的有配偶者与他人同居的情形。根据2001年《确定民事侵权精神损害赔偿责任的解释》的精神，结合当地的实际社会发展水平和过错方的过错程度，可确定由被告赔偿原告一定的离婚损害赔偿费。这样既可填补损害、抚慰受害人隋华，也可在一定程度上制裁过错方，使处理达到法律效果和社会效果的有机统一。

离婚经济帮助请求权，是指离婚时独立生活有困难的一方，有权要求对方给予一定经济帮助费的权利。2001年修正后的《婚姻法》第42条规定："离婚时，如一方生活困难，另一方应从其住房等个人财产中给予适当帮助，具体办法由双方协议；协议不成时，由人民法院判决。"我国离婚经济帮助请求权的适用条件有三：其一，须在离婚时一方生活有困难。2001年《适用婚姻法的解释（一）》第27条规定："婚姻法第四十二条所称的'一方生活困难'，是指依靠个人财产和离婚时分得的财产无法维持当地基本生活水平。一方离婚后没有住处的，属于生活困难。"其二，须义务方有负担能力。其三，须在离婚时行使请求权。

在本案中，离婚时原告无工作，且夫妻无共同财产可供分割，亦无其他经济来源，应属于离婚时一方生活有困难，而被告月收入3000元有负担能力，且原告在离婚时已行使请求权，符合请求离婚经济帮助的法定条件，法院应予以支持。

讨论案例

1. 妻子婚外怀孕导致离婚，丈夫可否索赔？

陈民与王芹2007年经人介绍结婚，2008年春节后陈民外出经商。王芹在2009年10月的一次朋友聚会后，与某朋友发生了两性关系。2010年春节，陈民回家时，发现妻子已怀孕，认为妻子对自己不忠实，趁自己外出经商之机，与他人同居并造成怀孕，遂向人民法院提起离婚诉讼，并要求王芹支付损害赔偿费七万元。

人民法院在审理过程中查明：

其一，王芹的怀孕确实是2009年10月的一次朋友聚餐后，与某朋友发生婚外两性关系所致，并非与他人同居，但该行为是导致离婚的主要原因；

其二，陈民没有证据证明其在外经商期间王芹在家与他人同居，在人民法院规定的期间内其仍不能提交王芹在丈夫陈民外出经商期间在家与他人同居的证据。

请问：法院依法应当如何处理本案？

2. 离婚时配偶一方非企业合伙人，能否分得合伙财产而成为合伙人？

蒋林与谭怡经自由恋爱，于2001年春节期间结婚。蒋林聪明能干，在2006年借了3万元和三位合伙人看准市场，搞了个小型零件加工厂，没几年就把外债还清，还买了房、车。物质生活富裕了，蒋林还想着自己再开一个公司，加大投入。谭怡却觉得风险太大，不同意，两人产生分歧，再加上蒋林每天都在新开的公司加班加点，谭怡独守空房，颇多抱怨。2010年元月，夫妻两人协议离婚，蒋林把合伙的小型零件加工厂的财产份额全部转让给了谭怡，但其他三位合伙人不同意转让，于是谭怡起诉到人民法院。

请问：法院应当如何处理？

3. 婚后未获经济收益的作品，离婚时能否按夫妻共同财产分割？

林聪系一位作家，他的作品曾获得过大奖。2007年林聪与一名公司职员吴彤结婚。吴彤性格活泼，喜爱交友，而林聪除爱外出旅游外，平常喜欢在家看书、上网、写作。吴彤经常抱怨林聪不陪其一起游玩，而林聪也对吴彤经常不回家颇有意见。后因吴彤有婚外情，被林聪发现，林聪不能忍受而提出离婚。两人在财产分割中意见不一，因林聪交给出版社的一部长篇小说还未出版，还有家中有一部快完成的长篇小说，吴彤认为这两本书都是在婚姻关系存续期间写成的，应该按共同财产平分，而林聪认为这是他个人完成的作品，应该全部属于个人财产。

请问：本案当事人争议的两部未获经济收益的小说，应当属于林聪个人财产还是夫妻共同财产？能否按夫妻共同财产分割？

4. 婚后所得未指明的赠与财产，离婚时可否按共同财产分割?

张振杉与刘小菊系某镇村民，1998年初经人介绍相识，同年底登记结婚。因张振杉是独子，结婚登记后张振杉父母筹钱为儿子修了四间新房，刘小菊的父母也为他们添置了电视机、缝纫机等物，夫妻俩的日子过得红红火火，并于次年生有一女。但自2008年张振杉外出打工以后，刘小菊对公婆经常无端责骂，虽经张振彬劝解，她仍不悔改，搞得全家不宁。2009年8月15日，张振杉忍无可忍，提出与刘小菊离婚，刘小菊也不甘示弱，同意离婚，但在财产分割上达不成协议，于是起诉到人民法院，请求法院处理。张振杉称：家中存款5万元大部分是我打工所挣，家中房屋由我父母出钱所修，除这两项财产外，其他财产平均分配我无意见。刘小菊称：我与张振杉结婚多年，我在家做饭带孩子，没有功劳也有苦劳，家中房屋及存款应该平分，我的嫁妆电视机及缝纫机等应该是我个人财产，不能平分。

请问：婚后所得未指明的赠与财产，离婚时可否按共同财产分割?

5. 复员军人在部队获得的复员费、自主择业费和医疗费是否属于夫妻共同财产?

齐昊天1999年12月参军后，在部队学习车辆及枪炮修理，义务兵服役期满后，由于部队需要，直接转为士官继续服役。2004年1月经人介绍，与家乡小学教师贾雪登记结婚。每年寒暑假期，贾雪都去部队团聚，夫妻感情较好，并生有一女。2009年1月，齐昊天复员时，从部队获得复员费3万元，自主择业费、住房补贴费6万元，医疗费1万元，共计10万元，全部以个人名义存入银行。齐昊天到某汽车制造厂工作，当上了质量检查员，收入较高，便经常与一些同事出入酒吧、舞厅“泡小姐”。贾雪经常规劝，齐昊天反而认为贾雪干涉了他的私生活，经常对贾雪破口大骂，拳脚相向。贾雪不堪忍受，便于2010年5月向法院起诉离婚，经法院调解，双方同意离婚，并对夫妻其他共同财产、子女抚养达成了协议。唯有对齐昊天从部队带回的复员费、自主择业费和医疗费等10万元存款双方发生了争议。齐昊天认为，这10万元是部队发给自己个人的费用，贾雪无权分割。贾雪则认为，这10万元是婚后所得财产，应当属于夫妻共同财产，自己有权分得5万元。

请问：法院如何处理齐昊天这10万元存款才合法？

6. 婚后购买的价值较大的一方专用物品，离婚时是否属于个人财产？

钟明系在某外资企业工作的白领人士，经济收入较丰。2005年初，他与某单位职工孙青结婚。2008年3月，钟明买了一辆价值16万元的小车供其上班使用。2010年4月，钟明与孙青协议离婚，钟明认为该车属于自己个人专用物品，不应属于夫妻共同财产。而孙青则认为，这小车是婚后所买，并且价值较大，应当属于夫妻共同财产。

请问：钟明婚后供个人专用的小汽车，应当属于共同财产还是个人财产？

三、离婚隐瞒财产案例及债权债务案例

相关主要法律、法规及司法解释链接：

2001年修正后的《婚姻法》

第四十一条　离婚时，原为夫妻共同生活所负的债务，应当共同偿还。共同财产不足清偿的，或财产归各自所有的，由双方协议清偿；协议不成时，由人民法院判决。

第四十七条　离婚时，一方隐藏、转移、变卖、毁损夫妻共同财产，或伪造债务企图侵占另一方财产的，分割夫妻共同财产时，对隐藏、转移、变卖、毁损夫妻共同财产或伪造债务的一方，可以少分或不分。离婚后，另一方发现有上述行为的，可以向人民法院提起诉讼，请求再次分割夫妻共同财产。

人民法院对前款规定的妨害民事诉讼的行为，依照民事诉讼法的规定予以制裁。

示范案例

离婚后能否要求分割一方隐瞒的夫妻共同财产？

李全与张珍系某村村民，李全高中毕业后未能考上大学，于2003年通过别人介绍与本村村民张珍结婚，婚后感情尚好，生有一子。李全随其他村民外出到建筑工地打工，由于聪明好学，人又机灵，不久就当上了小包工头。随着

资金、经验的积累，李全的建筑队也越干越有名气，不仅在村里修了一幢楼房，而且在县城买了一套房。李全有钱后觉得家里的妻子土气，对张珍逐渐看不顺眼，于是长期住在城里不再回家。2007 年 10 月李全向张珍提出离婚。张珍也觉得李全长年不回家，婚姻生活已名存实亡，经双方协议村里那一幢楼房及家具归张珍所有，儿子由李全抚养，张珍不承担抚养费。家里现有存款 10 万元，分给张珍 5 万元，双方办理了离婚登记。2010 年 5 月，张珍发现李全在离婚时隐瞒了在县城购置的一套高档商品房及豪华家具等用品，价值约一百万元，她不知自己是否有权请求分割这部分财产，于是向律师咨询。

请问：张珍有权请求分割被李全隐瞒的这部分财产吗?

分析意见

夫妻在婚姻存续期间所得的夫妻共同财产，离婚时应该由夫妻双方协议分割或法院判决分割。夫妻对于共同财产享有平等的权利，如没有特殊情况，在分割财产时应当平均分配，不应因双方的收入不同而有所差别。在离婚时，对于共同财产的处理，双方都应如实相告，不得隐瞒、转移、损毁，否则构成对另一方的侵权。有的当事人为了在离婚时多分得财产，通过隐瞒共同财产达到多分得共同财产的目的。特别是在家庭财产收入由一方主要获得的情况下，一方隐匿财产，而另一方通常不易发现，这会对离婚另一方的权益造成较大的损害。为了更好地保护离婚双方当事人的权益，2001 年修正后的《婚姻法》第 47 条明确规定：“离婚时，一方隐藏、转移、变卖、毁损夫妻共同财产，或伪造债务企图侵占另一方财产的，分割夫妻共同财产时，对隐藏、转移、变卖、毁损夫妻共同财产或伪造债务的一方，可以少分或不分。离婚后，另一方发现有上述行为的，可以向人民法院提起诉讼，请求再次分割夫妻共同财产。人民法院对前款规定的妨害民事诉讼的行为，依照民事诉讼法的规定予以制裁。”

根据上述规定，离婚时一方隐藏、转移、变卖、毁损夫妻共同财产的行为是违法行为，它侵害了另一方当事人的合法权益，法院可判决该方承担少分或不分财产的后果，如果离婚后才发现此情形的，也作相同处理。本案中李全在办理离婚协议时隐瞒了夫妻共同财产，张珍在离婚两年多后才发现，其有权向法院提起诉讼，请求分割被隐瞒的共同财产，并且，李全应当少分或不分。对离婚后发现一方当事人隐瞒财产，在多长时间内可以提起诉讼的问题，2001 年《适用婚姻法的解释（一)》第 31 条规定：“当事人依据婚姻法第四十七条的规定向人民法院提起诉讼，请求再次分割夫妻共同财产的诉讼时效为两年，从当事人发现之次日起计算。”这是为了促使权利人积极、及时行使自己的权利，以保护当事人的合法权益，维护社会秩序的稳定。超出规定期限的，当事人再向人民法院请求要求保护其权利的，人民法院依法不予保护。因为法律不保护“躺在权利上的睡眠者”。如果当事人自愿履行的，法院不予干预。对于自愿履行完毕的，不得反悔，不得以已过诉讼时效为由要求返回。在本案中，张珍是在离婚两年多后才知道李全隐瞒共同财产的，从她发现之日起两年内提起诉讼，人民法院应当依法予以受理和处理。

讨论案例

1. 一方因赌博所欠债务，是否属于夫妻共同债务？

林小军与蒋曼于2005年结婚，婚后生有一子，活泼可爱。不久，林小军一反常态，经常和朋友喝酒、打麻将。原来，林小军婚前就爱喝酒、打麻将，交了几个女朋友都因此而告吹。与蒋曼认识后，林小军为了怕重蹈覆辙，极力忍耐，结婚生子之后，林小军感觉不用再害怕了，又故态复萌，经常在外不回家。蒋曼这才知道林小军以前的表现都是装出来的，但顾及年幼的孩子，仍多次规劝林小军，但林小军已听不进去，有时输了钱还对蒋曼拳脚相向，蒋曼感觉林小军再也不可能变好了，失去了信心，便提出与林小军离婚。林小军表示，离婚可以，孩子由你一个人抚养，现在我已欠了很多外债，必须由双方共同归还才同意离婚。并拿出借条，一张为一万元，借的是林小军大哥的钱，另一张为两万元，借的是林小军姐姐的钱。蒋曼认为这是林小军私人借的钱，且是因赌博所欠债务，不应该由自己承担。于是蒋曼起诉到法院，请求法院依法认定以上债务的性质。

请问：上述借款属于夫妻共同债务吗？为什么？

2. 离婚时一方放弃分割共同财产以规避偿还债务，其效力如何？

刘杰是一私营企业主，经营一木材加工厂，2009年春节以后，工厂经营出现困难，刘杰四处借款也未能起死回生。眼看工厂一天天亏损，面临关门的危机，债主成天上门讨债，刘杰觉得已回天无力，便和妻子商议，双方达成协议办理离婚登记，并把房屋及所有值钱的财产分给妻子，以免今后妻子和儿子生活困难。离婚后，等债主上门讨债，刘杰说与妻子已离婚，现在本人已无任何财产，无法还钱。于是债权人向法院提出诉讼，请法院判决刘杰与其妻子的离婚协议无效，夫妻的共同财产应用于还债。

请问：刘杰为规避清偿债务的登记离婚协议是否有效？此债务清偿责任应由谁承担？

3. 分居期间因为受伤而向朋友借款，是否属于夫妻共同债务？

2005 年 1 月，王强以按揭贷款方式购买住房一套，在交付购房的首付款 3 万元后，其余七成购房款分 3 年按揭还贷。在王强已经偿还购房贷款一年之后，2006 年 1 月，王强与刘丽结婚。婚后，王强用工资继续还贷。由于王强与刘丽婚前相互了解不够，结婚后两人经常为琐事争吵，2009 年 1 月刘丽搬出与王强分居。一个月后的晚上，刘丽不慎失足从楼梯上摔下，造成骨折住院，向朋友崔萍借款 1 万元用于治疗。由于王强在刘丽住院期间没有照料刘丽，刘丽对两人的婚姻关系很失望，认为夫妻感情已经破裂，遂于 2010 年 2 月向法院起诉要求与王强离婚。

刘丽提出，由于结婚后夫妻二人共同偿还部分买房贷款，她应该取得该房屋的部分产权。而且，该房屋在他们婚姻期间增值了 20 万元，应当双方平分。此外，她受伤后王强对她不管不问，因为受伤她向朋友崔萍借款 1 万元用于治疗，此借款理应由王强偿还。

王强同意离婚，但认为结婚后他用自己的工资来偿还房贷，与刘丽无关，刘丽对该房屋没有产权。刘丽是在与自己分居以后才受的伤，分居后二人互不往来，相互都未尽扶养义务，而且刘丽借钱没有与他商量，所以该借款应由刘丽本人偿还。

法院经审理后查明，在夫妻关系存续期间，王强向银行还贷共计 6 万元，现在该房屋市场价值 33 万元，其中增值部分 20 万元。刘丽向崔萍借款 1 万元，确实用于刘丽受伤住院治疗。

请问：对于本案依法应当如何处理？

4. 前夫私藏 65 万元，离婚 3 年后前妻起诉要求分割，法院是否支持？

2007 年 6 月，苏某的丈夫王某提起离婚诉讼，后法院判决准予二人离婚。2010 年 5 月，苏某意外获悉，在与王某离婚前一年，王某出资 30 万元与别人合作办公司，并拥有公司 60% 的股份。苏某通过调查得知，该公司经营状况良好，到两人离婚前，王某拥有公司股份的价值已达 65 万元。于是，苏某认为这 65 万元是夫妻共同财产，自己应分得一半。但王某表示，所经营的公司是由朋友出钱的，自己没有实际投资。

法院经审理后查明，在苏某与王某离婚前，王某经营的公司处在赢利中，王某本人拥有公司60%的股份，在离婚时该股份市场价值为65万元。而王某在夫妻离婚时却未告知苏某。

请问：对此离婚时隐匿的财产，法院依法应当如何处理？

四、离婚后子女抚养案例

相关主要法律、法规及司法解释链接：

2001年修正后的《婚姻法》

第三十六条　父母与子女间的关系，不因父母离婚而消除。离婚后，子女无论由父或母直接抚养，仍是父母双方的子女。

离婚后，父母对于子女仍有抚养和教育的权利和义务。

离婚后，哺乳期内的子女，以随哺乳的母亲抚养为原则。哺乳期后的子女，如双方因抚养问题发生争执不能达成协议时，由人民法院根据子女的权益和双方的具体情况判决。

第三十七条　离婚后，一方抚养的子女，另一方应负担必要的生活费和教育费的一部或全部，负担费用的多少和期限的长短，由双方协议；协议不成时，由人民法院判决。

关于子女生活费和教育费的协议或判决，不妨碍子女在必要时向父母任何一方提出超过协议或判决原定数额的合理要求。

第三十八条　离婚后，不直接抚养子女的父或母，有探望子女的权利，另一方有协助的义务。

行使探望权利的方式、时间由当事人协议；协议不成时，由人民法院判决。

父或母探望子女，不利于子女身心健康的，由人民法院依法中止探望的权利；中止的事由消失后，应当恢复探望的权利。

示范案例一

未成年子女接受高等教育，父母有无负担教育费的义务？

谭家庆与王玉芳系某厂职工，1988年双方经人介绍相识、相恋，一年后结婚，生有一子谭强，双方皆视为掌上明珠。1999年以来，工厂的效益开始滑坡，到2000年时已处于半停产状态，夫妻双双下岗，只好在外打零工，维持基本生活。经济的压力使得原本和睦友爱的家庭逐渐失去了笑声，经常为经济发生争吵，以致大打出手，严重伤害了夫妻间的感情。同时，谭家庆还经常酗酒。他喝醉酒回家就打人，有时连儿子也不放过。夫妻俩最后已到了无法共处的地步，双方遂于2005年1月协议离婚。但在由谁抚养儿子谭强一事上存在分歧，双方都希望儿子与自己生活，于是由谭家庆向法院起诉请求离婚，并要求与儿子共同生活。法院在征求谭强的意见后，判决双方离婚，谭强由王玉芳抚养，谭家庆每月负担250元抚养费。一年后17岁的谭强考入一所重点大学，每年需要六千多元学费及数千元的生活费，王玉芳下岗后一直在外打工，每月只能挣500元，她实在拿不出钱来供儿子上学，要求谭家庆每年给付3000元教育费供儿子上学。可谭家庆表示：我每个月都按法院判决给了250元的抚养费，已尽了抚养义务，何况我收入不高，还要准备再婚，因此不愿再负担谭强的教育费。王玉芳便以儿子谭强的名义及法定代理人的身份向法院起诉，要求判决谭家庆增加对儿子的教育费。

请问：未成年子女接受高等教育，父母有无负担教育费的义务？

分析意见

在离婚时，离婚后子女应由父母哪一方直接抚养，以及抚养费如何负担，这是司法实践中经常遇到的难题。应该如何保护离婚后未成年子女的利益，这是一个当前不容忽视的重要问题。

我国2001年修正后的《婚姻法》第36条第1款规定：“父母与子女间的关系，不因父母离婚而消除。离婚后，子女无论由父或母直接抚养，仍是父母双方的子女。”父母子女之间的血缘关系不因父母离婚而消除，父母双方都有义务抚养子女。离婚后，父母抚养子女的方式有所改变，一般为由离婚前父母共同抚养变更为离婚后由一方直接抚养，而另一方支付全部或部分抚养费。对抚养费的负担数额，2001年修正后的《婚姻法》第37条第1款规定：“离婚后，一方抚养子女的，另一方应负担必要的生活费和教育费的一部或全部，负担费用的多少和期限的长短，由双方协议；协议不成时，由人民法院判决。”2001年《适用婚姻法的解释（一）》第21条明确规定：“婚姻法第二十一条所称‘抚养费’，包括子女生活费、教育费、医疗费等费用。”

对抚养费的数额，可根据子女的实际需要，父母的负担能力和当地实际生活水平来确定。根据最高人民法院1993年《子女抚养意见》第7条的规定：“子女抚育费的数额……有固定收入的，抚育费一般可按其月总收入的百分之二十至三十的比例给付。负担两个以上子女抚育费的，比例可适当提高，但一般不得超过月总收入的百分之五十。无固定收入的，抚育费的数额可依据当年总收入或同行业平均收入，参照上述比例确定。特殊情况下，可适当提高或降低上述比例。”

对抚养费的给付期限，2001年修正后的《婚姻法》第21条规定：“父母对子女有抚养教育义务；未成年的或不能独立生活的子女，有要求父母付给抚养费的权利。”2001年《适用婚姻法的解释（一）》第20条规定：“婚姻法第二十一条规定的‘不能独立生活的子女’，是指尚在校接受高中及其以下学历教育，或者丧失或未完全丧失劳动能力等非因主观原因而无法维持正常生活的成年子女。”

对抚养费给付方式，1993年《子女抚养意见》第8条规定：“抚育费应定期给付，有条件的可一次性给付。”第9条规定：“对一方无经济收入或者下落不明的，可用其财物折抵子女抚育费。”从上述规定可看出，抚育费一般采用定期支付方式，抚育费的给付方式一般应在调解书或判决书中写明，既可是现金，也可是实物。凡父母有固定收入的，一般按月或定期给付；在农村可以按收益按季度或年度给付；给付方是外国人，港、澳、台居民，华侨的，或长期在国外工作、生活的，可采用一次性给付，对于没有经济收入的一方和下落不明的一方可用其个人财产和离婚时应分得的共同财产折抵抚养费。

子女抚养费数额经协议或判决确定后，因情势变化，可能会出现抚养费数额不足，或父母支付能力不足的情况，因此可以请求对抚养费进行变更。《婚姻法》第37条第2款规定：“关于子女生活费和教育费的协议或判决，不妨碍子女在必要时向父母任何一方提出超过协议或判决原定数额的合理要求。”1993年《子女抚养意见》第18条规定：“子女要求增加抚育费有下列情形之一，父或母有给付能力的，应予支持。（1）原定抚育费数额不足以维持当地实际生活水平的；（2）因子女患病、上学，实际需要已超过原定数额的；（3）有其他正当理由应当增加的。”同时，若给付义务方经济情况等发生变化，无力履行原定抚养费数额的，可通过协议或判决，减少或免除抚养费。例如抚养子女一方再婚，继父或继母愿意承担继子女的抚育费的一部或全部，另一方的给付抚育费义务可酌情减免；又如，有给付义务一方长期患病，丧失劳动能力，或被监禁判刑，无力给付的，抚养费义务人可以请求适当减少或者终止给付。

在本案当中，谭强就读大学虽不属于高中及其以下学历教育，但谭强属于未成年人，其父谭家庆在谭强成年之前有义务支付谭强的生活费、教育费。另外，谭家庆虽然工资不高，但让其每年支付3000元学费应该有能力承受。在谭强满 18 岁以后，谭家庆虽无法律上的继续抚养子女的义务，但如其自愿抚养子女的，法律不予干预。因此，法院应依法判决谭家庆在谭强未成年前每年支付 3000 元的教育费。

示范案例二

探望权受到侵害，可否请求精神损害赔偿？

李英俊（男）和程敏（女）于 2008 年 1 月协议离婚，双方所生的儿子李杰随程敏生活。双方在离婚时约定，李英俊享有探望权，每月探望小孩不少于两次。离婚后，由于李英俊经常事前不与程敏联系，自行决定时间前往探望孩子，给程敏和孩子的生活带来了不便。因此，后来李英俊探望小孩多次遭拒。于是李英俊于 2009 年 2 月向法院起诉。李英俊称，双方离婚后，程敏阻挠其行使探望权，现要求将探视的时间定为每月三次，每次一天，并要求被告赔偿精神损失费 1 万元。

请问：本案依法应如何处理？

分析意见

本案是一起涉及探望权纠纷的案件，主要涉及以下几个方面的问题：

第一，当事人就探望权问题单独提起诉讼，人民法院是否应该受理？我国 2001 年修正后的《婚姻法》第 38 条第 1 款规定："离婚后，不直接抚养子女的父或母，有探望子女的权利，另一方有协助的义务。"由此明确了夫妻离婚后对子女的探望权制度。所谓探望权，是指夫妻离婚后，不直接抚养子女的父或母有探望子女的权利。直接抚养子女的一方有义务协助非直接抚养一方行使探望的权利。探望权可以保证夫妻离婚后非直接抚养子女的一方能够定期与子女相聚，有利于弥合家庭解体给父母子女之间造成的感情伤害，有利于未成年子女的健康成长。探望权是基于父母子女关系所享有的身份权利，是一种实体权利，父或母有权单独行使。因此，对于当事人就探望权问题提出的独立诉讼，法院应当受理。但必须明确的是，探望权主体不能任意扩大，有人认为，应当允许祖父母、外祖父母探望自己的孙子女、外孙子女，并认为这符合传统习俗，符合有些抚养关系的实际。这种主张虽有一定的道理，但此说目前在我国并无法律依据。目前，我国《婚姻法》规定的有权提起探望权诉讼的主体，只能是不直接抚养子女的父或母。

第二，探望权的行使及其限制。探望权不仅可以满足父或母对子女的关心、抚养和教育的情感需要，保持与子女的来往，及时、充分地了解子女的生活、学习情况，更好地对子女进行教育，而且可以增加子女与非直接抚养的父或母一方的沟通和交流，减轻子女的家庭破碎感，有利于子女的健康成长。如何平衡父母探望的权利和促进子女身心健康的发展，是确立探望权制度的关键。行使探望权，涉及直接抚养子女的一方和子女的利益，因此有必要确定探望的时间、方式。本案中原告与被告双方正是在探望子女的时间、方式上产生了分歧，导致了矛盾的产生。我国 2001 年修正后的《婚姻法》明确规定："行使探望权利的方式、时间由当事人协议；协议不成时，由人民法院判决。"可见，在确定探望的时间和方式问题上，《婚姻法》规定了父母协议和法院判决两种方式，并且确定了协议优先原则。在实际生活中，由于父母往往是因为感情破裂而解除婚姻关系的，双方协商时可能会过多考虑自己的利益，故意提出不合理的时间、方式，致使协议难以达成。因此，如探望权人向法院提起诉讼，要求法院依法确定探望的时间和方式时，法院应受理其请求，依法作出判决。

一般来说，探望子女有两种方式：一是看望性探望，这种方式时间短，方式灵活，但是不利于探望人和子女的深入交流；二是逗留性探望，这种方式时间较长，可在双方约定或法院判定的时间内，由探望人领走并按时送回子女，有利于探望人和子女的深入了解和交流。本案当事人的请求正是采取后一种方式。此外，探望权的行使也有一定的限制。2001 年修正后的《婚姻法》第 38 条第 3 款规定："父或母探望子女，不利于子女身心健康的，由人民法院依法中止探望的权利；中止的事由消失后，应当恢复探望的权利。"即不利于子女身心健康，这是探望中止的法定理由。离婚后，不直接抚养子女的父或母一方行使探望权，有时可能危害子女的身心健康，例如，有的父母一方有吸毒、赌博等恶习或对子女有家庭暴力行为；有的父母一方在精神健康方面存在疾病，探望子女会给孩子带来身心危害；有的父母一方有劫持、胁迫孩子的可能，甚至有教唆、引诱未成年子女实施违法或犯罪行为的可能。凡出现上述情形之一的，由直接抚养子女的父或母提出并举证，经人民法院查证属实后可依法作出判决，中止不直接抚养子女的父或母一方对探望权的行使。

第三，探望权受到侵害，可否适用精神损害赔偿？探望权是不直接抚养子女的父或母一方的人身权利，如果直接抚养子女的一方人为地故意设置障碍，使探望权人见不到子女，遭受精神痛苦，探望权人可以请求精神损害赔偿。判令精神损害赔偿既可以补偿探望权人不能行使探望权所受到的伤害，也可约束直接抚养人履行法定的协助义务。本案中，原告提出被告方阻碍其探望子女，使其精神受到了损害，要求被告赔偿其精神损失。但这是由于原告本身对探望权行使不适当所致，其不符合2001年《确定民事侵权精神损害赔偿的解释》规定的条件。因此，人民法院应依法驳回原告该项诉讼请求。

讨论案例

1. 爷爷奶奶对孙子有无探望权？

梁革与李红于2000年5月1日结婚，在第二年生育一子取名梁小东。后因感情不和，梁革与李红于2008年3月5日离婚，梁小东由母亲李红抚养，梁革每月支付300元抚养费。梁小东的爷爷奶奶常到李红处看望孙子。2010年4月李红再婚组建了新的家庭，她认为梁小东的爷爷奶奶经常来探望孙子，可能影响其新的家庭关系。她就对梁小东的爷爷奶奶提出，以后如果他们没有事先预约获得她的允许，不能擅自前来探望。但梁小东的爷爷奶奶认为，自己就这一个孙子，去看望他合情合理，因此不予理睬，仍经常带着买来的食物来探望梁小东。李红对此不能忍受，遂于2010年5月向区法院起诉，要求中止梁小东爷爷奶奶的探望行为。

请问：本案法院应当如何处理？

2. 服刑人员还可以行使探望权吗？

在某监狱服刑的赵方在被判刑入狱前就已经与其妻朱叶协议离婚，并约定他们7岁的女儿赵小华随朱叶生活，赵方每周探望一次。当时双方均能较好地按协议约定来履行，并且赵方与其女儿小华的感情也非常融洽。后来赵方犯罪被判刑入狱，他多次请求朱叶带赵小华来看他，均没有得到朱叶的支持。赵方只得通过监狱向当地人民法院起诉，要求朱叶承担违约责任，并赔偿精神损失费3000元。朱叶以赵方被判刑入狱，行使探望权不利于女儿的身心健康为由反驳。

请问：赵方在服刑期间，可以行使探望权吗？

3. 拒不履行离婚时确定的子女抚养费，另一方可否申请法院强制执行？

李玉与其夫何兵因家庭琐事发生争执，李玉遂起诉至法院，要求与何兵离婚。诉讼中，何兵同意离婚，但双方均要求直接抚养8岁的儿子。经调解无效，法院依法判决离婚，两人的儿子由何兵直接抚养，李玉每月付抚养费200

元。判决生效后，李玉却拒绝将儿子交给何兵直接抚养。

请问：何兵可以向法院申请强制执行吗？

4. 做了绝育手术，能否优先获得直接抚养子女的权利？

王兰（女）和刘鹏（男）于2003年5月经朋友介绍认识，双方第一次见面就互有好感，于是继续交往，经过两个月的接触，二人便同居在一起。同居期间，王兰稍有不满意，便耍脾气，甚至深夜离家出走。但刘鹏认为两人感情尚可，婚后应该会有所改变，2004年8月双方共同到婚姻登记机关领取了结婚证。婚后，王兰懒惰的性格就逐渐显现，不会煮饭，也不想学习厨艺，经常以快餐或速食面充当主餐，也极少打扫家庭卫生。尤其是王兰只有初中文化，与大学毕业的刘鹏缺乏共同语言，夫妻感情日渐淡漠。2005年8月，他们的儿子刘强出生后，刘鹏的父母从乡下来到刘鹏家中，帮助养育小孩。在此期间，由于刘鹏父母的乡下亲戚来访较多，王兰对此颇为不满，她认为理想中的家庭生活应该是一家三口，不能有其他人的干扰。于是，她多次提出要求刘鹏的父母搬出去居住，为此经常借故辱骂刘鹏的父母。刘鹏的父母不堪忍受，于2007年8月搬出另行租房居住。刘鹏对此非常生气，遂带着儿子与父母共同居住。王兰则单独一个人留在家中居住。此情况一直延续至2009年9月，夫妻分居已经两年多了，王兰却不来主动向刘鹏及刘鹏的父母承认自己的错误，刘鹏见和好无望，便以夫妻感情破裂为由，于2009年9月5日向人民法院起诉请求离婚，要求儿子归自己直接抚养，并说明其父母愿意并有能力帮助他继续照料孙子刘强。

而王兰却在答辩状中称，自己与刘鹏夫妻感情尚可，只是因为刘鹏的父母来到家中才导致夫妻关系不和，因此不同意与刘鹏离婚，并且提出要求领回儿子刘强由自己直接抚养，因为自己已经做了绝育手术今后不能再生育，故应当照顾女方的合理要求。

请问：本案依法应当如何处理？

5. 有识别能力的子女是否有权终止其母的探望权？

刘松与高小兰因感情不和，2006年9月双方达成协议办理了登记离婚，9岁的女儿刘丽归刘松直接抚养，高小兰每月支付200元抚养费。后来，因探望女儿的问题，双方多次发生纠纷。2009年1月，高小兰向法院提起探望权诉讼，要求每周六、周日接女儿刘丽回家，法院作出判决，同意高小兰每周六接女儿回她家相聚，周日下午六点送回。三个月后，女儿刘丽一再表示拒绝其母的探望，并向法院提出中止其母探望权的申请。其父刘松作为刘丽的法定代理人认为，在高小兰探望女儿期间，多次将女儿带入舞厅等不宜未成年人出入的场所，影响女儿的身心健康及其学习、生活。高小兰认为探望女儿是自己的权利，他人无权阻止。

请问：法院可否做出中止高小兰的探望权的裁决？为什么？

第六单元

继承制度案例

一、继承权与遗产案例

相关主要法律、法规及司法解释链接：

1985 年《继承法》

第五条　继承开始后，按照法定继承办理；有遗嘱的，按照遗嘱继承或者遗赠办理；有遗赠扶养协议的，按照协议办理。

第七条　继承人有下列行为之一的，丧失继承权：

（一）故意杀害被继承人的；

（二）为争夺遗产而杀害其他继承人的；

（三）遗弃被继承人的，或者虐待被继承人情节严重的；

（四）伪造、篡改或者销毁遗嘱，情节严重的。

1985 年《执行继承法的意见》

9. 在遗产继承中，继承人之间因是否丧失继承权发生纠纷，诉讼到人民法院的，由人民法院根据继承法第七条的规定，判决确认其是否丧失继承权。

10. 继承人虐待被继承人情节是否严重，可以从实施虐待行为的时间、手段、后果和社会影响等方面认定。虐待被继承人情节严重的，不论是否追究刑事责任，均可确认其丧失继承权。

11. 继承人故意杀害被继承人的，不论是既遂还是未遂，均应确认其丧失继承权。

12. 继承人有继承法第七条第（一）项或第（二）项所列之行为，而被继承人以遗嘱将遗产指定由该继承人继承的，可确认遗嘱无效，并按继承法第七条的规定处理。

13. 继承人虐待被继承人情节严重的，或者遗弃被继承人的，如以后确有悔改表现，而且被虐待人、被遗弃人生前又表示宽恕，可不确认其丧失继承权。

14. 继承人伪造、篡改或者销毁遗嘱，侵害了缺乏劳动能力又无生活来源的继承人的利益，并造成其生活困难的，应认定其行为情节严重。

示范案例一

继承法律关系的发生及继承开始的时间，从何时起算？

刘石与关晶于1986年登记结婚，婚后生有一女刘雨。两人努力工作，生活勤俭，共同建起了4间房屋，并拥有3万元存款。2005年1月，关晶不幸因车祸去世，保险公司理赔2万元，被指定的保险金受益人为刘石。2006年1月，刘雨与孙北结婚，她考虑到父亲刘石身体不好，婚后仍与其共同生活。2007年5月，刘雨生下女儿孙亭亭，一家人相处和睦，刘石还时常向邻居称赞女婿孙北十分孝顺。2010年1月3日，刘石亲笔立下遗嘱：在本人死亡后，在本人的个人存款中赠与女婿孙北和外孙女孙亭亭各1万元。

2010年2月2日，刘石携外孙女孙亭亭外出，中途不幸翻车，两人当场死亡。刘石在老家的弟弟刘建和妹妹刘艳闻讯赶来帮忙料理丧事，处理善后事宜。大家清理遗物时发现，刘石遗有存款5万元（即3万元积蓄和2万元保险赔偿金）。

请问：本案发生了哪些继承法律关系？它们各自从何时开始起算？

分析意见

在我国，1985年《继承法》第2条规定："继承从被继承人死亡时开始。"即确定继承开始的时间，应以被继承人死亡的时间为准。最高人民法院1985年《执行继承法的意见》第1条规定："继承从被继承人生理死亡或被宣告死亡时开始。失踪人被宣告死亡的，以法院判决中确定的失踪人的死亡日期，为继承开始时间。"同时，该《执行继承法的意见》第2条还规定："相互有继承关系的几个人在同一事件中死亡，如不能确定死亡先后时间的，推定没有继承人的人先死亡。死亡人各自都有继承人的，如几个死亡人辈份不同，推定长辈先死亡；几个死亡人辈份相同，推定同时死亡，彼此不发生继承，由他们各自的继承人分别继承。"

在本案中，发生的继承法律关系包括：

第一，2005年1月，关晶去世后发生的法定继承法律关系。关晶和刘石在婚姻关系存续期间共同建造了4间房屋，并拥有3万元存款，这属于夫妻共有财产，应依法分割为刘石2间，关晶2间，存款也各1.5万元。由于关晶去世前未立遗嘱，因此，在关晶死亡后其遗产（房屋和存款）应由其夫刘石和女儿刘雨依法继承。

第二，2010年2月2日，刘石死亡后发生的法定继承法律关系和遗赠法律关系。刘石和外孙女孙亭亭遇车祸身亡，因不能确定两人死亡时间的先后，故依我国司法解释推定长辈刘石先于其孙女孙亭亭死亡。刘石留下的遗产，除依2010年1月3日刘石亲笔所立遗嘱遗赠给女婿孙北和外孙女孙亭亭的部分外（其遗赠标的为刘石的个人存款共计2万元），其余的遗产依法应由其法定继承人女儿刘雨继承。

第三，2010年2月2日，孙亭亭死亡后发生的法定继承法律关系。孙亭亭的遗产即外公刘石遗赠给她的1万元存款，应由其法定继承人即她的父母刘雨、孙北共同继承。

示范案例二

异质人工授精所生的子女，有无继承权？

2002年3月3日，李梅与郭小顺登记结婚。2003年8月27日，郭小顺以结婚时收到亲友的礼金及婚后的存款购买了位于某区某街21号602室建筑面积45平方米的房屋。

李梅、郭小顺由于婚后多年不育。2008年1月30日，夫妻双方共同到某医院生殖遗传中心申请进行人工授精。在实施人工授精前，依据2003年11月卫生部公布的新修订的《人类辅助生殖技术规范》[①] 的规定，夫妻两人签订了《知情同意书》及《多胎妊娠减胎术同意书》。通过人工授精后，李梅怀孕。然而，不幸的是，在该人工授精的子女出生之前，2008年4月4日郭小顺因心脏病突发住院抢救。同年5月20日，郭小顺在医院立下遗嘱，主要内容为："（1）通过人工授精（不是本人精子）生育的孩子我坚决不要；（2）2006年

① 2003年11月19日08：34：36中国卫生部近日公布了新修订的《人类辅助生殖技术规范》、《人类精子库基本标准和技术规范》、《人类辅助生殖技术和人类精子库伦理原则》。载 http://www.youdao.com/search? q = % E4% BA% BA% E7% B1% BB% E8% BE% 85% E5% 8A% A9&start = 10&ue = utf8&keyfrom = web.page2&lq = % E4% BA% BA% E7% B1% BB% E8% BE% 85% E5% 8A% A9&timesort = 0，上网时间：2010年6月30日。《人类辅助生殖技术规范》，载 http://www.moh.gov.cn/open/uploadfile/2005112816435508.doc，上网时间：2010年6月30日。

我购买的一套房子，坐落在某区某街21号602室，赠与我的父母郭士君和童秀英，别人不得有异议。”同年5月23日，郭小顺病故。郭小顺去世后，李梅不顾郭小顺的父母郭士君和童秀英的反对继续妊娠，于2008年12月22日顺利生产一子，取名郭重阳。

请问：本案异质人工授精所生的孩子郭重阳，有无继承郭小顺遗产的权利？

分析意见

这是一起异质人工授精所生子女被父亲否认子女身份引发的财产继承纠纷，涉及的问题主要包括：

第一，人工授精成功后，夫妻一方是否有权单方终止妊娠？郭小顺在去世前留下遗嘱表示坚决不要此人工授精的孩子。在丈夫郭小顺去世后，妻子李梅是否有权决定继续妊娠而生育人工授精的孩子？

我们在讨论郭重阳有没有继承权之前，首先应明确人工授精成功后，夫妻一方是否有权单方终止妊娠？由于法律对此问题尚无规定，如果一方要求终止妊娠而另一方不同意时，该子女的法律地位应当如何确定？这是审判实践中的新问题。结合本案情况，在法律无规定的情况下，可按照李梅和郭小顺夫妻双方在医院签订的人工授精申请书和《知情同意书》的意思表示处理。由于决定实施人工授精是夫妻双方经过慎重考虑后的一致意见，该申请书和《知情同意书》应视为夫妻双方的真实意思表示。郭小顺在去世前单方变更意思而决定不要该孩子，并未征得李梅的同意。丈夫郭小顺的单方行为不能对抗夫妻双方的合意。因为，要解除双方合意的行为必须经过双方的协商一致。因此，郭小顺去世后，李梅有权自主决定是否终止妊娠。

第二，无血缘关系的异质人工授精子女在法律上有无继承权？在本案中，郭小顺在遗嘱中单方否认妻子李梅通过人工授精所怀孕的孩子与自己的亲子关系，在法律上是无效的。因为经夫妻双方一致同意，以他人精子使妻子受孕怀胎所生的子女，尽管与丈夫在血缘上没有联系，但依法律规定应推定为双方的婚生子女。1991年《最高人民法院关于夫妻离婚后人工授精所生子女的法律地位如何确定的复函》中明确规定：“夫妻关系存续期间，双方一致同意进行人工授精，所生子女应视为夫妻双方的婚生子女，父母子女之间权利义务适用《婚姻法》的有关规定。”郭小顺生前与妻子李梅一起签订的人工授精申请书和《知情同意书》，都表明了郭小顺当时是同意人工授精的，而其在去世前的遗嘱中单方表示不要孩子的决定，不符合该司法解释的精神，在法律上不具有效力。李梅所生的儿子郭重阳在法律上享有婚生子女的地位，应当被视为郭小顺与李梅夫妻双方的婚生子女，所以他是郭小顺的法定继承人之一。

第三，郭小顺的遗嘱处分，是否完全合法有效？根据我国1985年《继承法》第16条规定："公民可以依照本法规定立遗嘱处分个人财产，并可以指定遗嘱执行人。公民可以立遗嘱将个人财产指定由法定继承人的一人或者数人继承。公民可以立遗嘱将个人财产赠给国家、集体或者法定继承人以外的人。"这表明我国实行"遗嘱继承优先于法定继承"的原则。如果被继承人生前留有遗嘱，首先应当按遗嘱处理遗产。这就意味着，郭重阳虽然与母亲、爷爷、奶奶同为郭小顺的第一顺序法定继承人，但是如果郭小顺在遗嘱中明确将房屋指定只由他的父母继承，这将导致同一顺序的其他法定继承人都无权参加继承。那么，郭小顺的遗嘱是否完全有效呢？在本案中，郭小顺的遗嘱在主体、形式、意思表示上均符合法律规定，但该遗嘱的内容有部分不合法。首先，郭小顺以遗嘱处分的标的物——房屋，由于是在婚后以夫妻共同财产（婚礼时收到的礼金和婚后的存款）购买取得的，它属于夫妻共同财产。所以，郭小顺遗嘱处分的房屋属于妻子李梅的份额部分是无效的。也就是说，郭小顺只能处分自己的份额即该房屋产权的二分之一。其次，根据1985年《继承法》第19条规定，遗嘱应当对缺乏劳动能力又没有生活来源的继承人保留必要的遗产份额。1985年《执行继承法的意见》第37条分别规定："遗嘱人未保留缺乏劳动能力又没有生活来源的继承人的遗产份额，遗产处理时，应当为该继承人留下必要的遗产，所剩余的部分，才可参照遗嘱确定的分配原则处理。"郭重阳作为婴儿，显然属于法律规定的"缺乏劳动能力又没有生活来源"的继承人。因此，在属于郭小顺的遗产份额中，依法应首先为郭重阳留下必要的遗产份额，余下的部分才能按其遗嘱的内容进行分配。

示范案例三

抚恤金是否属于死者的遗产？

王某系丧偶妇女李某的独生女，是某工厂工人，2008年她与同厂工人路某结婚。婚后未生育子女。李某依靠女儿王某付给的赡养费维持生活，别无经济来源。2010年初，王某因交通事故死亡，除人身损害赔偿金外，有关单位按规定发给其亲属2.2万元抚恤金。王某的丈夫路某、婆母与王某之母李某三人为这笔抚恤金发生争执。

路某认为抚恤金属于其妻子的遗产，根据 2001 年修正后的《婚姻法》第 24 条“夫妻有相互继承遗产的权利，父母和子女有相互继承遗产的权利”的规定，应由他和岳母共同继承。王某的婆母认为，抚恤金是发给亲属的，所以王某的丈夫、母亲和婆母每人各有一份。而李某则认为，这笔抚恤金是发给其女儿所供养的直系亲属的，只能由她一人所得。为此，李某诉请人民法院依法裁决。

请问：抚恤金是否属于死者的遗产？

分析意见

遗产和抚恤金是两个不同的概念，不能混为一谈。我国 1985 年《继承法》第 3 条规定：“遗产是公民死亡时遗留的个人合法财产”，即遗产作为继承权的客体，是指被继承人死亡时遗留的个人合法财产，包括可以继承的财产权利。遗产具有以下特征：

第一，遗产具有特定的时间性和财产性。公民死亡这一法律事实的出现，是公民生前个人财产转化为遗产的法定时间界限。在死者遗留的物或权利中，凡具有财产性的物或权利都可以作为遗产。

第二，遗产具有专属性和合法性。死者遗留的财产和财产权利中，凡属其个人所有的部分，包括死者单独所有或在共有财产中死者享有的份额都属于遗产；同时，死者遗留的财产中，凡属于法律允许为公民个人所有且系合法取得的财产，都可以作为遗产。

第三，遗产具有限定性。公民死亡时遗留的个人合法所有的财产和财产权利，凡属于法律允许转给他人所有的都可以作为遗产。

根据我国 1985 年《继承法》第 3 条规定：“遗产是公民死亡时遗留的个人合法财产，包括：（一）公民的收入；（二）公民的房屋、储蓄和生活用品；（三）公民的林木、牲畜和家禽；（四）公民的文物、图书资料；（五）法律允许公民所有的生产资料；（六）公民的著作权、专利权中的财产权利；（七）公民的其他合法财产。”第 4 条规定：“个人承包应得的个人收益，依照本法规定继承。个人承包，依照法律允许由继承人继续承包的，按照承包合同办理。”1985 年《执行继承法的意见》第 3 条规定：“公民可继承的其他合法财产包括有价证券和履行标的为财物的债权等。”第 4 条规定：“承包人死亡时尚未取得承包收益的，可把死者生前对承包所投入的资金和所付出的劳动及其增值和孳息，由发包单位或者接续承包合同的人合理折价、补偿。其价额作为遗产。”

我国1994年《劳动法》第73条第2款规定：“劳动者死亡后，其遗属依法享受遗属津贴。”我国1951年《劳动保险条例》① 第14条第1款规定：“甲、工人与职员因工死亡时，由该企业行政方面或资方发给丧葬员……另由劳动保险基金项下，按其供养的直系亲属人数，每月付给供养直系亲属抚恤费，其数额为死者本人工资百分之二十五至百分之五十，至受供养者失去受供养的条件时为止。详细办法在实施细则中规定之。”依其规定，抚恤金是发给自然死亡或因工死亡的工人、职员生前所供养的直系亲属，其目的是避免因工人或职员死亡而造成受其扶养者的生活困难。按我国1953年1月26日施行的《劳动保险条例实施细则》（修正草案）② 第45条规定，符合下列各款规定之一者，均为职工供养的直系亲属：（1）祖父、父（包括养父）、夫，满60岁无工作或完全丧失劳动能力者；（2）祖母、母（包括养母）、妻，未从事有报酬的工作者；（3）子女（包括养子女、前妻或前夫所生子女、非婚生子女）、弟妹（包括同父异母或同母异父的弟妹）年龄未满16岁者；（4）孙子女年龄未满16岁，其父死亡或完全丧失劳动能力，母未从事有报酬的工作的。抚恤金的发放方法，可以一次性发给，也可以按月发给，直至受供养者失去受供养

---

① 《中华人民共和国劳动保险条例》1951年2月26日公布并施行，有部分已经废止。第一章关于本条例实施范围的规定：注※1. 有关在劳动保险基金项下支付的各项费用，根据1973年5月15日财政部财企字第41号文件的规定，改在营业外支付。2. 有关医疗待遇的规定，与劳动部、全国总工会1966年4月15日“关于改进职工劳保医疗制度几个问题的通知”的规定有抵触的，均按1966年通知的规定执行。3. 有关养老待遇和因工、非因工残废完全丧失劳动能力的待遇规定，与1978年6月2日国务院国发〔1978〕104号文件和1982年4月国发〔1982〕62号文件中有关规定有抵触的，应按国发〔1978〕104号文件和国发〔1982〕62号文件有关规定执行。载 http://trs. molss. gov. cn/was40/mainframe. htm，上网时间：2010年6月15日。

② 《中华人民共和国劳动保险条例实施细则》（修正草案）1953年1月26日公布并施行。1988年9月1日施行的《女职工劳动保护规定》将《中华人民共和国劳动保险条例》中有关女工人、女职员生育待遇的规定废止。此外，第一章关于实施范围的规定：注※1. 有关在劳动保险基金项下支付的各项费用，根据1973年5月15日财政部财企字第41号文的规定，改在营业外支付。2. 有关养老待遇和因工、非因工残废完全丧失劳动能力的待遇规定，与1978年6月2日国务院国发〔1978〕104号文件和1982年4月国发〔1982〕62号文件中有关规定有抵触的，应按国发〔1978〕104号文件和国发〔1982〕62号文件有关规定执行。3. 关于临时工因工死亡和因工致残完全丧失劳动能力的待遇根据国务院（71）国发文91号文件和国家计委劳动局（73）计劳业字57号文件的规定均按固定工的待遇办理。4. 第六条“关于工资总额组成的规定”，改按1955年5月21日国务院（55）国秘云字第103号文件批准的“中华人民共和国国家统计局关于工资总额组成的暂行规定”和（78）财企字第641号、（79）财企字第657号文件的规定办理。载 http://trs. molss. gov. cn/was40/mainframe. htm，上网时间：2010年6月15日。

的条件时（如受供养人有了新的供养人或者有了经济收入，或受供养人死亡等）为止。因此，本案的抚恤金不能作为遗产，而应归属于死者生前供养的直系亲属死者之母李某享有。

示范案例四

法律上有“不孝子女不得继承其父母遗产”的规定吗？

吴某是一位75岁的丧妻老人，只有一个独生儿子。吴某和儿子住在一起，但其儿子对吴某不孝顺，不但生活上不尽照料、扶助父亲的义务，而且经常辱骂吴某，父子关系很不好。吴某想与其子脱离父子关系，不想让其子继承他的遗产。

请问：吴某能否剥夺其儿子的继承权？

分析意见

本案涉及剥夺继承权的法定条件问题。诚然，我们知道父母子女之间的自然血亲关系是不能通过法律程序人为地解除的。但法律规定的父母子女之间的权利义务关系包括财产继承关系，在符合法定情形下，则是可以依法予以变更或解除的。我国1985年《继承法》第7条规定，继承人有下列行为之一的，丧失继承权。这些行为是：

第一，故意杀害被继承人的。构成故意杀害被继承人的行为，必须具备两个要件：(1) 主观上具有杀害被继承人的故意，而不论基于什么动机。(2) 客观上实施了非法剥夺被继承人生命的行为，不论其手段是作为或不作为，也不论其结果是既遂或未遂。因为，最高人民法院1985年《执行继承法的意见》第11条规定：“继承人故意杀害被继承人的，不论既遂还是未遂，均应确认其丧失继承权。”

第二，为争夺遗产而杀害其他继承人的。构成争夺遗产而杀害其他继承人的行为，必须具备两个要件：（1）主观上具有杀害其他继承人的故意，且具有争夺遗产的动机。（2）客观上实施了非法剥夺其他继承人生命的行为，也不论其结果是既遂或未遂。

第三，遗弃被继承人的，或者虐待被继承人情节严重的。遗弃被继承人，是指依法负有法定义务且具有扶养能力的继承人，对没有独立生活能力的被继承人，故意不履行扶养义务的行为。虐待被继承人，是指继承人对被继承人进行精神上或肉体上的摧残折磨。根据最高人民法院 1985 年《执行继承法的意见》第 10 条、第 13 条的规定，虐待被继承人情节严重的，才丧失继承权。虐待被继承人情节是否严重，可以从实施虐待行为的时间长短、手段恶劣程度、后果是否严重、社会影响的大小等方面认定。遗弃被继承人情节严重的，不论是否被追究刑事责任，均可确认其丧失继承权。但是，继承人虐待被继承人情节严重的，或遗弃被继承人的，如以后确有悔改表现，而且被虐待人、被遗弃人生前又表示宽恕的，可不确认其丧失继承权。

第四，伪造、篡改或者销毁遗嘱，情节严重的。伪造遗嘱，是指继承人为了夺取或独占遗产而以被继承人的名义制造假遗嘱的行为。篡改遗嘱，是指被继承人生前立有遗嘱，但继承人认为遗嘱对自己不利，为夺取或独占遗产而改变遗嘱内容的行为。销毁遗嘱，是指被继承人生前立有遗嘱，继承人为了争夺或独占遗产而将该遗嘱破坏、毁灭的行为。最高人民法院 1985 年《执行继承法的意见》第 14 条规定："继承人伪造、篡改或者销毁遗嘱，侵害了缺乏劳动能力又无生活来源的继承人的利益，并造成其生活困难的，应认定其行为情节严重。"

必须说明，关于继承权丧失的程序，依我国 1985 年《继承法》第 7 条规定的精神，继承人有丧失继承权的法定事由之一的，当然丧失继承权，无须经诉讼程序宣告。如果当事人对是否丧失继承权有争议的，可以诉请人民法院依法确认。

据此，吴某的儿子如果有上述法定的继承权丧失的行为之一，依法应当丧失继承权，不得继承其父的遗产。但是，如其以后确有悔改表现，而且被继承人生前又表示宽恕的，其可以不丧失继承权。或者，如果吴某的儿子的行为尚未达到上述丧失继承权的法定的条件，而吴某又不想让其继承遗产的，其可以依法立遗嘱处分遗产。我国 1985 年《继承法》第 16 条规定："公民可以依照本法规定立遗嘱处分个人财产……公民可以立遗嘱将个人财产赠与国家、集体或者法定继承人以外的人。"即公民可以通过立遗嘱，指定其遗产由法定继承人以外的其他人继承，或者赠给国家和集体组织。在立遗嘱的诸多方式中，依 1985 年《继承法》第 20 条第 3 款的规定："自书、代书、录音、口头遗嘱，不得撤销、变更公证遗嘱。"即公证遗嘱的法律效力最高。被继承人如果想采用公证遗嘱的方式，可以到当地公证机关去办理。

示范案例五

父母健在时，儿子可以要求继承并分割父母的财产吗？

王某有两个哥哥均已成家并分家另过，只有他与父母一起生活。最近，王某的两个哥哥突然提出要继承并分割父母的财产。其理由是：如果现在不进行继承并分割，将来父母的财产就会都给了小儿子王某，所以现在必须先继承并分割父母的财产。对此，王某的父母都不同意。

请问：在父母健在时，儿子可以要求继承并分割父母的财产吗？

分析意见

财产继承是被继承人死亡后遗产所有权转移的方式。它是在被继承人死亡后由其继承人依法或依遗嘱无偿取得被继承人的遗产，即财产继承的结果是继承人无偿取得遗产的所有权。

财产继承不同于分家析产。两者的主要区别：一是发生的原因不同，前者是基于被继承人的死亡而发生；后者是基于家庭共有财产人的请求而发生。二是财产关系的性质不同，前者是被继承人的遗产通过继承转移给继承人所有；后者是家庭共有财产通过析产变为家庭成员分别所有的财产，不发生财产所有权的转移。三是财产的范围不同，遗产仅限于被继承人死亡遗留的个人合法财产，应从夫妻共有财产和家庭共有财产中把被继承人享有的份额分离出来，先析产后继承；而分家析产的范围仅限于家庭共有财产。

在本案中，王某的两个哥哥提出在父母健在时继承并分割父母的财产。如果是分家析产，必须是针对家庭共有财产而言，也就是说，只能针对王某的两个哥哥与其父母共同的劳动收入或共同购置的生活资料及其他共同财产，按照各自收入的情况或出资的情况分割出自己相应的财产份额，但如果父母健在而要求继承并分割父母的财产，这是没有法律依据的。因为根据我国1985年《继承法》第2条规定，继承自被继承人死亡时开始。现在本案的被继承人健在，继承尚未开始，其继承人的继承权还不能行使。因此，王某的两位哥哥提出的要求是没有法律依据的。王某的父母完全有权直接支配自己的财产，拒绝他们的要求。

示范案例六

尚未给付的离婚经济帮助费，是否属于遗产？

赵明早年丧父，由母亲王英一人把他抚养成人。2002年2月赵明参加工作后，时年44岁的王英经人介绍与52岁的退休教师张风相识，不久两人登记结婚。婚后，双方因性格不合，经常为家庭生活琐事发生矛盾。王英因此常常独自生闷气。自2007年3月以来，她有时感到胸部疼痛。2009年1月，王英经医院检查诊断为乳腺癌（初期）。2009年4月，王英与张风再次发生口角后，她便离家到其长子赵明家生活。经张风多次电话联系，王英均表示不愿意回张风处与其共同生活。2010年5月，张风诉至法院，请求与王英离婚。法院经审理查明，王英与张风虽然结婚时间长达八年，但因性格不合，导致夫妻感情破裂，经调解和好无效，判决准予离婚。同时，法院考虑到王英在婚姻期间患有严重疾病乳腺癌尚需治疗，判决张风于判决生效后30日内一次性给予王英经济帮助费1万元。判决生效后，在履行期限内张风尚未给付该经济帮助费，王英因病情恶化抢救无效而死亡。现该判决确定的履行期限已经届满，王英之子赵明向法院申请执行。

请问：在履行期内，尚未给付的经济帮助费是否属于遗产，赵明是否有权申请执行？

分析意见

本案离婚经济帮助费请求权人之子赵明是否有权申请执行，应考虑以下几方面的问题。

一、遗产的范围

遗产的概念，有广义与狭义之分。广义的遗产，既包括被继承人的财产权利（积极财产），又包括被继承人的财产义务（消极财产）。狭义的遗产，仅仅指被继承人的财产权利（积极财产）。在我国，根据1985年《继承法》的规定，是采取狭义的遗产概念。所谓遗产，是指被继承人死亡时遗留的、依法能够被转移给他人的个人合法财产。

考察遗产的范围，可以从遗产的时间特定性、财产性、专属性、限定性等四个特征着手。

所谓时间特定性，是指遗产是被继承人死亡时所遗留。被继承人死亡这一法律事实，是区分被继承人的个人所有财产与遗产的法律上的时间界限。被继承人生前个人所有的财产，不一定就是遗产。因为，被继承人生存时随时可以对其个人所有财产进行使用、收益或进行其他处分，已经被处分的财产就不能作为其遗产。只有当被继承人死亡的法律事实出现时，他所遗留的个人财产才转化为遗产。

所谓财产性，是指遗产仅指被继承人遗留的财产权利和财产义务，而被继承人生前所享有的人身权利以及基于人身关系而产生的义务，不能作为遗产。

所谓专属性，是指遗产必须是属于被继承人个人所有的财产。因此那些虽然由被继承人生前占有但并无所有权的财产，不能作为被继承人的遗产。

所谓限定性，是指遗产只能限于依继承法能够移转给他人的一定财产，而不是被继承人的全部财产。

关于遗产的范围，我国1985年《继承法》第3条采用概括性和列举性相结合的方式明确规定："遗产是公民死亡时遗留的个人合法财产，包括：（一）公民的收入；（二）公民的房屋、储蓄和生活用品；（三）公民的林木、牲畜和家禽；（四）公民的文物、图书资料；（五）法律允许公民所有的生产资料；（六）公民的著作权、专利权中的财产权利；（七）公民的其他合法财产。"关于第七项的"其他合法财产"，最高人民法院1985年《执行继承法的意见》第3条将其界定为：公民可继承的其他合法财产包括有价证券和履行标的为财物的债权等。

二、离婚经济帮助的适用

第一，离婚经济帮助的性质。我国2001年修正后的《婚姻法》第42条规定："离婚时，如一方生活困难，另一方应从其住房等个人财产中给予适当帮助。具体办法由双方协议；协议不成时，由人民法院判决。"离婚经济帮助的性质与婚姻期间夫妻的扶养义务不同。夫妻扶养的义务是基于夫妻人身关系而产生的，其因婚姻关系的终止而终止。而离婚经济帮助则是夫妻扶养义务的延伸，其目的是为了解决离婚时一方的生活困难。

第二，离婚经济帮助的适用条件。一是离婚时一方生活确有困难，"生活确有困难"的情形包括：一方有年老多病、丧失劳动能力、无生活来源等情况；二是提供经济帮助的一方有负担能力；三是生活困难方已经在离婚时提出该请求。

第三，离婚经济帮助的请求权人。由于离婚经济帮助的对象具有特定性，即被帮助的一方必须是离婚时生活上确有困难的一方夫或妻。其目的是为了帮助该方当事人解决离婚后一定时间内的生活困难。因此，享有经济帮助请求权的只能是受帮助者本人，他人无权主张该项权利。如果受帮助一方另行结婚或经济收入足以维持生活时，帮助一方即可停止给付。如果受帮助一方死亡，则无被帮助的对象，申请执行的权利主体不存在，给予帮助一方有权停止支付。另外，由于离婚经济帮助费的给付具有特定的时间条件，当离婚经济帮助费尚未到给付时间时，该财产不属于受帮助一方的财产，故经济帮助请求权又不等同于一般的债权。当受帮助一方死亡时，该离婚经济帮助请求权即消灭，而不能将该请求权作为遗产继承。而一般的债权，当债权人死亡时，其继承人有权代替债权人主张权利。

综上所述，本案王英在履行期间未届满，尚未收到1万元离婚经济帮助费之前死亡，因被帮助的对象已不存在，尚未给付的经济帮助费不属于王英的遗产，因此，王英之子赵明无权申请法院执行。

讨论案例

1. 这些保险金应否被用于清偿死者的损害赔偿债务?

2009年6月26日，个体运输司机孙文依合同运送货主张新及其货物（锡锭）不幸在铁路道口处与火车相撞，致汽车损毁，孙文、张新当场死亡。经现场勘察，事故责任应由孙文承担。孙文生前向保险公司投保了车身险（保险金额3万元，保险金的受益人为孙文）和人身意外伤害险（保险金额2万元，保险金的受益人指定为其母郭香荣）。孙文死后，张新之妻要求郭香荣将全部保险金用于承担赔偿责任。郭香荣认为，保险金应全部归自己所有，不能用于承担赔偿责任。

请问：这些保险金应否被用于清偿死者的损害赔偿债务？

2. 在上诉期内离婚当事人一方死亡，另一方是否有权继承其遗产?

王某与丈夫林某因夫妻感情破裂，起诉到法院离婚。法院经调解和好无效，2010年2月3日依法判决两人离婚，并就财产分割作出判决，林某分得价值5万元的财产。一审判决后的第5天林某外出办事不幸因车祸当场死亡。林某死亡后，林某唯一的亲人其弟弟认为王某已经与林某离婚，不再享有夫妻继承权，因此，林某在离婚时分得的财产应由他一人继承，而王某不同意，认为该遗产应由她继承，双方争执不下。

请问：究竟谁有权继承上诉期内离婚当事人林某的遗产？

3. 丧偶妇女再婚后是否丧失对前夫的遗产继承权?

某村农民小芳的丈夫大强早年父母双亡。2007年5月，大强不幸病故，遗留了其婚前建造的两间瓦房，小芳带着两个女儿继续居住在丈夫遗留的两间瓦房里共同生活，最大的女儿才7岁。2010年5月，小芳经人介绍与一个四十多岁的单身汉登记结婚，婚后两人继续居住在前夫大强遗留的两间瓦房内，共同抚养两个女儿。2010年6月，小芳前夫的兄弟提出要收回这两间房屋，限期让她们全家搬走，理由是因为小芳丧偶后已经再婚。

请问：丧偶妇女小芳再婚后是否丧失对前夫的遗产继承权？

4. 剩余善款是否属于受捐者的遗产？

黄某、顾某系夫妻，其子黄昊系某小学的学生。2006年10月，黄昊被确诊为“小儿急性淋巴细胞白血病”，因换骨髓至少需20万元。2007年1月，该小学在省报上以全校少先队员名义发出题为《为了挽救一棵生命的幼苗》的倡议，呼吁社会各界为黄昊治病捐款。经新闻媒体引导及社会各界的安排、策划，至2007年4月共募捐人民币241783.65元。在黄昊治病的过程中，黄某夫妻凭票到该小学支取并使用捐款。2008年8月18日黄昊病故。同年8月28日，黄某夫妻到该小学支取了2007年4月至2008年8月期间用于黄昊治病及丧葬的所有费用，并注明“结清所有账目”，合计支用捐助款人民币171049.71元，结余70733.94元。2008年11月，黄某夫妻诉至法院，要求该小学返还剩余善款，后于2009年1月撤回起诉。2009年5月9日，黄某夫妻再次诉至法院，要求该小学返还捐赠余款人民币70733.94元。

请问：社会各界捐给黄昊的善款余额，是否属于受捐者的遗产？

5. 遗嘱人生存期间，继承人能否按遗嘱内容分割遗产？

胡某（男）有两个儿子、一个女儿。2009年6月，胡的老伴去世。2010年2月胡某患病住院。胡某为避免他死后儿女们为争他留下的存款而伤感情，便立下书面遗嘱，两个儿子和一个女儿各执一份。2010年4月，胡某出院后便住在大儿子家中。胡的二儿子怀疑父亲的存款会被哥哥慢慢花掉，便提出先分割这笔钱。胡某不同意，认为自己还没死，现在不能分这笔存款。为此，胡的二儿子和女儿跑到哥哥家吵闹，提出按照胡亲笔所立的遗嘱分其父的存款。

请问：父亲还没有去世，其存款能作为遗产按遗嘱内容分割吗？

6. 具有人身专属性的财产能否继承？

被告谢细秀于1987年1月（时年10岁）被其姑父康保发、姑母谢月秀收养。2000年2月，被告成婚后仍与养父母共同生活。2007年2月，因被告之子不愿随养外祖父姓康，康保发夫妇提出与被告解除收养关系，被告同意并与之签订了解除收养关系的协议，约定由被告按年度支付康保发夫妇生活费每年1万元，共计支付10年。不久，康保发夫妇将康保发的侄子即原告康佑明过继为子，但未办理收养登记手续。康保发夫妇于2009年2月、2010年2月先后去世。被告应付康保发夫妇的生活费实际只付了3万元，尚有7万元未付。为此，原告康佑明起诉至法院，请求确认其对被告谢细秀尚未支付给其继父母的生活费7万元享有继承权，要求被告予以给付。

请问：法院是否应支持原告的诉讼请求？

二、法定继承案例

相关主要法律、法规链接：

1985年《继承法》

第十条　遗产按照下列顺序继承：

第一顺序：配偶、子女、父母。

第二顺序：兄弟姐妹、祖父母、外祖父母。

继承开始后，由第一顺序继承人继承，第二顺序继承人不继承。没有第一顺序继承人继承的，由第二顺序继承人继承。

第十一条　被继承人的子女先于被继承人死亡的，由被继承人的子女的晚辈直系血亲代位继承。代位继承人一般只能继承他的父亲或者母亲有权继承的遗产份额。

第十二条　丧偶儿媳对公、婆，丧偶女婿对岳父、岳母，尽了主要赡养义务的，作为第一顺序继承人。

第十三条　同一顺序继承人继承遗产的份额，一般应当均等。

对生活有特殊困难的缺乏劳动能力的继承人，分配遗产时，应当予以照顾。

对被继承人尽了主要扶养义务或者与被继承人共同生活的继承人，分配遗产时，可以多分。

有扶养能力和有扶养条件的继承人，不尽扶养义务的，分配遗产时，应当不分或者少分。

继承人协商同意的，也可以不均等。

第十四条　对继承人以外的依靠被继承人扶养的缺乏劳动能力又没有生活来源的人，或者继承人以外的对被继承人扶养较多的人，可以分给他们适当的遗产。

示范案例一

哪些人属于法定继承人？

1988 年 8 月，孙尚与许平离婚，两人所生儿子孙辉随母亲许平共同生活。1993 年 10 月，孙尚与丧偶妇女沈笛举行了结婚仪式后以夫妻名义同居生活，但未办理结婚登记。此后，孙尚一直抚养沈笛与其前夫所生的两个未成年子女黄燕、黄峰。孙尚的父亲孙明靠退休金单独生活。2000 年 3 月，孙尚为自己投保了人身意外伤害险，保险金额为 20 万元，该保单中指定非身故保险金的受益人为孙尚本人。2010 年 2 月 14 日，孙尚因车祸致重伤，经医治一个月后终因伤势过重而死亡。孙尚在受重伤医治期间，获得人身意外伤害保险金 20 万元。孙尚去世后，该保险金被用于清偿孙尚生前医药费 5 万元后，剩余 15 万元。保管人孙明将该款分作五等份，沈笛、黄燕、黄峰已领取。孙辉认为此份额少而拒绝领款，遂向人民法院提起诉讼。原告孙辉诉称，我和爷爷孙明才是死者孙尚的合法继承人，请求法院判决由我们两人平均分割 15 万元的遗产。

被告沈笛、黄燕、黄峰辩称，他们自 1993 年 10 月与孙尚共同生活，沈笛与孙尚形成了事实婚姻，黄燕、黄峰与孙尚形成了有抚养关系的继父母子女关系，他们三人应当对该 15 万元的遗产有五分之三的继承权。

法院经审理认为：被继承人孙尚与被告沈笛在 1993 年 10 月，未经登记结婚即同居生活，仅按农村习俗举行了结婚仪式。根据 2001 年《适用婚姻法的解释（一）》第 5、6 条的相关规定，应认定在 1994 年 2 月 1 日《婚姻登记管理条例》公布实施之日前，被告沈笛与被继承人孙尚未办结婚登记手续即以夫妻名义同居生活已经形成事实婚姻。当时孙尚与两个未成年继子女黄燕、黄峰共同生活，且与沈笛共同抚养他们，已经形成有抚养关系的继父母子女关系。据此，本案的原告与被告沈笛、黄燕、黄峰以及孙尚的父亲孙明五人均属于第一顺序法定继承人。根据“人身意外伤害保险合同”的规定，已经指定受益人的，人身意外伤害保险金归该受益人，所以 20 万元保险金应当归孙尚个人所有。孙尚去世后，在清偿 5 万元医药费债务后，剩余的 15 万元属于其遗产。故法院判决，对于被继承人孙尚的 15 万元遗产，沈笛、孙明、孙辉及黄峰、黄燕 5 位继承人均享有继承权，各继承遗产的五分之一。原告孙辉的请求缺乏事实和法律根据，法院不予支持。

请问：法院的判决是否合法？

分析意见

本案的争议焦点是法定继承人范围的确定。具体地说，沈笛、黄燕、黄峰三人是否享有法定继承权？

第一，沈笛能否以配偶身份作为法定继承人？根据我国1985年《继承法》的规定，法定继承是指按照法律直接规定的继承人的范围、继承顺序、遗产分配原则等进行财产继承的一种继承方式。我国1985年《继承法》第10条规定的法定继承顺序为：第一顺序是配偶、子女、父母；第二顺序是兄弟姐妹、祖父母、外祖父母。如果能确定沈笛与被继承人孙尚之间的婚姻关系受法律保护，那么沈笛就享有配偶继承权。事实婚姻是相对于法律婚姻而言的，其概念有广义和狭义之分。广义的事实婚姻，是指男女双方未办理结婚登记，便以夫妻名义同居生活，群众也认为是夫妻关系的两性结合。狭义的事实婚姻，是指1994年2月1日《婚姻登记管理条例》施行前，没有配偶的男女双方符合结婚条件未办理结婚登记，便以夫妻名义同居生活，群众也认为是夫妻的两性结合。目前，我国采取狭义的事实婚姻概念。我国法律承认的事实婚姻具有以下四个特征：（1）欠缺结婚法定形式要件，即当事人双方未办理结婚登记手续。（2）男女双方均无配偶，即当事人双方均处于未婚、丧偶或离婚状态。（3）具有公开性，即当事人双方以夫妻名义公开共同生活，被群众公认为是夫妻关系。（4）符合法定条件。即符合法定结婚条件和时间条件。从法院查明的事实来看，沈笛与孙尚是在1993年10月开始以夫妻名义同居生活，并按农村习俗举办了结婚仪式，他们同居时双方均符合结婚的法定条件，只是未办理结婚登记，欠缺结婚的法定形式要件。对此，根据最高人民法院2001年《适用婚姻法的解释（一）》第5条规定："未按婚姻法第八条规定办理结婚登记而以夫妻名义共同生活的男女，起诉到人民法院要求离婚的，应当区别对待：（一）1994年2月1日《婚姻登记管理条例》公布实施以前，男女双方已经符合结婚实质要件的，按事实婚姻处理……"该解释第6条规定："未按婚姻法第八条规定办理结婚登记而以夫妻名义共同生活的男女，一方死亡，另一方以配偶身份主张享有继承权的，按照本解释第五条的原则处理。"沈笛和孙尚同居时，符合事实婚姻的法定构成要件，其已经形成事实婚姻关系，该事实婚姻关系应比照合法婚姻关系处理。因此，沈笛可以被继承人孙尚的配偶身份，作为第一顺序法定继承人，享有对被继承人孙尚遗产的法定继承权。

第二，黄燕、黄峰两人对继父孙尚有无继承权？黄燕、黄峰姐弟两人系沈笛与前夫所生子女。1993年10月，沈笛和孙尚开始同居时，未成年的黄燕、黄峰姐弟两人即与其母和继父孙尚一起共同生活。因受孙尚的抚养和教育，孙尚与他们已形成有抚养教育关系的继父与继子女关系。我国2001年修正后的《婚姻法》第27条第2款规定："继父或继母和受其抚养教育的继子女间的权利和义务，适用本法对父母子女关系的有关规定。"黄燕和黄峰姐弟两人是被继承人孙尚形成抚养教育关系的继子女，为第一顺序法定继承人，享有法定继承权。

综上所述，法院判决被继承人孙尚的15万元遗产由其配偶沈笛、父亲孙明、亲生子孙辉及有抚养关系的继子女黄峰、黄燕5人共同继承，这是合法的。

示范案例二

郑萍、陈杰的遗产应由谁继承？

原告王卫红、郑立忠与被告陈军、陈英、陈玉、陈忠继承纠纷一案，向某区人民法院提起诉讼。

原告王卫红、郑立忠诉称，女儿郑萍1995年经朋友介绍与被告之弟陈杰相识，不久相爱，感情很好。从2006年1月起，郑萍与陈杰同居生活。在同居期间，郑萍、陈杰两人共同经营小百货店，先后用共同收入购置了彩电、冰箱、录音机、录像机、洗衣机等价值10万元的日常生活用品。2010年4月11日，郑萍、陈杰两人不幸在家中被害死亡，请求法院判令原告依法继承女儿郑萍的遗产。

被告陈军、陈英、陈玉、陈忠辩称，原告之女与其弟陈杰生前未进行结婚登记，不是合法的夫妻关系，其同居关系不受到法律保护。现郑萍、陈杰两人不幸被害死亡，所遗财产是陈杰的个人财产，不属夫妻共同财产。陈杰的遗产原告无权继承。

某区人民法院经公开审理查明：原告王卫红、郑立忠系郑萍的父母。被告陈军、陈英、陈玉、陈忠系陈杰的兄姐。从2006年1月起，郑萍、陈杰即以夫妻名义公开同居生活，共同经营小百货店，先后用共同收入购置家庭生活用品，小百货店有流动资金4万元。上述事实，有证人证言、陈杰生前信件等证据证明。2010年4月11日夜，郑萍、陈杰在家中被害死亡。郑萍、陈杰死亡后，家里有彩电2台，冰箱、洗衣机、收录机、电视投影机、电风扇各1台，金项链1条及家具和其他生活日用品等价值10万元。以上遗产，经公安局核查后，由被告保管。

还查明，2006年1月郑萍与陈杰同居生活时已年满21周岁，无配偶。陈杰与郑萍同居生活时已年满23周岁，无配偶。郑萍与陈杰共同生活期间，未生育子女。陈杰的父亲、母亲于2004年春节在一次车祸中同时去世。

又查明，据公安机关对郑萍、陈杰被杀害时间出具的法医鉴定结论证实，陈杰先于郑萍二十分钟左右死亡。还查明，郑萍、陈杰被害后，原告和被告共同出资并主持了丧事，被告人送的花圈上称被害人郑萍为“弟媳”。陈杰生前借被告人陈玉人民币1000元未还。

请问：郑萍、陈杰的遗产应由谁继承？法院依法应当如何处理该案？

分析意见

本案首先需要依法认定郑萍、陈杰之间为事实婚姻关系或同居关系。

依照2001年《适用婚姻法的解释（一）》第5条规定：“未按婚姻法第八条规定办理结婚登记而以夫妻名义共同生活的男女，起诉到人民法院要求离婚的，应当区别对待：（一）1994年2月1日民政部《婚姻登记管理条例》公布实施以前，男女双方已经符合结婚实质要件的，按事实婚姻处理。（二）1994年2月1日民政部《婚姻登记管理条例》公布实施以后，男女双方符合结婚实质要件的，人民法院应当告知其在案件受理前补办结婚登记；未补办结婚登记的，按解除同居关系处理。”另外，最高人民法院1989年《审理以夫妻名义同居生活案件的意见》第9条规定：“同居生活期间双方共同所得的收入和购置的财产，按一般共有财产处理。”

根据上述规定，在本案中，郑萍、陈杰生前从2006年1月起未办理结婚登记就以夫妻名义同居生活，虽然同居时双方均符合结婚的实质要件，但不符合事实婚姻的法定时间要件，因此属于同居关系。同居期间双方共同所得及购置的财产为一般共同财产。也就是说，郑萍、陈杰同居期间双方共同购置的财产应当双方平分。平分后的财产，属于各自的遗产。我国1985年《继承法》第2条规定：“继承从被继承人死亡时开始。”第10条第2款规定：“继承开始后，由第一顺序继承人继承，第二顺序继承人不继承。没有第一顺序继承人继承的，由第二顺序继承人继承。”第33条规定：“继承遗产应当清偿被继承人依法应当缴纳的税款和债务，缴纳税款和清偿债务以他的遗产实际价值为限……”虽然陈杰死亡在郑萍之前约二十分钟，但因陈杰与郑萍仅为同居关系，互无配偶继承权。陈杰死亡后，因其没有第一顺序法定继承人，故其遗产应由第二顺序法定继承人其兄姐陈军、陈英、陈玉、陈忠4人共同继承。郑萍死亡后，其遗产应由第一顺序法定继承人其父母王卫红、郑立忠共同继承。陈杰所遗债务，应由继承陈杰遗产的4名继承人用遗产负责清偿。

据此，法院应依法判决：

一、郑萍的遗产由原告王卫红、郑立忠继承。

二、陈杰的遗产由被告陈军、陈英、陈玉、陈忠4人共同继承。

三、陈杰欠陈玉的债务1000元，由被告陈军、陈英、陈玉、陈忠4人用陈杰的遗产负责清偿。

示范案例三

张芳的继承人到底是谁？

张芳与李强结婚后，生有两子李钢和李铁。后来李强因病去世，张芳一人含辛茹苦把两个儿子抚养成年。2003年元旦节，李钢与王丽结婚，婚后生有双胞胎李国民和李国庆。2005年春节，李铁与林倪结婚，后来生子李国荣。李钢、李铁婚后均与母亲张芳分开另过。此时，张芳身体尚健康，个人生活寂寞，故收养一子共同生活。因养子天赐才满8岁，与张芳以母子相称年龄相差过大，遂称天赐为其养孙子。2006年4月，李钢因车祸身亡。由于遭遇老年丧子之痛，张芳的身体状况每况愈下，需要人照顾，于是王丽主动前去张芳家与之共同生活，精心照顾公婆的饮食起居、请医服药。2010年1月3日，张芳因心脏病突发而死亡，在整理其遗物时发现留有3万元存折一张。

请问：本案中哪些人有权继承张芳的遗产？

分析意见

第一，天赐有权以养子的身份继承张芳的遗产。在收养关系中，有一种“隔代收养”的养祖孙关系。这是指收养人为本人直接收养孙子女，其收养的成立完全符合法定的实质要件和形式要件，仅由于收养人与被收养人之间年龄相差悬殊或辈分不同，故相互不以养父母子女相称，而以养祖孙相称。我国最高人民法院1984年《执行民事政策法律若干问题的意见》第29条规定：“收养他人为孙子女，确已形成养祖父母与养孙子女关系的，应予承认。解决收养纠纷或有关权益纠纷时，可依照婚姻法关于养父母与养子女的有关规定合情合理地处理。”即我国司法解释视这种养祖孙关系具有与养父母子女关系相同的权利义务。最高人民法院1985年《执行继承法的意见》第22条规定：“收养他人为养孙子女，视为养父母与养子女的关系的，可互为第一顺序继承人。”故本案中，天赐可以作为张芳的第一顺序继承人参加遗产继承。

第二，李国民、李国庆享有代位继承权。代位继承是指被继承人的子女先于被继承人死亡的，由被继承人子女的晚辈直系血亲代位继承的制度。我国1985年《继承法》第11条规定：“被继承人的子女先于被继承人死亡的，由被继承人的子女的晚辈直系血亲代位继承。代位继承人一般只能继承他的父亲或母亲有权继承的遗产份额。”由此可见，代位继承必须具备以下条件：一是代位继承发生的原因，是在法定继承时被继承人的子女先于被继承人死亡；二是代位继承人只能是被继承人的晚辈直系血亲；三是代位继承人只能是被代位人的晚辈直系血亲；四是被代位人必须具有继承权。在本案中，李钢先于其母张芳死亡，且李钢未丧失对母亲的继承权；代位继承人李国民、李国庆为被代位人李钢的儿子和被继承人张芳的孙子，属于他们的晚辈直系血亲。因此，李钢的继承份额可由其子李国民、李国庆代位继承。也就是说，李国民、李国庆可以作为第一顺序法定继承人李钢的代位继承人，共同继承其父应继承的遗产份额。

第三，王丽有权继承张芳的遗产。儿媳与公婆、女婿与岳父母属于姻亲关系，他们之间本无法律上的权利义务。因此，在一般情况下，不论其是否丧偶对公婆或岳父母均无继承权。但在现实生活中，有些儿媳或女婿在丧偶以后仍然继续对公婆或岳父母尽主要赡养义务。对此，我国1985年《继承法》第12条规定：“丧偶儿媳对公、婆，丧偶女婿对岳父、岳母，尽了主要赡养义务的，作为第一顺序继承人。”认定“尽了主要赡养义务”一般可以从以下两方面综合考虑：一是在物质上尽了主要供养义务；二是尽供养义务具有长期性和经常性。此外，我国最高人民法院1985年《执行继承法的意见》第29条规定：“丧偶儿媳对公婆，丧偶女婿对岳父、岳母，无论其是否再婚，依继承法第十二条规定作为第一顺序继承人时，不影响其子女代位继承。”在本案中，王丽在丈夫去世后，仍对公婆尽了主要赡养义务，因此她可作为法定的第一顺序继承人参加继承。

第四，李铁有权继承张芳的遗产。因为李铁是张芳的儿子，属于第一顺序法定继承人，其依法有权继承母亲张芳的遗产。至于李铁之妻林倪和其子李国荣，因前者不是尽了主要赡养义务的丧偶儿媳，后者不属被继承人的子女先于被继承人死亡的代位继承人，两者均不符合继承张芳遗产的法定条件，故无权继承张芳的遗产。

示范案例四

生存配偶能否优先继承遗产?

1999年春，某村姑娘王女与张男结婚后生有一儿一女。2009年夏，王女因病去世。张男认为，生存配偶应当优先继承遗产，待今后自己去世之后，再由子女继承其父母的遗产。但张男的子女却认为，他俩应当与父亲同时继承母亲的遗产。

请问：哪一种意见正确?

分析意见

本案涉及法定继承人的顺序问题。法定继承人的顺序，是指法律规定的各法定继承人继承遗产的先后次序。继承开始后并非所有的法定继承人都同时参加继承，而是根据法律规定的先后顺序，依次参加继承。继承顺序在前的法定继承人，有优先参加遗产继承的权利。继承顺序在后的法定继承人，只有在无前一顺序或前一顺序继承人全部丧失继承权或全部放弃继承权的情况下，才能参加继承。

我国1985年《继承法》第10条规定："遗产按照下列顺序继承：第一顺序：配偶、子女、父母。第二顺序：兄弟姐妹、祖父母、外祖父母。"此继承顺序的确定，是以继承人同被继承人的婚姻关系、血缘关系的远近以及彼此在经济上、生活上相互依赖的程度为基础的。在继承开始后，只有在第一顺序继承人和第二继承人之间才有继承顺序先后之分。但是，不能在同一顺序的继承人中又分出先后继承顺序。否则，就违背了法律的规定。即同一顺序的继承人在继承遗产时，享有同等的继承权，应当同时开始参加继承。必须指出，这样做并不会使生存配偶的合法权益受到损害，因为我国的法定夫妻财产制是夫妻婚后所得共同制。就本案而言，作为死者的配偶张男，他除了依法可以得到夫妻共有财产的一半以外，还可以与子女一起共同继承死者的遗产。由于在家庭关系中，配偶、子女、父母的关系最为密切，他们在法律上都有相互扶养的义务，且都是第一顺序扶养义务人，故我国1985年《继承法》规定，配偶、子女、父母为同一顺序法定继承人。也就是说，张男主张死者的遗产应首先由生存配偶继承的说法是没有法律依据的。本案第一顺序法定继承人生存配偶张男与两个子女应同时参加继承死者的遗产。

示范案例五

为胎儿保留的遗产是否应当重新分配?

丧偶妇女李某之子张某，直到三十岁才结婚。婚后不久，张某因意外事故死亡。此时，张某的妻子杜某已有身孕。在分割张某的遗产时，杜某提出要为尚未出世的胎儿留出一定的遗产份额，李某对此表示赞同。杜某在为胎儿争取留下一份遗产后，却又私下悄悄地将胎儿做了人工流产，以便再婚。李某对此非常气愤，她提出要求重新分割为胎儿保留的那份遗产。杜某则拒不同意重新分割这部分遗产。

请问：为胎儿保留的这份遗产是否应当重新分配？

分析意见

本案属于为保留胎儿的继承份额如何处理的问题。我国 1985 年《继承法》第 28 条规定："遗产分割时，应当保留胎儿的继承份额。胎儿出生时是死体的，保留的份额按照法定继承办理。"按此规定，分割遗产时，如果被继承人的妻子怀有身孕，就应当为胎儿保留继承份额，但这并不等于说胎儿具有继承的权利能力和行为能力。因为胎儿尚未出生，不属于自然人，不能成为民事主体。法律之所以规定为胎儿保留继承份额，目的在于保护胎儿出生后的财产权益。

关于为胎儿保留的继承份额的最终处理，一般分三种情况：一是胎儿出生后存活的，已保留的继承份额归其本人所有；二是如果胎儿出生时是活体后又死亡的，为胎儿保留的继承份额应由胎儿的法定继承人继承；三是如果胎儿在脱离母体时即已处于死亡状态的，原为胎儿保留的继承份额应当按照法定继承办理，即应当由被继承人的继承人再行分割。

本案属于上述第三种情况，即这个胎儿因被人工流产而未能成活，没有取得继承权主体资格，不能继承为其所保留的遗产份额。这样，为胎儿保留的继承份额就应由原被继承人的法定继承人来继承。也就是说，杜某无权单独继承该遗产。该遗产应当由杜某和李某再行分割继承。

示范案例六

转继承遗产纠纷如何处理？

被继承人王甲生前系某大学教授，曾写过多部专著，其中有两本书在他去世前已交付给出版社，签订了出版合同，但还未被出版及支付稿酬。2008年12月他去世后，其子王男和女儿王女对现有遗产进行了分割。2009年2月王男因病去世，留下妻子刘某和两个儿女王丙、王丁。此后，2009年10月，王甲的遗著被公开出版，出版社寄来了3万元稿费。王女收到稿费后全部归为己有。对此，王男之妻刘某及其两个儿女王丙、王丁有异议。他们主张，他们三人应当一起与王女共同继承，四个共同继承人应按人头平分遗产，但又不知法律是否允许。于是来到某律师事务所咨询。

请问：如果你是一位律师，你依法应该如何解答？

分析意见

这是一起转继承案件。所谓转继承，是指继承人在被继承人死亡之后，遗产分割前死亡，其应继承的份额由他的继承人继承。最高人民法院1985年《执行继承法的意见》第52条规定："继承开始后，继承人没有表示放弃继承，并于遗产分割前死亡的，其继承遗产的权利转移给他的合法继承人。"转继承是原继承人继承遗产权利的转移，所以它又被称为再继承或第二次继承。必须注意，转继承不同于代位继承，两者主要有如下区别：

第一，两者发生的根据不同。代位继承的发生是基于继承人先于被继承人死亡的事实；转继承的发生是基于继承人后于被继承人死亡且未表示放弃继承权的事实。

第二，两者死亡的继承人范围不同。代位继承死亡的继承人，仅限于被继承人的晚辈直系血亲；转继承死亡的继承人，既可以是被继承人的晚辈直系血亲，也可以是被继承人的配偶、父母等其他继承人。

第三，两者继承遗产的权利主体不同。代位继承人只限于被代位人的晚辈直系亲属；转继承中继承遗产的权利主体即转继承人，既可以是原继承人的晚辈直系亲属，也可以是原继承人的配偶、父母等其他合法继承人。

第四，两者适用的范围不同。代位继承只适用于法定继承；转继承不仅适用于法定继承，还适用于遗嘱继承。

在本案中，首先，王女认为应由她一人继承全部稿费是没有法律根据的，3万元稿费王男有权参加继承，其应继承的份额为其遗产。此稿费虽然是在王男去世后才收到的其父王甲的遗产，但实际上王男是后于其父王甲死亡的。由于继承自被继承人死者时开始，故在王甲死亡之前，王甲与王女就已实际继承了其父王甲的全部遗产所有权，其中的稿费，只因尚未实际取得故未能分割而已。在王男死后，他应得而实际尚未取得的遗产中的稿费，应当作为他的遗产，依法转归他的法定继承人其妻子刘某和儿女共同继承。因此，王女认为应由她一人继承全部稿费是没有法律根据的。其次，王男之妻主张由其和子女三人一块与王女共同继承，四人按人头平分王甲的遗产，这也是不符合法律的规定的。因为，王男之妻刘某作为儿媳不属于王甲的法定继承人，且由于王男后于被继承人死亡，故王男之子女王丙、王丁不能发生代位继承，所以王男之妻主张由其和子女三人一块与王女共同继承王甲的遗产，这也是不符合法律的规定的。最后，关于遗产稿费的分割方法，应当先由同一顺序法定继承人王男与王女共同继承后原则上平均分割，然后王男继承的稿费份额再由其法定继承人妻子刘某及两个儿女王丙、王丁共同继承后分割。综上，王甲的遗产稿费3万元，在各继承人生活上没有特殊困难的情况下，原则上应当依法作如下分配：即首先由其子王男和女儿王女共同继承各1.5万元。然后，再把王男的继承份额1.5万元，实行转继承，由其妻刘某及其两个儿女王丙、王丁三人平分各5000元。

示范案例七

养子女对生父母扶养较多的，是否有权酌情分得生父母的遗产？

张群出生于1968年2月，由于家里子女多，父母无力抚养，便将他送与他人收养。张群与养父母关系一直很好，由于离生父母家很近，张群与生父母一直有来往。张群大学毕业参加工作后经济收入较高，不仅赡养其养父母，也赡养其生父母，而且他对生父母所尽的赡养义务比其他亲兄弟姐妹还多。2009年5月，他的生父母在去县城的途中遇车祸死亡，在料理完丧事后，张群提出生父母的遗产也应酌情分给他一份。但其他兄弟姐妹以张群已被别人收养而与生父母已无亲属关系为由，不同意将生父母的遗产酌情分给张群。

请问：张群能否酌情分得生父母的遗产？

分析意见

本案涉及养子女能否请求酌情分得生父母的遗产问题。在我国，2001年修正后的《婚姻法》第20条规定："养子女和生父母间的权利和义务，因收养关系的成立而消除。"现行《收养法》第23条规定："养子女与生父母及其他近亲属间的权利义务关系，因收养关系的成立而消除。"故收养关系成立后，养子女在享有对养父母的遗产继承权的同时，对其生父母及其他近亲属的遗产继承权随之消灭。故本案当事人张群被他人收养后，自收养关系成立之日起，他与生父母及亲兄弟姐妹之间在法律上的权利义务关系就已经消除。他与他们之间虽仍有血缘关系，但没有抚养、赡养及继承等法定权利义务关系。故张群在成年后对生父母的扶养，已不属于法定的子女对父母应尽的赡养义务。依现行《收养法》和1985年《继承法》的规定，被他人收养的子女不是生父母的法定继承人，所以张群不能以法定继承人的身份继承生父母的遗产。但1985年《继承法》第14条规定："……继承人以外的对被继承人扶养较多的人，可以分配给他们适当的遗产。"最高人民法院1985年《执行继承法的意见》第19条规定："被收养人对养父母尽了赡养义务，同时又对生父母扶养较多的，除可依继承法第十条的规定继承养父母的遗产外，还可依继承法第十四条的规定分得生父母的适当的遗产。"该意见第32条规定："依继承法第十四条规定可以分给适当遗产的人，在其依法取得被继承人遗产的权利受到侵犯时，本人有权以独立的诉讼主体的资格向人民法院提起诉讼。"

因此，尽管张群不是其生父母的法定继承人，但是由于他对生父母尽了较多的扶养义务，依法可以请求酌情分得适当的遗产。如果他的亲兄弟姐妹拒不分给他适当的遗产，他依法可以向法院提起诉讼，请求酌情分得生父母适当的遗产。

讨论案例

1. 继女和养子是否属于法定继承人?

2006年6月，张升与王丽登记结婚。王丽系再婚，结婚时带来一个10岁的女儿与张升共同生活。2008年2月，张升夫妇又收养一子，但未在民政部门进行收养登记。2009年9月，张升病故。2010年5月，张升生前名下的房产经拍卖还债后，尚余十万余元。王丽认为其继女和养子也应继承张升的遗产，但张升之父则表示反对，遂诉至法院。

请问：该养子和继女是否属于法定继承人？

2. 继孙有无继承继祖父遗产的权利？

吕广早年丧妻没有生育子女，收养一子取名吕兵。1997 年，吕兵与王英结婚后分家另过，王英带来与前夫所生之子 5 岁的王强三人共同生活。2007 年 2 月，吕兵因病去世。2010 年 1 月，吕广因食物中毒去世。王强要求代位继父吕兵继承继祖父吕广的遗产。吕广的胞弟吕丁也提出要继承其兄吕广的遗产，理由是王强是吕广的养子吕兵之继子即吕广的继孙子，没有继承权。自己是吕广的同胞亲兄弟，应是吕广的遗产唯一继承人。为此，两人发生争执，吕丁去某律师事务所咨询。

请问：律师依法该如何解答此问题？

3. 继子女能否既继承生父的遗产，又继承继父的遗产？

林某的生父早年去世，母亲于 1995 年改嫁，林某当时 14 岁，姐姐已婚，林某仍与其姐姐住在生父的房子里，生活费由继父和母亲供给。林某 16 岁到继父家生活，后来又到原籍继承了生父的房屋，但在经济上仍与继父来往。继父建房时林某姐弟俩出资，继父、母亲的生活均由他们照料。继父临终时把房产证给林某并嘱咐其料理后事。2009 年 10 月林某的继父去世后，他的从未尽过义务的儿子周某要求继承全部房屋，其理由是：林某已继承了生父的遗产，不能再继承继父的遗产。林某则认为自己有权继承继父的遗产，于是起诉到法院。

请问：本案依法应如何处理？

4. 邻居对死者生前尽了主要扶养义务，是否有权请求酌情分得遗产？

某镇居民柳荫系无儿无女的丧偶老年妇女，也无兄弟姐妹等其他近亲属，靠自己做小生意维持生活。2009 年 8 月，柳荫突患脑溢血，半身不遂，生活不能自理。邻居张玲平时与柳荫往来密切，经常互相帮助。柳荫患病后，张玲早、中、晚前去照料，请医拿药、端茶送水、煮饭洗衣等尽心服侍。2010 年 2 月老人去世后，留有两间房屋和一些日用家具等遗产。柳荫在农村的表哥柳青前来主张继承。居委会认为柳荫的遗产应分给张玲一部分。但柳青认为，自己才是柳荫的亲属，应该取得全部遗产。

请问：邻居张玲对无亲属关系的老人柳荫尽了主要扶养义务，可否请求酌情分得遗产？

三、遗嘱继承、遗赠和遗赠扶养协议案例

相关主要法律、法规链接：

1985 年《继承法》

第五条 继承开始后，按照法定继承办理；有遗嘱的，按照遗嘱继承或者遗赠办理；有遗赠扶养协议的，按照协议办理。

第十六条 公民可以依照本法规定立遗嘱处分个人财产，并可以指定遗嘱执行人。

公民可以立遗嘱将个人财产指定由法定继承人的一人或者数人继承。

公民可以立遗嘱将个人财产赠给国家、集体或者法定继承人以外的人。

第十七条 公证遗嘱由遗嘱人经公证机关办理。

自书遗嘱由遗嘱人亲笔书写，签名，注明年、月、日。

代书遗嘱应当有两个以上见证人在场见证，由其中一人代书，注明年、月、日，并由代书人、其他见证人和遗嘱人签名。

以录音形式立的遗嘱，应当有两个以上见证人在场见证。

遗嘱人在危急情况下，可以立口头遗嘱。口头遗嘱应当有两个以上见证人在场见证。危急情况解除后，遗嘱人能够用书面或者录音形式立遗嘱的，所立的口头遗嘱无效。

第十八条 下列人员不能作为遗嘱见证人：

（一）无行为能力人、限制行为能力人；

（二）继承人、受遗赠人；

（三）与继承人、受遗赠人有利害关系的人。

第十九条 遗嘱应当对缺乏劳动能力又没有生活来源的继承人保留必要的遗产份额。

第二十条 遗嘱人可以撤销、变更自己所立的遗嘱。

立有数份遗嘱，内容相抵触的，以最后的遗嘱为准。

自书、代书、录音、口头遗嘱，不得撤销、变更公证遗嘱。

第二十一条 遗嘱继承或者遗赠附有义务的，继承人或者受遗赠人应当履行义务。没有正当理由不履行义务的，经有关单位或者个人请求，人民法院可以取消他接受遗产的权利。

第二十二条 无行为能力人或者限制行为能力人所立的遗嘱无效。

遗嘱必须表示遗嘱人的真实意思，受胁迫、欺骗所立的遗嘱无效。

伪造的遗嘱无效。

遗嘱被篡改的，篡改的内容无效。

示范案例一

这起遗产继承纠纷应如何处理？

索某是某大学教授，早年丧妻，有一子一女，均已结婚，并都与索某住在一起。但儿子、儿媳总吵着要分家另过，索某无奈，只好给了儿子5000元安家费，让他们分家另过。此后，索某生活一直由女儿照顾。在女儿、女婿出国进修期间，索某心脏病突然发作住院，但其儿子、儿媳却装作不知道，全由邻居肖某一家照顾。索某在病危期间，请来了两名医生作证，亲笔立下遗嘱：自己死亡后，将其2.2万元存款，赠给学校作奖学金1.5万元，赠给邻居肖某2000元，留给女儿5000元，取消了儿子的继承份额，并委托学校代为执行。索某去世后，学校按其遗嘱处理遗产时，索某的儿子却坚决表示反对，说他是法定继承人，遗产应由他和妹妹平分，而不能分给学校和肖某，遂向人民法院提起诉讼。

请问：这起遗产继承纠纷应如何处理？

分析意见

被继承人去世后，其遗产继承分为法定继承与遗嘱继承两种方式。所谓法定继承，是指在无遗嘱或遗嘱无效的情况下，直接依据法律规定的继承人范围、继承顺序及遗产分配原则转移遗产所有权的一种继承方式。所谓遗嘱继承，就是被继承人生前按照法律规定的方式立下遗嘱，在其死后将遗产转归遗嘱指定的继承人所有的一种继承方式。遗嘱继承与法定继承主要有以下区别：

第一，两者产生的法律事实不同。法定继承的产生是基于被继承人死亡这一法律事实的出现；遗嘱继承的产生必须有两个法律事实同时存在，一是被继承人死亡，二是被继承人立有合法有效的遗嘱。

第二，两者遗产转移的根据不同。法定继承遗产转移的根据是法律的直接规定；遗嘱继承遗产转移的根据是遗嘱人的指定。

第三，两者的效力不同。依我国1985年《继承法》第5条规定：继承开始后，按照法定继承办理；但是被继承人生前立有合法遗嘱的，则必须按遗嘱继承或者遗赠办理。

本案就属于后一种情况。索某的儿子和女儿都属于其法定继承人，如果索某没立遗嘱，按法律规定应由其女儿和儿子继承并分割遗产。但由于索某按照法律规定的方式设立了有效的遗嘱，故必须按遗嘱来处理其遗产，即1.5万元遗赠给学校作奖学金；2000元遗赠给肖某；5000元留给遗嘱指定的继承人女儿；索某的儿子没有继承份额。索某儿子起诉的要求无法律依据，应依法驳回其诉讼请求。

示范案例二

将遗产指定赠与"第三者"，该遗嘱的效力如何？[①]

现年60岁的蒋伦芳与四川省泸州市纳溪区某厂职工黄永彬于1963年5月经恋爱登记结婚。夫妻两人收养一子黄勇（现年31岁，已成家另过）。1990年7月，蒋伦芳因继承父母遗产取得原泸州市市中区顺城街67号房屋所有权。1995年，因城市建设，该房屋被拆迁，由拆迁单位将位于泸州市江阳区新马路6－2－8－2号的77.2平方米的住房一套作为还建房安置给了蒋伦芳。1994年，黄永彬与比他小22岁的女人张学英相识并于第二年同居。蒋伦芳发现后，多次劝告黄永彬无效。1996年起，黄永彬与张学英在外租房公然以"夫妻"名义同居生活。2000年9月，黄永彬与蒋伦芳共同将蒋伦芳继承所得位于泸州市江阳区新马路6－2－8－2号的房产，以8万元的价格出售给陈蓉。2001年春节期间，黄永彬、蒋伦芳夫妇将售房款中的3万元赠与其养子黄勇在外购买商品房。此后，黄永彬因肝癌晚期住院治疗。黄永彬于2001年4月18日立下书面遗嘱，将其所得住房补贴金、公积金、抚恤金和出卖泸州市江阳区新马路6－2－8－2号住房所获价款的一半4万元及自己所用的手机一部，将近总额6万元的财产赠送给"朋友张学英"，骨灰盒由张学英负责安葬。4月20日，泸州市纳溪区公证处对该遗嘱出具了公证书。4月22日，黄永彬因病去世。在黄永彬的遗体火化前，张学英当着原配蒋伦芳的面公开宣布了黄永彬留下的遗嘱。由于蒋伦芳不按照该遗嘱执行，张学英以蒋伦芳为被告诉讼到泸州市纳溪区人民法院，请求法院判令蒋伦芳按照该遗嘱执行。

泸州市纳溪区人民法院经审理认为，遗赠人黄永彬曾立下书面遗嘱，将其

---

① 参见找法网：违反公序良俗的民事行为无效，载http://china.findlaw.cn/info/case/jdal/3613.html，上网时间：2010年8月16日。

财产赠与原告张学英，并经泸州市纳溪区公证处公证，该遗嘱形式上是遗赠人黄永彬的真实意思表示，但在实质赠与财产的内容上存在以下违法之处：1. 抚恤金不是个人财产，它是按照国家有关规定，死者单位对死者直系亲属的抚慰金，不属遗赠财产的范围；2. 遗赠人黄永彬的住房补助金、公积金是黄永彬与蒋伦芳夫妻关系存续期间所得，应为夫妻共同财产，遗嘱人生前只能按照法律规定的方式处分其个人财产。遗嘱人黄永彬在立遗嘱时未经共有人蒋伦芳同意，单独对夫妻共同财产进行处理，其无权处分部分应属无效；3. 位于泸州市江阳区新马路 6－2－8－2 号住房一套，应为夫妻共同财产。蒋伦芳将该房以 8 万元的价格卖给陈蓉，该 8 万元售房款中还应扣除房屋交易时蒋伦芳承担的税费，实际售房款不足 8 万元。此外，在 2001 年春节期间，黄永彬、蒋伦芳夫妇将售房款中的 3 万元赠与其养子黄勇在外购买商品房。泸州市纳溪区公证处在未查明事实的情况下，便对其遗嘱进行了公证显属不当，违背了《四川省公证条例》第 22 条“公证机构对不真实、合法的行为、事实和文书，应作出拒绝公证的决定”的规定。

我国《民法通则》第 7 条明确规定，民事行为不得违反公共秩序和社会公德，违反者其行为无效。本案中黄永彬与被告蒋伦芳系结婚多年的夫妻，应相互扶助、互相忠实、互相尊重。但在本案中，黄永彬从 1996 年认识原告张学英后，长期与她公开同居。而有配偶的人与婚外异性同居，是《婚姻法》禁止的违法行为。遗赠人黄永彬基于与原告张学英有非法同居关系而立下遗嘱，将其遗产和属于被告所有的财产赠与原告张学英，是一种违反公共秩序、社会公德和违反法律的行为。从另一个角度讲，本案被告蒋伦芳在遗赠人黄永彬患肝癌晚期住院直至去世期间，一直对其护理照顾，履行了夫妻扶助的义务，遗赠人黄永彬却无视法律规定，违反社会公德，将财产遗赠给与其非法同居的原告张学英，实际上损害了被告蒋伦芳依法享有的合法的财产继承权，违反了公序良俗，破坏了社会风气。原告张学英明知黄永彬有配偶而与其长期同居生活，其行为是被法律禁止的，是社会公德和伦理道德所不允许的，侵犯了蒋伦芳的合法权益，于法于理不符，因此不予支持。遗赠人黄永彬的遗赠行为违反了法律的原则和精神，损害了社会公德，破坏了社会公共秩序，应属无效行为，据此，该法院依照我国《民法通则》第 7 条的规定，驳回原告张学英的诉讼请求。

一审宣判后，原告张学英于 2001 年 11 月向四川省泸州市中级人民法院提起上诉。

二审法院在查明本案的事实后，以与一审法院同样的理由，作出维持原判的终审判决。

请问：将遗产指定赠与给“第三者”，该遗嘱的效力如何？法院的判决是否有法律依据？

分析意见

本案属于遗赠纠纷。遗赠指公民以遗嘱将个人所有财产的一部分或全部赠给国家、集体或法定继承人以外的其他人。遗赠行为成立的前提是遗嘱，而遗嘱是立遗嘱人生前在法律允许的范围内，按照法律的方式处分自己个人所有的财产。本案法官的判决理由为：本案中遗赠人黄永彬立遗嘱时虽具有完全民事行为能力，遗嘱也系其真实意思表示，但该遗嘱的内容却违反了法律和社会公德。其主要理由如下：

第一，遗赠人黄永彬对售房款的处理违背客观事实，有部分为无权处分。因为泸州市江阳区新马路6－2－8－2号的住房为夫妻共同财产，并且该房已经以8万元的价格出售，该8万元售房款除缴纳了有关税费外，黄永彬与蒋伦芳还共同将该售房款中的3万元赠与其子黄勇，实际上已经没有8万元。对此，黄永彬生前是明知的。然而，遗赠人黄永彬在立遗嘱时，仍以不存在的8万元的一半进行遗赠，显然其处分标的为部分夫妻共同财产，这是不合法的，违背了客观事实。

第二，有配偶者黄永彬将财产遗赠给与其非法同居的张学英，实质上剥夺了其妻蒋伦芳的合法财产继承权，有悖社会公德。因此，遗赠人黄永彬所立书面遗嘱，因其内容和目的违反法律和社会公德，应属无效遗嘱，其遗赠行为无效。

第三，对不符合法定条件的遗嘱，应当拒绝公证。凡遗嘱内容不合法的公证书，依法不能产生法律效力。公证机关作为行使国家证明权的机关，应当按照法定程序对所要证明的法律行为、文书和事实的真实性、合法性进行认真审查。[①] 遗嘱行为属民事法律行为，因此遗嘱行为公证的条件必须与我国《民法通则》上规定的民事法律行为成立的要件相符合。2000年《遗嘱公证细则》第17条规定：对不符合规定条件的，应当拒绝公证，因此，遗赠人黄永彬所订立的将其死后遗产赠与上诉人张学英的遗嘱虽然经过公证机关办理了公证手续，但因该遗赠行为本身违反了法律，损害了社会公德，应属无效民事行为。

---

① 主编注：我国2005年《公证法》第2条规定：“公证是公证机构根据自然人、法人或者其他组织的申请，依照法定程序对民事法律行为、有法律意义的事实和文书的真实性、合法性予以证明的活动。”

泸州市纳溪区公证处所作出的公证书依法不能产生法律效力，法院不予采信。

第四，在审理民事案件中适用各种法律、法规和规章时，应结合适用我国《民法通则》相关规定。在本案涉及的法律、法规中，《继承法》、《婚姻法》为一般法律；《公证暂行条例》系国务院制定，为行政法规；《四川省公证条例》系四川省人大常委会制定，为地方性法规；《公证程序规则》、《遗嘱公证细则》为部门规章；《民法通则》是民事基本法律。在我国，依2000年《立法法》的规定，上位法的效力高于下位法的效力。我国《民法通则》的效力等级在法律体系中仅次于我国《宪法》，故在审理民事案件中适用各种法律、法规和规章时，应结合适用我国《民法通则》的相关规定。遗赠行为作为民事法律行为的一种，除应当符合1985年《继承法》的规定外，还必须符合我国《民法通则》对民事法律行为的一般规定。我国《民法通则》第7条明确规定“民事活动应当尊重社会公德，不得损害社会公共利益”。作为现代民法的一项基本原则，“公序良俗”原则充分体现了国家、民族、社会的基本利益要求，反映了当代社会中居于统治地位的一般道德标准，是社会道德规范的法律化。“公序良俗”原则所包括的“社会公德”或“社会公共利益”，又可称作“公共秩序”和“善良风俗”。并非一切违反伦理道德的行为都是违反社会公德或社会公共利益的行为。但违反已从道德要求上升为具体法律禁止性规定所体现的，维持现行社会秩序所必需的社会基本道德观念的行为，则属于违反社会公德或社会公共利益的行为，应属无效民事行为。

本案中，有配偶者黄永彬无视夫妻感情和婚姻道德规范，与张学英长期非法同居，其行为既违背了我国现行社会道德标准，又违反了2001年修正后的《婚姻法》第3条“禁止有配偶者与他人同居”的规定。黄永彬基于其与张学英的非法同居关系而订立遗嘱，以合法形式剥夺了被上诉人蒋伦芳的合法财产继承权。因此，遗赠人黄永彬的遗赠行为，违反了公序良俗，应属无效民事行为，从行为开始就没有法律效力。故法院判决，违反公序良俗的遗嘱自始无效，驳回原告的诉讼请求。

示范案例三

付某的遗产应如何继承？

付某死后遗留4000元存款和家用电器等日常生活用品。付某有两个儿子和两个女儿，两个儿子和大女儿都已经参加工作并独立生活，只有小女儿还在大学读书。在料理完父亲的丧事后，付某的两个儿子和大女儿协商四个兄弟姐妹平均分割父亲的遗产，但付某的小女儿对此表示不同意。她提出父亲生前曾给她留有一份书面遗嘱，并经过公证机关公证，指定由她一个人继承遗产中的存款 4000 元。其哥、姐认为其父亲偏心，所立遗嘱不公平，应当依法定继承，由同一顺序继承人的四个兄弟姐妹平均分割父亲的遗产。

请问：继承开始后，付某的遗产应首先按遗嘱继承还是按法定继承办理？

分析意见

本案涉及遗嘱继承与法定继承何者具有优先适用效力的问题。我国 1985 年《继承法》第 5 条规定："继承开始后，按照法定继承办理；有遗嘱的，按照遗嘱继承或者遗赠办理；有遗赠扶养协议的，按照协议办理。"据此规定，在我国，遗赠扶养协议的效力优先于遗嘱和法定继承。继承开始后，如果有遗赠扶养协议的，首先应按遗赠扶养协议执行。如果无遗赠扶养协议但有遗嘱的，应先按遗嘱执行遗嘱继承和遗赠，即遗嘱继承和遗赠优先于法定继承。这反映了对遗嘱人处分自己死后财产意愿的充分尊重。我国 1985 年《继承法》第 19 条还规定，遗嘱应当对缺乏劳动能力又没有生活来源的继承人保留必要的遗产份额。

在本案中，付某生前自愿立下经过公证机关公证的遗嘱，把自己的 4000 元存款留给没有生活来源的小女儿，且此遗嘱处分并没有取消其他缺乏劳动能力又没有生活来源继承人必要的遗产份额，故这是一份合法有效的遗嘱，依法应当首先按照该遗嘱继承，即付某遗产中 4000 元存款由其小女儿继承。对于其余未依遗嘱处分的财产，包括付某遗留的家用电器等日常生活用品，由两个儿子和两个女儿平等继承。也就是说，付某的小女儿按照遗嘱继承 4000 元遗产后，仍然有权依法定继承取得其他遗产。

示范案例四

死者生前立有多份遗嘱，应以哪一份为准？

江慧的父亲早亡，母亲名下有一套房产，还有 10 万元的存款。早在 10 年前，江慧的母亲亲笔立有一份遗嘱，指定所有的财产由江慧兄妹三人平分。5 年前，由于江慧的二弟媳与其母亲关系不好，母亲又亲笔立下一份遗嘱，取消了二弟的继承权，并将该份遗嘱作了公证。2008 年 10 月，江慧的母亲因病住院。在母亲病重住院的日子里，二弟与二弟媳也日夜伺候，母亲有感于二弟、二弟媳的变化，在临终前，当着全家人及两位医生的面说："恢复二弟的继承权，还是按第一份遗嘱分我的财产。"

请问：依法应按哪一份遗嘱继承江慧母亲留下的遗产？

分析意见

本案涉及遗嘱的撤销、变更问题。我国 1985 年《继承法》第 20 条规定："遗嘱人可以撤销、变更自己所立的遗嘱。"遗嘱的变更，是指遗嘱人依法改变原立遗嘱的部分内容。遗嘱的撤销，是指遗嘱人取消原先所立遗嘱的全部内容。遗嘱是遗嘱人生前依法根据自己的意志处分个人财产，并于其死亡时生效的单方民事行为。在遗嘱人生存期间，他既可以根据自己的真实意思设立遗嘱，也可以根据情况变化对其原立遗嘱的内容予以变更或撤销，以确保遗嘱反映遗嘱人的真实意思表示。因此，与遗嘱的订立一样，遗嘱的变更和撤销只能在遗嘱人生前由遗嘱人本人亲自进行，不得由他人代理。

遗嘱的变更和撤销方式有两种：

第一，明示方式。即遗嘱人公开为意思表示，明确表示对原立遗嘱进行修改或撤销。遗嘱人以明示方式变更或撤销原遗嘱时，必须根据遗嘱的法定形式的要求作成，否则将不发生变更或撤销遗嘱的效力。我国 1985 年《继承法》第 20 条还规定："自书、代书、录音、口头遗嘱，不得撤销、变更公证遗嘱。"即撤销或变更公证遗嘱，仍须由遗嘱人经公证机关办理，方为有效。

第二，推定方式。即根据遗嘱人的行为或内容相抵触的前后数份遗嘱，法律上推定遗嘱人变更或撤销原遗嘱。如遗嘱人生前的行为与意思表示相反，而使遗嘱处分的财产在继承开始前灭失、部分灭失或所有权转移、部分转移的，遗嘱视为被撤销或部分被撤销。

1985 年《执行继承法的意见》第 42 条规定："遗嘱人以不同形式立有数份内容相抵触的遗嘱，其中有公证遗嘱的，以最后所立公证遗嘱为准；没有公证遗嘱，以最后所立的遗嘱为准。"也就是说，对数份内容相抵触的遗嘱进行推定的原则有两个：一是公证遗嘱优先于一般形式遗嘱原则；二是后遗嘱优先于前遗嘱原则。

在本案中，江慧的母亲生前共立有三份遗嘱：10 年前的自书遗嘱、5 年前的公证遗嘱、临死前的口头遗嘱。虽然她在临终前重新对她的遗产进行了处分，且是其真实的意思表示，但依照上述法律和司法解释的规定，由于第二份遗嘱是经过公证的遗嘱，临死前的口头遗嘱不能撤销第二份经过公证的遗嘱，所以江慧母亲的遗产应依据该公证遗嘱进行继承。

示范案例五

继承人不履行被继承人遗嘱指定的义务，应如何处理？

2009 年春，何某的父亲因病去世。何父生前有一位至交好友，其曾在一次意外事故中救过何父的生命，如今这位好友年老体弱又是孤身一人，无人照料，何父在去世前立下了一份遗嘱，指定由儿子何某额外多继承 3 万元的遗产，以便帮助和照顾何父的这位好友。但是，何某在照料了这位老人几个月后，嫌弃老人体弱多病，照料起来太麻烦，便不再履行遗嘱指定的帮助和照顾义务了。

请问：继承人不履行被继承人遗嘱指定的义务怎么处理?

分析意见

本案涉及附义务的遗嘱之履行问题。附义务的遗嘱，又称遗托，是指遗嘱人在遗嘱中向遗嘱继承人或受遗赠人附加提出接受遗产必须履行某项义务的要求或指定遗产的具体用途。遗托是一种附加的义务，承担遗托义务是有条件的，是以接受遗产为前提的，并且对于附加的财产义务仅限于在取得的遗产实际价值范围内履行。我国 1985 年《继承法》第 21 条规定："遗嘱继承或者遗赠附有义务的，继承人或者受遗赠人应当履行义务。没有正当理由不履行义务的，经有关单位或者个人请求，人民法院可以取消他接受遗产的权利。"同时，1985 年《执行继承法的意见》第 43 条明确指出："附义务的遗嘱继承或遗赠，如义务能够履行，而继承人、受遗赠人无正当理由不履行，经受益人或其他继承人请求，人民法院可以取消他接受附义务那部分遗产的权利，由提出请求的继承人或受益人负责按遗嘱人的意愿履行义务，接受遗产。"

依照以上法律规定，何某应当履行遗嘱指定的义务，尽心尽力地帮助和照顾他父亲生前的好友。在何某不履行照顾孤寡老人的义务情况下，经受益人或者其他继承人请求，人民法院可以取消他继承附义务的遗产的权利。如果其他继承人愿意履行遗嘱指定的义务，则可以接受这部分遗产。

示范案例六

过期表示接受遗赠，是否具有法律效力？

范宁的舅父李豪是个画家，离婚后与儿子李宁一起生活。范宁10岁时离开父母到省城舅父家寄宿上学，并向舅父学画。2005年范宁考上某美术学院，毕业后留校任教。2009年6月10日李豪外出写生，因车祸负重伤。同月12日，李宁与范宁赶到，由在场一名医生、两名护士作证，李豪留下口头遗嘱：自己死亡后，将本人多年珍藏的10幅名画赠给范宁。但当时范宁只是痛哭而未作是否接受的意思表示。2010年1月，范宁想起舅父留下的口头遗嘱，遂向李宁索要10幅名画，李宁不给。范宁于是起诉到人民法院。

请问：范宁有权依舅父留下的口头遗嘱向李宁索要舅父遗赠的10幅名画吗？

分析意见

本案涉及遗赠的接受方式和法定期限问题。遗赠，是指公民以无偿的方式将个人财产的一部分或全部赠给国家、集体或法定继承人以外的人，并于遗赠人死后发生法律效力的单方民事法律行为。在遗赠关系中，立遗嘱人称为遗赠人，接受遗赠财产的人称为受遗赠人或遗赠受领人。遗赠具有以下法律特征：第一，遗赠是遗赠人亲自进行的单方、无偿并于其死后生效的要式法律行为；第二，受遗赠人只能是国家、集体或法定继承人以外的人；第三，受遗赠权一般由本人行使；第四，遗赠人行使遗赠权不得违背法律规定。

我国1985年《继承法》第25条第2款规定："受遗赠人应当在知道受遗赠后两个月内，作出接受或者放弃受遗赠的表示。到期没有表示的，视为放弃受遗赠。"该法第27条第1款还规定："遗嘱继承人放弃继承或受遗赠人放弃受遗赠的，遗产中的有关部分按照法定继承办理"。如果受遗赠人先于遗赠人死亡，则遗赠不生效。受遗赠人的法定继承人无权主张代替受遗赠人接受遗赠。如果受遗赠人表示放弃遗赠权，则该项财产由遗赠人的继承人继承。但继承开始后，受遗赠人表示接受遗赠，并于遗产分割前死亡的，其接受遗赠的权利转移给他的继承人。

在本案中，李宁是李豪的法定继承人，范宁是受遗赠人。范宁在李豪于2009年6月12日留下遗嘱时，就已知道舅父赠给自己10幅名画，但没有做出意思表示是否接受遗赠。在以后的2个月内，范宁也未表示是否接受遗赠。直到2010年1月才向李宁索要舅父赠给他的10幅名画，由于已超过法定的2个月内的意思表示期限，依法应视为范宁放弃受遗赠。受遗赠人放弃受遗赠的，应按法定继承办理。因此，人民法院应依法确认范宁无权依遗嘱向李宁索要其舅父遗赠的10幅名画。

示范案例七

此遗赠扶养协议的效力如何？

张某中年丧妻，无子女。2006年1月，张某与村民委员会订立协议，由村民委员会负担张某的生养死葬，而张某则在死后，将自己的五间住房和一幅宋朝字画交与村委会。

李某和张某是有多年交情的老朋友，为了表达友情，2007年6月，张某亲笔立下遗嘱，表示要将自己所有的一幅宋朝字画赠与李某。

2009年1月，张某去世。李某拿着张某的遗嘱请求交付字画，但被村委会拒绝。

请问：李某有权取得该字画的所有权吗？

分析意见

本案涉及遗赠扶养协议与遗嘱的适用效力先后问题。所谓遗赠扶养协议，是遗赠人与扶养人之间订立的关于扶养人承担遗赠人生养死葬的义务，遗赠人死后其遗产归扶养人所有的协议。我国1985年《继承法》第31条规定："公民可以与扶养人签订遗赠扶养协议。按照协议，扶养人承担该公民生养死葬的义务，享有受遗赠的权利。公民可以与集体所有制组织签订遗赠扶养协议。按照协议，集体所有制组织承担该公民生养死葬的义务，享有受遗赠的权利。"可见，我国遗赠扶养协议有两种形式：一种是公民与公民签订的遗赠扶养协议；另一种是公民与集体所有制组织签订的遗赠扶养协议。遗赠扶养协议是一种民事法律行为，具有以下法律特征：第一，遗赠人只能是自然人，而扶养人既可以是自然人（必须是法定继承人以外的人），也可以是集体经济组织，并且必须具有扶养能力和扶养条件；第二，遗赠扶养协议是双务、有偿的法律行为；第三，遗赠扶养协议必须以书面形式订立，以明确双方的权利义务；第四，协议在遗赠人生前签订，并发生法律效力，即扶养人须开始履行对遗赠人生养死葬的扶养义务，但扶养人取得遗赠人遗产的权利，则须在遗赠人死后才能实现。

遗赠扶养协议体现了遗赠人和扶养人的共同意志，依法具有最优先适用的效力。我国1985年《继承法》第5条规定："继承开始后，按照法定继承办理；有遗嘱的，按照遗嘱继承或者遗赠办理；有遗赠扶养协议的，按照协议办理。"而且，我国最高人民法院1985年《执行继承法的意见》第5条规定："被继承人生前与他人订有遗赠扶养协议，同时又立有遗嘱的，继承开始后，如果遗赠扶养协议与遗嘱没有抵触，遗产分别按协议和遗嘱处理；如果有抵触，与协议抵触的遗嘱全部或部分无效。"

本案中，村委会并无违约行为，张某无权单方变更遗赠扶养协议，其所立遗嘱无效。所以，李某无权取得该字画的所有权。

讨论案例

1. 此口头遗嘱是否具有法律效力？

杜某夫妻结婚多年未生育，遂收养了一儿一女。2004年养子、养女先后参加了工作。2006年，杜某的养子结了婚。2009年春，杜妻病逝后，杜某感到自己也将不久于人世，于是自书遗嘱，指定全部财产平均分成两份，由养子、养女分别继承。立遗嘱前，养子还寄赡养费给杜某，并常去看他。立遗嘱后，养子便不再给杜某寄赡养费了，杜某对此十分不满。2010年初，杜某病危住院，养女日夜照顾，养子却从未到医院看望。杜某病情日益加重，于是在有一位医生和一位护士在场的情况下，杜某口头立下遗嘱，声称其全部遗产由养女继承。杜某死后，他的养子不承认此口头遗嘱的效力，主张按照2009年春杜某的自书遗嘱继承遗产。

请问：杜某的口头遗嘱效力如何？

2. 律师代书的遗嘱效力如何？

茅家姐弟的母亲陈老太早年丧偶，共生育子女3人。自2006年4月起，陈老太因患偏执性精神病在精神病院住院治疗。2007年10月25日，院方应老太儿子阿伟的要求，同意陈老太请假出院，并出具证明确认"患者目前病情已稳定，情绪方面表现已稳定，猜疑消失，无胡言乱语情况，意识清楚，接触交谈均合作，思维内容连贯，主题突出，神智尚正常，本次住院疗效好。"

2007 年 11 月 12 日，A 市某律师事务所两名律师应陈老太的要求代书遗嘱一份，指定将陈老太名下市中心延安中路某号 3 楼南间、后间、走道间和晒台房屋产权归阿伟继承。在律师代书此遗嘱时，还有陈老太单位两名职工在场作见证。该遗嘱被书写完成后，遗嘱人、代书人、见证人分别签名，并注明年月日。事后，不到半年陈老太再次精神病发作，又住进精神病医院治疗，2009 年 3 月陈老太在医院去世。

2009 年 7 月，远在美国的茅女士向 A 市法院起诉，要求继承母亲身后遗留下的房产。她认为该房屋未曾作分割析产，而弟弟阿伟提供的遗嘱是母亲在已患精神病时所立，这时母亲属无民事行为能力人，该遗嘱应属无效遗嘱。因双方无法自行达成一致意见，只得诉诸法院请求判决。而陈老太另外一名儿子，则明确表示放弃对涉案房产的继承。

对于该起诉，弟弟阿伟辩称，被继承人陈老太生前立有遗嘱，将该房屋留给他继承，在出院时相关医院出具了证明，证明他母亲有意识能力，故其具有遗嘱能力，涉案房屋应按照遗嘱继承。

请问：该份代书遗嘱的效力如何？

3. 此遗赠是否具有法律效力？

何女之父何某与董某是十几年的同事和挚友。二人都酷爱集邮，并有三十多年的集邮史。2009 年 12 月何某患重病，借董某和单位的几位同事去医院看望他的机会，何某提出立遗嘱，于是他本人口述，另一人代书，在场的其他两位同事作见证人，立下了一份遗嘱，将自己积攒多年的邮票全部赠送给挚友董某。2010 年 4 月，何某去世，在分割遗产时，董某请求按遗嘱接受老友的邮票。而何女提出，董某不是父亲的法定继承人，无权继承父亲的遗产。董某遂向人民法院起诉。

请问：本案依法应如何处理？

4. 公证遗嘱与自书遗嘱是否都具有法律效力？

周大成系河南省某村农民，婚后生有两个儿子周江和周海，家有房屋 3 间，老伴早亡。1996 年和 1998 年，周江、周海相继结婚。此后，周江在家务农。周海在村小学任教，经济收入稳定。2005 年 1 月，周大成考虑到这一情况，亲笔立下遗嘱：“我死后，房屋 3 间归周江继承。”并持该遗嘱到公证处办理了公证。此后，周江进城开办了贸易公司，生意越做越红火，收入颇丰，相比之下，仍当小学教师的周海显得寒酸多了。根据变化了的这一情况，2008 年 1 月，周大成又亲笔写下一份遗嘱：“我死后，房屋 3 间归周海继承。”然后，他将此遗嘱交给了周海。2010 年 1 月，周大成去世，周江、周海因房产继承发生了争执，二人各持一份遗嘱。周江说，我这份遗嘱是公证遗嘱，应当有效；周海说，我这份遗嘱是最后遗嘱，应当有效。各有各的理，争执不下。

请问：遗产房屋 3 间依法应按公证遗嘱还是自书遗嘱继承？

5. 父母与他人订立的遗赠扶养协议是否有效？

赵保瑞有两个儿子，赵刚与赵强。2008 年 3 月 1 日，赵保瑞与两个儿子书面约定，赵保瑞住在大儿子赵刚家中，由赵刚承担赵保瑞的生养死葬义务，赵保瑞则在他死后将遗产都赠与赵刚，赵强自愿放弃继承父亲的遗产。但不久，赵保瑞和大儿子赵刚发生矛盾，老人一气之下便搬回自己的家中。2009 年 7 月 1 日，赵保瑞又与同村村民王一明签订了遗赠扶养协议，约定由王一明承担赵保瑞的生养死葬义务，赵保瑞则在他死后将遗产都赠与王一明。王一明按照协议一直扶养、照顾赵保瑞，直到 2010 年 2 月赵保瑞死亡。赵保瑞死亡后，他的两个儿子赵刚与赵强认为，赵保瑞与同村村民王一明签订遗赠扶养协议，未征得两个儿子赵刚与赵强的同意，且扶养时间只有半年，因此是无效的。其父亲的遗产应由赵刚与赵强继承，他俩表示愿意补偿王一明给付的扶养费和劳务费，但王一明不同意。于是赵刚与赵强向人民法院提出诉讼，要求继承父亲的遗产。

请问：本案依法应如何处理？

6. 订立遗赠扶养协议后，被扶养人所欠债务由谁清偿？

唐某与其丈夫婚后一直未生育子女，便收养了同村孤儿肖某为养子。肖某长大结婚后，便与养父母分家另过。2005 年 1 月，唐某因脑血栓后遗症半身不遂。两年后，唐某的丈夫病故，唐某由其弟唐某某及养子肖某共同照顾生活。由于唐某久病不愈，肖某深感不耐烦，遂于 2009 年 1 月与同村朱某协商签订一份“遗赠扶养协议”，协议约定由朱某扶养唐某，唐死后肖某自愿放弃继承权，唐某的遗产全部归朱某所有。协议签订后，肖某即将养母唐某送到朱某家。虽然朱某经济并不十分宽余，但他悉心照顾唐某。2009 年底，唐某生病，朱某无钱送其就医。肖某虽知道此事，却毫不理会。唐某只得向邻居借款 500 元钱看病。2010 年 5 月，唐某病故，遗有房屋 5 间及价值 1000 元的农具。肖某再次书面表示放弃继承权，但唐某的弟弟唐某某与朱某却因遗产继承产生了争执。二人诉至法院，唐某的邻居也加入进来，主张其 500 元的债权。

请问：本案依法应如何处理？

四、遗产处理案例

相关主要法律、法规链接：

1985 年《继承法》

第二十三条　继承开始后，知道被继承人死亡的继承人应当及时通知其他继承人和遗嘱执行人。继承人中无人知道被继承人死亡或者知道被继承人死亡而不能通知的，由被继承人生前所在单位或者住所地的居民委员会、村民委员会负责通知。

第二十四条　存有遗产的人，应当妥善保管遗产，任何人不得侵吞或者争抢。

第二十五条　继承开始后，继承人放弃继承的，应当在遗产处理前，作出放弃继承的表示。没有表示的，视为接受继承。

受遗赠人应当在知道受遗赠后两个月内，作出接受或者放弃受遗赠的表示。到期没有表示的，视为放弃受遗赠。

第二十八条　遗产分割时，应当保留胎儿的继承份额。胎儿出生时是死体的，保留的份额按照法定继承办理。

第二十九条　遗产分割应当有利于生产和生活需要，不损害遗产的效用。

不宜分割的遗产，可以采取折价、适当补偿或者共有等方法处理。

第三十二条　无人继承又无人受遗赠的遗产，归国家所有；死者生前是集体所有制组织成员的，归所在集体所有制组织所有。

第三十三条　继承遗产应当清偿被继承人依法应当缴纳的税款和债务，缴纳税款和清偿债务以他的遗产实际价值为限。超过遗产实际价值部分，继承人自愿偿还的不在此限。

继承人放弃继承的，对被继承人依法应当缴纳的税款和债务可以不负偿还责任。

第三十四条　执行遗赠不得妨碍清偿遗赠人依法应当缴纳的税款和债务。

示范案例一

共同继承人之间对遗产负有担保责任吗？

甲、乙两人是兄弟，其母亲早年去世，父亲丁将两个儿子抚养长大。大儿子甲在外地工作，小儿子乙和父亲生活在一起。2005 年 3 月 7 日，丁病故，丁留下的遗产包括：价值 13 万元的房屋 1 间、丁对某公司享有的债权 12 万元以及价值 1.3 万元的家具和日用品，其生前没有立遗嘱。丁死亡后，乙立即电报通知哥哥甲回来办理丧事。但甲由于工作上的原因一时离不开身，便电汇 1000 元钱给乙，并打电话委托乙全权代表自己办理父亲的丧事。乙将父亲的丧事办理完毕后，便将其父的房屋登记过户到自己名下，并将其父的存款取出改存为自己的名字，还将其余的遗产全部据为己有。2009 年 2 月 8 日，甲回家探亲时才知道乙擅自处理了父亲的遗产。他不同意乙独占父亲的全部遗产，要求与乙共同继承父亲的遗产。但乙解释说，本人给父亲治病和办理丧事已经花了 3000 元。由于哥哥甲在父亲去世后，并未表示愿意继承父亲的遗产，故自己认为甲已经放弃继承。现在甲提出要求继承，乙愿意将父亲对某公司享有的债权 12 万元分给甲继承。但在甲行使债权时，发现债务人已破产，无力清偿该债务。于是，甲向乙提出要求重新分割父亲的遗产，却被乙拒绝。2010 年 3 月 4 日，甲遂以乙侵犯其继承权为由，向人民法院提起诉讼。

请问：甲能否要求重新分割父亲丁某的遗产？

分析意见

本案主要涉及放弃继承权、行使继承权的诉讼时效以及共同继承人的担保责任三个问题。

第一，甲没有放弃继承权，其行使权利也没有超过诉讼时效。我国 1985 年《继承法》第 25 条规定：“继承开始后，继承人放弃继承的，应当在遗产处理前，作出放弃继承的意思表示。没有表示的，视为接受继承。”第 8 条规定：“继承权纠纷提起诉讼的期限为二年，自继承人知道或者应当知道其权利被侵犯之日起计算。但是，自继承开始之日起超过二十年的，不得再提起诉讼。”在本案中，2005 年 3 月 7 日丁病故时，甲即被通知其父亲去世之事。在继承开始后，甲并没有向乙作出放弃继承的意思表示，依法应视为其接受继承，而不是放弃继承。但直至 2009 年 2 月 8 日甲回家探亲时，他才知其父遗产已经被乙独占，他的继承权已经被侵害的事实。故该继承纠纷提起诉讼的起算点应从 2009 年 2 月 8 日起算。所以，甲既没有放弃继承，其提起保护继承权的诉讼也没有超过诉讼时效。

第二，共同继承人对分割的遗产应当承担担保责任。虽然，我国 1985 年《继承法》对遗产分割后各共同继承人之间对遗产的担保责任未予规定，但现实生活中，往往出现遗产分割后，某继承人分得的遗产有瑕疵、或被追夺、或债权不能被偿付等情况。为维护各个共同继承人应得的利益，基于民法的公平原则，各共同继承人相互之间对分得的遗产应承担担保责任。即在遗产分割后，如果出现继承人分得的遗产有瑕疵、或被追夺、或债权不能被偿付等情况时，其他共同继承人负有按其请求重新分割遗产，或按各自应继份的比例分别对该继承人予以补偿的义务。

具体而言，担保责任有如下几种：（1）对遗产瑕疵的担保责任。这是指遗产分割后，各共同继承人对其他继承人因分得所得的遗产瑕疵，在一定条件下负有担保的责任。承担此责任必须具备的条件：一是遗产的瑕疵必须是在遗产分割前就已经存在；二是遗产的瑕疵必须是非因分得该物或权利的继承人本人的过失而产生；三是遗产的瑕疵必须是分得该遗产的继承人在遗产分割时不知其存在；四是各共同继承人之间对遗产瑕疵的担保责任，未经被继承人用遗嘱予以免除，也未被各共同继承人以契约加以限制。（2）对遗产被追夺的担保责任。这是指遗产分割后，各共同继承人对其他继承人所分得的遗产，承担因遗产被追夺的担保责任。（3）对债权的担保责任。各共同继承人对其他继承人分得的债权应负的担保责任。主要有以下两种情形：一是对未附停止条件而已届清偿期或不定期的债权，各共同继承人就遗产分割时债务人的支付能力，承担担保责任；二是对附有停止条件或尚未到期的债权，各共同继承人对分得此种债权的继承人，仅就条件成就时或清偿期到来时债务人的支付能力承担担保责任。

据此，在本案中，甲行使债权时，发现债务人已经破产而无力清偿债务，他有权要求乙重新分割遗产。

示范案例二

继承人自愿放弃继承后能否翻悔？

某村村民陈丽的丈夫因病早逝，留下年幼的儿女罗江平与罗江英，陈丽起早贪黑地辛勤劳动，好不容易才把两个子女抚养成人。1996 年罗江平被招工到外地参加工作，并与同厂工人王美结婚，生一子罗强。罗江英因家中贫穷，1998 年初已满 28 岁才与同村青年张江结婚，婚后仍然与母亲陈丽共同生活。1999 年 1 月，罗江英生一女儿取名张燕。2000 年 2 月，张江不幸而因车祸身亡。罗江英一人既抚养年幼的女儿，又赡养老母亲，毫无怨言。2008 年 9 月，陈丽因病住院。因家中无钱给母亲治病，罗江英给某报编辑部写了一封求助信。该报编辑部很同情罗江英的遭遇，加上编者按后免费刊登了此信。于是不少好心人纷纷捐款，作为陈丽的医药费。2009 年 6 月陈丽去世，罗江英电报通知哥哥罗江平回来料理母亲的丧事。但罗江平因工作忙抽不开身，便寄了 200 元钱给罗江英作为料理丧事费用，并打电话托村长转告罗江英，他自愿放弃对母亲遗产的继承权。丧事毕，罗江英清理母亲的遗产，发现陈丽的医药费捐款之余额合计四万余元。她便用此款开了一个小百货店，以维持自己和女儿的生活。

2010 年 5 月，罗江平出差顺便回老家，得知妹妹一人继承了母亲的遗产四万余元。罗江平认为，自己本以为母亲没有什么值钱的遗产，所以放弃继承权。现在他才知道母亲遗留有四万余元钱，自己应该分一份。于是，他向罗江英提出要求重新分割母亲留下的遗产四万余元钱及利息。罗江英认为，在母亲去世后，哥哥罗江平已经打电话托村长转告其自愿放弃对母亲遗产的继承权，现在不能够翻悔，故她不同意罗江平的要求。罗江平遂向人民法院起诉，对其放弃继承表示翻悔，请求确认其对母亲的遗产享有继承权。

请问：继承人自愿放弃继承后能否翻悔？

分析意见

我国 1985 年《继承法》第 25 条规定："继承开始后，继承人放弃继承的，应当在遗产处理前，作出放弃继承的意思表示。"我国最高人民法院 1985 年《执行继承法的意见》第 47 条规定："继承人放弃继承权应当以书面形式向其他继承人表示。用口头方式表示放弃继承，本人承认，或有其它充分证据证明的，也应当认定其有效。"该意见第 50 条规定："遗产处理前或在诉讼进行中，继承人对放弃继承翻悔的，由人民法院根据其提出的具体理由，决定是否承认。遗产处理后，继承人对放弃继承翻悔的，不予承认。"第 51 条规定："放弃继承的效力，追溯到继承开始的时间。"

从本案的情况看，在母亲去世后，罗江平已经打电话托村长转告罗江英，他自愿放弃对母亲遗产的继承权。他用口头方式表示放弃继承，有接电话的村长证明属实。即使罗江平放弃继承的动机是以为母亲没有什么值钱的遗产，但这也不影响其放弃继承的效力。因此，人民法院应当依法认定其放弃继承有效。其放弃继承的效力，追溯到继承开始的时间。故他无权分割母亲留下的遗产四万余元钱及利息。在遗产处理后，继承人罗江平对其放弃继承表示翻悔的请求，人民法院依法应不予支持。

示范案例三

遗产已经分割完毕，债务应如何清偿？

林向国与罗美丽于1998年结婚，两年后离婚，两人没有生育子女。2002年，林向国与吴培芝再婚，次年生育一女林亚楠。2009年8月，林向国因病去世。死前他立下遗嘱：将自己遗产中的2000元留给前妻罗美丽；2000元留给林亚楠；对其余的财产则没有做出处理。林向国死亡时的夫妻共同财产包括：价值10万元的旧房屋、存款6000元、其他财物折合人民币4000元。此外，还有林向国的个人债务5.3万元。罗美丽知道林向国的遗赠后，明确表示愿意接受遗赠。吴培芝首先依遗嘱交付了遗赠的财产后，才将剩余的遗产与林亚楠分割继承。当林向国的债权人前来要求清偿死者的债务时，吴培芝认为，罗美丽不是死者的继承人而取得了遗产，死者的债务应由罗美丽负责清偿。

请问：遗产已经分割完毕，被继承人的债务应如何清偿？

分析意见

本案主要涉及遗赠与法定继承以及遗产分割后被继承人的债务之清偿方法的问题。

第一，应当依法确定遗产的范围。我国1985年《继承法》第3条规定："遗产是公民死亡时遗留的个人合法财产。"遗产的范围只限于被继承人生前个人所有的财产。我国1985年《继承法》第26条规定："夫妻在婚姻关系存续期间所得的共同所有的财产，除有约定的以外，如果分割遗产，应当先将共同所有的财产的一半分出为配偶所有，其余的为被继承人的遗产。"据此，林向国的遗产包括：存款3000元；房屋折价5万元；其他财物折价2000元，总价值5.5万元。

第二，遗赠先于法定继承。根据我国1985年《继承法》第16条规定，公民可以依法立遗嘱处分个人财产，可以立遗嘱将个人财产指定由法定继承人的一人或数人继承，也可以立遗嘱将个人财产赠给国家、集体或法定继承人以外的人。依该法第25条规定，受遗赠人应当在知道受遗赠后两个月内，作出接受或者放弃受遗赠的表示。到期没有表示的，视为放弃受遗赠。并且，该法第

5条规定："继承开始后，按照法定继承办理；有遗嘱的，按照遗嘱继承或者遗赠办理；有遗赠扶养协议的，按照协议办理。"据此，罗美丽和林亚楠可各自先取得遗赠的财产2000元。遗嘱处分剩余的遗产应当按照法定继承办理。林向国的遗产总额中减去4000元遗赠财产后，剩余的价值5.1万元的遗产应当按照法定继承办理，即由其第一顺序法定继承人妻子吴培芝与女儿林亚楠共同继承。

第三，继承遗产应当首先清偿遗产债务。我国1985年《继承法》虽未对遗产债务的清偿方式做出明文规定，但是，根据最高人民法院的有关司法解释，应当首先清偿遗产债务。但是，尚不能排除遗产已经被分割完毕，其后又出现遗产债务的清偿问题。究其原因，可能由以下原因引起：（1）被继承人的债权人不知被继承人已经死亡；（2）共同继承人不知被继承人还有债权人；（3）分割遗产时，遗产债务还未达到清偿期限；（4）遗产为不宜长期保留的财物；（5）共同继承人蓄意将遗产分割完毕，损害遗产债权人的利益。在遗产分割后，如果既有法定继承又有遗嘱继承和遗赠的，应当依法定顺序清偿遗产债务。根据最高人民法院1985年《执行继承法的意见》第62条的规定，遗产已被分割而未清偿债务时，如果有法定继承又有遗嘱继承和遗赠的，应当按以下顺序清偿遗产债务：

1. 应由法定继承人在所得遗产的实际价值范围内负责清偿被继承人的债务。其理由是，法定继承与遗嘱继承虽然都是继承法所规定的继承方式，但是，遗嘱继承的效力优先于法定继承，因为遗嘱继承是最体现被继承人意愿的一种继承方式。先让法定继承人用所得的遗产清偿债务，从这种意义上讲，就是尊重了被继承人的意愿。

2. 法定继承人用所得的遗产不足以清偿时，剩余的债务由遗嘱继承人和受遗赠人按比例用所得的遗产偿还。这里所称的按比例偿还债务，是指遗嘱继承人和受遗赠人各自按照取得遗产份额的比例分摊被继承人的尚未清偿的债务。但是，遗嘱继承人和受遗赠人清偿债务以所得遗产的实际价值为限，超过遗产的实际价值的部分，可以不负清偿责任。

3. 如果没有法定继承人，仅有遗嘱继承人和受遗赠人取得遗产的，应由遗嘱继承人和受遗赠人按比例用所得遗产偿还。但是，如果被继承人在遗嘱中指定由遗嘱继承人或受遗赠人清偿其所负的债务的除外。

据此，林向国所欠的个人债务5.3万元，应首先由吴培芝和林亚楠用法定继承所得的5.1万元遗产偿还，然后对不足清偿的2000元债务，分别由林亚楠和罗美丽用遗赠所得财产各自偿还1000元。

示范案例四

被继承人死亡后，其债权人应向谁请求清偿债务？

某厂男工秦远有一儿一女秦明和秦玉。秦明系残疾人，虽已成年，但仍然靠父亲养活。秦玉结婚后，与父亲分家另过。外孙张宏品学兼优，秦远对他十分喜爱。2006 年 1 月，秦远立下遗嘱：本人死后，交工厂的住房保证金 4000 元中，赠与外孙张宏 1000 元作学费。2007 年 1 月，秦远向宋开借款 5000 元钱给秦明治病，立有借据。在借款期限即将届满时，秦远因心脏病突发而死亡。同时，在杜江诉秦远的名誉侵权案中，法院判决秦远向杜江赔礼道歉，秦远尚未履行该判决。秦玉因系下岗工人，家里经济困难，遂向邻居借款 1000 元钱料理了父亲的丧事。然后，她清理其父遗产，除一些日常生活用品外，在工厂还有住房保证金 4000 元未领取。秦玉考虑到哥哥秦明系残疾人，书面表示自己愿意放弃继承。宋开向秦明和秦玉提出要求还债，秦明认为，自己系残疾人，父亲留下的住房保证金除去丧葬费 1000 元外，其余的 3000 元属于遗产，应留给他作为生活费，不同意拿来清偿父亲的债务。秦玉认为，她为料理父亲的丧事已经向邻居借款 1000 元钱，这应从父亲留下的 4000 元遗产中扣除，并从中扣除赠与张宏的 1000 元学费。她实在无力清偿父亲的债务。杜江则要求秦明和秦玉代其父履行赔礼道歉的判决。

请问：本案应如何处理？

分析意见

本案主要涉及四个问题：一是哪些属于被继承人债务？二是被继承人债务如何清偿？三是无劳动能力又没有生活来源的继承人的利益如何保护？四是执行遗赠与清偿死者债务的关系如何？

如何确定被继承人债务的范围？被继承人的债务，是指依合同约定或法律规定应由被继承人个人承担的财产义务。被继承人的债务，应由其履行。但如果被继承人死亡，其遗留下的个人债务，就成为继承法律关系客体的组成部分，由继承被继承人遗产的继承人承担清偿责任。但是，并非被继承人遗留的任何债务都可以让渡给他人，从而成为继承法律关系的客体。只有被继承人死亡时遗留的具有财产性质的个人债务，才能成为继承法律关系客体的组成部分，而被继承人死亡时遗留的某些具有人身性质的个人债务，如委托合同中受托人的义务等，则只能由被继承人本人履行，当债务人（被继承人）死亡后，合同关系自行终止，债务人的债务归于消灭。又如，因侵权行为所生之债中，债务人负有的赔礼道歉、恢复名誉、消除影响等非财产责任，也具有人身性质，只能由债务人本人履行，如其尚未履行便死亡的，这些义务也随之消灭。此外，确定被继承人的债务，应把被继承人生前所欠的个人债务与因殡葬被继承人所负的债务相区别。在我国，殡葬被继承人是继承人应尽的义务，由此所负的债务，应由继承人用其个人财产清偿，不能作为被继承人的债务用其遗产清偿。

清偿被继承人债务应遵循哪些原则？依我国继承法规定，清偿被继承人债务应遵循以下原则：

1. 继承人清偿被继承人债务，以接受继承为前提条件。现行《继承法》第33条规定："继承遗产应当清偿被继承人依法应当缴纳的税款和债务……继承人放弃继承的，对被继承人依法应当缴纳的税款和债务可以不负偿还责任。"

2. 清偿被继承人债务，以遗产的实际价值为限。现行《继承法》第33条第一款规定："……缴纳税款和债务以他的遗产实际价值为限。超过遗产实际价值部分，继承人自愿偿还的不在此限。"

3. 清偿被继承人债务，应为缺乏劳动能力又无生活来源的继承人保留适当的遗产。我国最高人民法院1985年《执行继承法的意见》第61条规定："继承人中有缺乏劳动能力又没有生活来源的人，即使遗产不足清偿债务，也应为其保留适当遗产，然后再按继承法第三十三条和民事诉讼法第一百八十条的规定清偿债务。"

4. 清偿被继承人债务，优先于执行遗赠。现行《继承法》第34条规定："执行遗赠不得妨碍清偿遗赠人依法应当缴纳的税款和债务。"

依据上述规定分析本案，第一，应确定秦远的借款属于被继承人债务的范围。赔礼道歉虽属于被继承人的债务，但其具有人身属性，不能由他人代为履行，因该民事责任人秦远已经死亡，则不再履行。殡葬被继承人所负的债务应属于继承人秦玉的债务，不能从遗产中清偿。第二，清偿秦远的债务，应以其遗产的实际价值为限。也就是说，宋开的债权应向接受遗产的继承人秦明主张，而不能向放弃继承遗产的秦玉主张。秦远的债务只能从秦远的遗产中偿还。如果秦远的遗产不足以清偿其债务，其他人在法律上没有代为清偿的义务。第三，即使遗产不足以清偿被继承人债务，也应为缺乏劳动能力又无生活来源的继承人秦明保留适当的遗产。第四，清偿被继承人的债务后有剩余的遗产，才能执行遗赠。本案中的遗产只有4000元，而债务是5000元，债务大于遗产，本应将遗产全部用于清偿债务，但因秦明是残疾人，无生活来源，应给其保留2000元作为生活费，其余的2000元用于清偿宋开的债务。因为无剩余的遗产，可以不执行遗赠。

示范案例五

王某婚前购买、婚后分期付清余款的房屋是否属于遗产？

王某（男）2004年1月离婚后，在某市城区购买了一套两室一厅的商品房，该购房合同约定：除首付购房款2万元外，其余7.2万元购房款，自2004年2月起每月给付1000元，须在6年内付清。同年4月王某与原高中同学张某办理了结婚登记。结婚后，夫妻两人与王某之母共同居住在王某购买的这套商品房内。王某仍然每月从工资中拿出1000元交付购房款，直至2010年1月才全部付清。2010年5月王某夫妻两人外出旅游，在返家途中王某因意外事故死亡。张某料理完丈夫的丧事后，在清理其夫的遗物时，发现王某婚前购买的7年期的4万元国债券1张。张某向王母提出，先将王某留下的房屋包括婚姻期间房屋的增值价值10万元一起作为夫妻共同财产分割，然后再与王母共同继承并分割属于王某遗产部分的房屋及增值的价值和4万元国债券。王母却认为，该房屋及其全部增值和4万元国债券均系其子婚前或婚后的个人所有财产，张某无权要求将该房屋及其增值价值作为夫妻共同财产分割，并也无权继承该房屋及其增值价值和4万元国债券。张某遂向房屋所在地的人民法院提起诉讼。

请问：本案依法应如何处理？

分析意见

本案需要解决三个问题：一是王某婚前购买（按揭付款）的房屋是否属于其个人所有的财产？二是如果该房屋属于王某的个人财产，在婚姻期间王某用其工资支付了购房款，张某可否请求从王某的遗产中向夫妻共同财产给予补偿？并且该房屋在婚姻期间增值的10万元价值是否属于夫妻共同财产？三是张某是否有权继承王某遗留的房屋、其个人享有的房屋增值价值的份额以及4万元国债券？

首先，应明确王某个人所有财产的范围。我国2001年修正后的《婚姻法》第18条明确规定：一方的婚前财产，为夫妻一方的个人财产。并且，依我国最高人民法院2001年《适用婚姻法的解释（一）》第19条规定："婚姻法第十八条规定为夫妻一方的所有的财产，不因婚姻关系的延续而转化为夫妻共同财产。但当事人另有约定的除外。"据此，本案王某在婚前个人购买的房屋和4万元国债券应属于王某个人所有的财产。

其次，应将死者的生存配偶所享有的财产份额从夫妻共同财产中分离出来。根据2001年修正后的《婚姻法》第17条规定，夫妻在婚姻期间所得的工资，归夫妻共同所有。王某在婚姻期间用其工资分期支付购房款共计6.9万元，这实际上是用夫妻共同财产支付王某个人购房的债务。因此，张某可以请求从王某的个人财产中向夫妻共同财产给予6.9万元的补偿。并且，依我国1985年《继承法》第26条规定："夫妻在婚姻关系存续期间所得的共同所有的财产，除有约定的以外，如果分割遗产，应当先将共同所有的财产的一半分出为配偶所有，其余的为被继承人的遗产。"由于王某与张某婚后无约定，因此，张某享有由王某的个人财产向夫妻共同财产6.9万元补偿款的价值之一半3.45万元的所有权。该生存配偶享有的财产份额可以从王某婚前购买的4万元国债券中扣除，然后该国债券剩余的部分5500元加上利息仍属于王某遗产的组成部分。（当然，王某也享有由其个人财产向夫妻共同财产6.9万元补偿款的价值之一半3.45万元，这部分财产实际上已融入他婚前购买的房屋价值之中，成为其遗产的组成部分。）

再次，关于王某个人所有的房屋在婚姻期间的增值价值10万元，是否属于夫妻共同财产？对此，目前我国现行《婚姻法》和司法解释尚无明文。诚然，此部分增值财产属于夫妻一方个人财产在婚姻期间的所得，依据民法原理其应当归属原所有权人所有。但必须考虑，在我国，目前多数家庭对婚姻住房只买一套，即使婚后夫妻共同还贷的婚姻住房属于夫妻一方个人所有，由于经济能力的限制夫妻他方一般不会再去购买婚姻住房。然而，由于婚后夫妻共同还贷的婚姻住房作为不动产在婚姻期间往往增值较大，如果婚姻期间该房屋的增值利益全部归属原所有权人所有，这就实际上造成未购婚姻住房的夫妻他方失去了获此增值利益的机会。因此，基于民法的公平原则，我国学术界有不少专家学者和司法界人士都主张，对于夫妻一方婚前个人所有但婚后夫妻共同还贷的婚姻住房，其在婚姻期间的增值价值应当被作为夫妻共同财产。① 就本案而言，该房屋在婚姻期间的10万元增值价值中死亡配偶享有的份额可作为其

① 罗杰："最高人民法院关于适用《中华人民共和国婚姻法》若干问题的解释（三）（征求意见稿）专家论证会纪要"，西南政法大学外国家庭法及妇女理论研究中心网。载 http://www.swupl.edu.cn/mweb/wgjtf/content.asp? cid = 821305199&id = 959379247。上网时间：2010年6月15日。

遗产，由其继承人继承。

最后，应确定王某的法定继承人范围及遗产的分割方法。依现行《继承法》第10条规定，配偶、子女、父母为第一顺序法定继承人。因此，本案当事人王某之妻张某和王某之母对王某的遗产，包括该国债券剩余的部分5500元加上利息、婚前购买的房屋及其在婚姻期间增值价值10万元的一半都享有继承权。并且，依现行《继承法》第29条规定："遗产分割应当有利于生产和生活需要，不损害遗产的效用。不宜分割的遗产，可以采取折价、适当补偿或者共有等方法处理。"所以，对于遗产中不宜实物分割的不动产房屋及其增值价值，王某之妻张某和王某之母可以共同协商，采取折价补偿或者共有等方法处理。

示范案例六

无人继承且无人受遗赠的遗产应如何处理?

年逾八十的王老太，丈夫早亡，膝下无儿无女，也无兄弟姐妹。她在城里有一幢二层楼房，她将一楼出租给别人做铺面，每月约有两千元的收入，作为她的生活费用之外每月还有结余。多年来王老太有几个堂姐、堂妹有时来串串门，与王老太聊天解闷，但在生活上也没有给予太多的照顾。天有不测风云，2009年7月王老太突发心脏病去世，其生前也没有留下遗嘱，王老太的几个堂姐妹为了继承王老太遗留的这幢房子和3万元存款争执不下，遂起诉到人民法院。

请问：王老太这幢房子和3万元存款应如何处理？她的几个堂姐、堂妹是否可以请求分配遗产？

分析意见

本案涉及无人继承且无人受遗赠的遗产处理问题。在我国，依1985年《继承法》第5条规定："继承开始后，按照法定继承办理；有遗嘱的，按照遗嘱继承或者遗赠办理；有遗赠扶养协议的，按照协议办理。"也就是说，公民死亡后所遗留的个人所有财产可以依法由其继承人继承或受遗赠人承受。但如果死者没有继承人，也没有受遗赠人，就面临无人继承和无人受遗赠的遗产应如何处理的问题。遗产无人继承的原因包括：没有法定继承人，也没有遗嘱继承人；或者虽有法定继承人或遗嘱继承人，但均已放弃了继承权或丧失了继承权。无受遗赠人的原因有：被继承人生前未立遗嘱指定受遗赠人；被继承人生前虽有遗嘱指定受遗赠人，但该遗嘱无效或所涉及的遗赠无效；受遗赠人明确表示放弃遗赠，或者在知道受遗赠后两个月内未做接受遗赠的意思表示的；受遗赠人被人民法院取消了受遗赠权；被继承人生前没有与他人订立遗赠扶养协议；虽有遗赠或遗赠扶养协议，但遗赠或遗赠扶养协议没有处分的遗产，仍然是无人受遗赠的遗产。1985 年《继承法》第 32 条规定："无人继承又无人受遗赠的遗产，归国家所有；死者生前是集体所有制组织成员的，归所在集体所有制组织所有。"

在本案中，王老太既无配偶、父母、子女，也无兄弟姐妹、祖父母、外祖父母，还无孙子女、外孙子女。因此，她没有第一顺序和第二顺序的法定继承人，也没有代位继承人。又由于她生前没有立遗嘱，其遗产也不能发生遗嘱继承和遗赠。因此，人民法院应依法确认，王老太留下的遗产，属于无人继承且无人受遗赠的遗产，依法应归国家所有。虽然王老太有几位旁系血亲的堂姐、堂妹，但由于这些人在王老太生前没有对其尽扶养义务，不符合我国《继承法》第 14 条规定的请求酌情分配遗产的条件，因此她们都无权请求酌情分得遗产。

示范案例七

"五保户"的遗产其亲属能否继承？

冯某与其同胞姐姐都是农民。冯某的姐姐由于小时患了小儿麻痹症留下残疾而终身未嫁。但她从小学有一门缝纫手艺，年轻时除了靠此维持生活外，还略有节余。随着年龄增长，她渐渐丧失了劳动能力。2008 年 2 月，她年满 60 岁，由村委会决定，她当上了"五保户"。自姐姐当上了"五保户"后，冯某仍时常去看望她，帮助她料理家务，逢年过节还把她接回来与亲人团聚，她患病时，为她请医煎药，尽力给予帮助。2010 年 5 月 14 日，冯某的姐姐病故，冯某参与了料理丧事。姐姐病故后，遗有其父亲分给她的三间瓦房及一些日用家具。后来，村委会把他姐姐的遗产全部收归集体所有，不让冯某继承。冯某遂起诉到人民法院。

请问：人民法院应如何处理本案？

分析意见

关于五保对象的遗产归属问题，我国最高人民法院 1985 年《执行继承法的意见》第 55 条规定：“集体组织对‘五保户’实行‘五保’时，双方有扶养协议的，按协议处理；没有扶养协议，死者有遗嘱继承人或法定继承人要求继承的，按遗嘱继承或法定继承处理，但集体组织有权要求扣回‘五保’费用。”根据上述规定，本案冯某的姐姐在生前是由村委会决定当上“五保户”的，她并没有与村委会签订扶养协议。冯某作为其姐姐的法定继承人，要求继承其姐姐的遗产，人民法院依法应予以允许，但是冯某应当向村委会偿还其姐享受过的全部“五保”费用。

讨论案例

1. 如何认定遗产纠纷的诉讼时效?

2006 年 1 月，张某的父亲病故，张某由于工作忙未能回去料理丧事，只寄回了 1000 元钱。直到 2008 年 8 月张某回家后，他才知道两个哥哥已背着自己把父亲遗留下的房屋、家具和存款平分了。张某要求分割父亲的遗产，但其两个哥哥说，当时分割父亲的遗产时你自己没回来，超过两年不能再分遗产了。

请问：张某还能继承父亲的遗产吗?

2. 被继承人的债务大于遗产实际价值，继承人是否应负全部清偿责任?

不久前，王某继承了已病故的父亲的遗产，总价值 4000 元。但继承后他才知道，他的父亲生前在开办个体企业时曾向陈某借款 5000 元未返还。而他的父亲全部遗产仅有 4000 元，尚不够还贷款。陈某要求王某清偿全部欠款，被王某拒绝。于是陈某来到律师事务所咨询。

请问：王某是否有义务清偿父亲遗留的全部债务?

3. 继承人是否有义务清偿被继承人遗留的财产损害赔偿债务?

杜刚的父亲早亡，由母亲抚养长大。姐姐早已出嫁，生有一子一女。1991 年，姐姐因病去世。1993 年杜刚与王灵结婚，1994 年生下女儿杜燕。2005 年杜、王离婚，杜燕随母亲共同生活。2006 年 1 月杜刚与沈利结婚，沈利带来与前夫所生儿子沈卫国（2 岁）共同生活，杜、沈婚后生下儿子杜青。

2008 年 1 月，杜刚开始经营运输业，购买黄海牌卡车一辆，并办理了车身保险（保险金额 3.5 万元）和第三者责任保险。2009 年 11 月 5 日，杜刚出车到某地送货，其母及子沈卫国同时前往。不慎途中汽车翻下悬崖坠毁，祖孙三人死于非命，承运的货物也被毁损，损失 1.1 万元。

事故发生后，保险公司按合同赔偿汽车损失 3.5 万元。杜刚生前经营运输业，有存款 5 万元，家中另有杜刚与沈利结婚后新盖的房屋两间，共同购置的电冰箱、彩电等价值 1.5 万元。其母有个人积蓄 3 万元。

丧事毕，亲属之间为继承问题发生纠纷，起诉到人民法院。托运人也向人民法院提起诉讼，要求杜刚的继承人赔偿货物损失 1.1 万元。

请问：本案有哪些继承法律关系？承运货物的财产损失应由谁来承担？

4. 股东的法定继承人表示放弃继承遗产，是否还需承担债务清偿责任？

被告某纺织有限责任公司成立于 2007 年 1 月 4 日，公司注册资本为人民币 50 万元，系由王某和季某夫妻两人共同出资，其中王某出资 30 万元，季某出资 20 万元，王某为该公司法定代表人。公司成立后，向原告蒋某等三人借款 30 万元，用于公司经营周转，被告某纺织有限责任公司向原告蒋某等三人分别出具了借据，并约定于 2008 年 9 月底前一次性还清。

2008 年 7 月，王某和季某夫妻及儿子因同一起交通事故全部身亡，两人开办的纺织有限责任公司处于停业状态。原告蒋某等三人为索要借款，以纺织有限责任公司和王某、季某的法定继承人王父、王母、季父、季母为被告，诉至某区人民法院，要求被告承担还款责任。

法院审理过程中，被告某纺织有限责任公司及王父、王母、季父、季母均未出庭参加诉讼。王父、王母、季父、季母均表示放弃继承财产。

请问：某纺织有限责任公司两股东的法定继承人放弃继承后，他们对某纺织有限责任公司的债务有无清偿义务？

5. 受继子扶养的继父死亡后，继子有无权利继承继父的遗产？

吴某 20 岁时父亲死亡，其生母万某 1992 年初经人介绍与甲村七组村民 57 岁的单身汉张某认识，两人交往一段时间后于同年 3 月公开举行了婚礼，然后就在张某婚前个人建造的两间房屋内以夫妻名义同居生活，但一直未办理结婚登记。在万某与张某共同生活期间，吴某帮助张某耕种责任田，并对两位老人生活上给予照料和帮助，尽了赡养、扶助义务。2002 年 12 月万某去世后，吴某仍然继续对张某尽赡养、照料义务。2005 年 1 月，甲村村委会为无儿无女的 70 岁的张某办理了“五保”手续。在“五保”期间，张某共领取了 3000

元的“五保费”和优先发放给“五保户”的150元救济款。此外，甲村村委会还以其他形式给予张某一定的帮助和照料。2010年1月，张某去世，甲村村委会用张某的存款办理了张某的丧事，然后，以8000元的价格将张某遗留的两间房屋出售给了他人。

吴某以自己与张某事实上已形成了继父子间的扶养关系，且该两间房屋为其父母的遗产为由，向甲村村委会索要售房款未果，遂向人民法院起诉，要求甲村村委会返还应由其继承的8000元售房款。

请问：本案应如何处理?

6. 对“五保户”尽了扶助义务的邻居，是否有权请求酌情分得遗产?

某村村民孟玲父母双亡，丈夫早逝，未生育子女，也无兄弟姐妹等其他近亲属，是村里的“五保户”。2007年春节后，孟玲突患重病，生活不能自理。邻居王英平素与孟玲关系较好。当她得知孟玲患病后，便主动把孟玲接到自己家中，服侍照料。2009年5月，孟玲去世，留有一间房屋和一些衣物、家具等遗产。孟玲的侄子前来主张继承。村委会干部认为“五保户”孟玲的全部遗产应归村集体所有。孟玲的邻居王英则认为，她在孟玲生前对其照料较多，应当有权请求酌情分得部分遗产。但孟玲的侄子却认为，只有自己才是孟玲的亲属，应由其一个人继承死者的全部遗产。

请问：孟玲的遗产应如何处理?

第七单元

涉及少数民族、华侨、港澳台同胞的婚姻家庭继承案例

相关主要法律、法规链接：

2001年修正后的《婚姻法》

第五十条　民族自治地方的人民代表大会有权结合当地民族婚姻家庭的具体情况，制定变通规定。自治州、自治县制定的变通规定，报省、自治区、直辖市人民代表大会常务委员会批准后生效。自治区制定的变通规定，报全国人民代表大会常务委员会批准后生效。

1985年《继承法》

第三十五条　民族自治地方的人民代表大会可以根据本法的原则，结合当地民族财产继承的具体情况，制定变通的或者补充的规定。自治区的规定，报全国人民代表大会常务委员会备案。自治州、自治县的规定，报省或者自治区的人民代表大会常务委员会批准后生效，并报全国人民代表大会常务委员会备案。

示范案例一

如何处理少数民族婚姻当事人的重婚问题？

1993年12月5日，居住在四川马边自治县的一对彝族表兄妹，某甲，男，21岁，某乙，女，18岁，按照当地的习俗举行了婚礼，结为夫妻关系，但一直未办理结婚登记手续。1995年某乙生一女孩，某甲对某乙生女孩甚感不满，要求某乙再为他生一男孩。但某乙因生育时难产，差点性命难保，于是不想再生孩子，并做了绝育手术。从此，某甲与某乙便为此事经常发生矛盾。1997年8月24日，某乙终于忍受不了某甲的打骂，便带着刚满两周岁的女儿离家

出走。同年11月10日，某乙在本县与21岁的汉族青年某丙登记结婚。某甲得知此事后，便找到某乙，要求某乙回家，某乙不从。2002年6月10日，某甲以某乙重婚为由向人民法院提起诉讼，要求解除某乙与某丙的婚姻关系。

请问：某乙与某丙是否构成重婚？某乙与某丙的婚姻是否有效？

分析意见

此案涉及民族婚姻问题。民族婚姻是指少数民族之间、少数民族与汉族之间以及少数民族在本民族内的婚姻，包括结婚、离婚和复婚。由于民族婚姻具有鲜明的传统习俗性和特殊性，所以不能完全按照《婚姻法》的有关规定执行。《婚姻法》第50条规定："民族自治地方的人民代表大会有权结合当地民族婚姻家庭的具体情况，制定变通规定。"据此，新疆、西藏、宁夏、内蒙古四个自治区，先后颁行了施行《婚姻法》的变通条例或补充规定，一些自治州、自治县也先后颁行了变通或补充规定。马边彝族自治县人大常委会于1991年11月27日通过了《马边彝族自治县施行〈中华人民共和国婚姻法〉的补充规定》（以下简称《马边自治县施行婚姻法的补充规定》），并于1992年9月26日经四川省人大常委会批准生效。对民族婚姻一般有以下变通或补充规定：

其一，适当降低法定婚龄。我国《婚姻法》规定的法定婚龄偏高，在少数民族地区难以执行，所以各少数民族地区的变通或补充规定一般都把《婚姻法》规定的法定婚龄降低了两岁。马边自治县施行婚姻法的补充规定第5条规定："结婚年龄，男子不得早于二十周岁，女子不得早于十八周岁。"

其二，提倡三代以内的旁系血亲不结婚。我国少数民族居住地区大多交通不便，人口稀少，因而长期盛行近亲通婚，表兄弟姐妹结婚是许多少数民族的习惯。对中表婚问题，少数民族地区的变通或补充规定采取了两种态度，一种是严格执行《婚姻法》的规定，禁止中表婚。如新疆维吾尔自治区执行《婚姻法》的补充规定第3条规定："禁止三代以内的旁系血亲结婚。"另一种是提倡三代以内的旁系血亲不结婚。如内蒙古自治区执行《婚姻法》的补充规定第4条规定："大力提倡三代以内的旁系血亲不结婚。"《马边自治县施行婚姻法的补充规定》第6条规定："禁止直系血亲结婚，不许三代以内的旁系血亲结婚。"

其三，坚持结婚、离婚必须履行法律手续。在少数民族地区，由于传统习俗的影响，一些民众在婚姻问题上仍然是"从俗不从法，"男女青年只要按当地民族习俗确立婚姻关系后，双方都不能反悔。这给《婚姻法》的施行带来了相当大的难度，造成了许多事实婚姻的存在。为了严格贯彻实施《婚姻法》的规定，各少数民族地区的变通或补充的规定大多规定，结婚、离婚必须履行法律手续。《马边自治县施行婚姻法的补充规定》第8条规定："结婚、离婚、复婚必须严格履行法律手续。"

其四，民族自治地方执行婚姻法的变通或补充规定的适用范围。对于该范围，各民族自治地方的规定不尽相同。新疆、西藏、宁夏、内蒙古四个自治区规定只适用于本自治区的少数民族；循化、化隆、孟连、沧源等自治县规定只适用于本地区少数民族中的一般群众，双方都是国家职工的，按《婚姻法》的规定执行，甘孜、阿坝、凉山等自治州规定既适用本州的少数民族，也适用与少数民族结婚的汉族。《马边自治县施行婚姻法的补充规定》第12条规定："本补充规定适用于自治县内的彝族、其他少数民族以及与少数民族结婚的汉族。"

其五，强调维护非婚生子女的合法权益。我国有的少数民族，对非婚生子女习惯上由生母抚养，生父不负担任何抚养义务。为了保障非婚生子女的合法权益，民族自治地方的变通或补充规定大多规定，对非婚生子女生活费和教育费的负担，应按《婚姻法》的规定执行，改变全由生母负担的习惯。《马边自治县施行婚姻法的补充规定》对此未作规定。凡未作变通规定的，均应按《婚姻法》的规定执行。

就本案而言，根据《马边自治县施行婚姻法的补充规定》，并结合《婚姻法》以及司法解释的相关规定，某乙与某丙不构成重婚，某乙与某丙的婚姻合法有效。主要理由如下：

第一，某甲与某乙之间既未成立法律婚姻，也未成立事实婚姻，所以某乙与某丙既不能构成法律重婚，也不能构成事实重婚。根据《婚姻法》以及《马边自治县施行婚姻法的补充规定》，不许三代以内的旁系血亲结婚，结婚必须履行法律手续，即必须进行结婚登记。而本案中，某甲与某乙是表兄妹，不符合结婚条件，又未办理结婚登记手续。所以某甲与某乙之间的关系不构成法律上的婚姻。在我国，按照司法解释的规定，事实婚姻是指在法定时间范围内，符合结婚实质要件的男女，未进行结婚登记，即以夫妻关系同居生活，群众也认为是夫妻关系的两性结合。根据2001年12月《最高人民法院关于适用〈中华人民共和国婚姻法〉若干问题的解释（一）》的规定，1994年2月1日民政部《婚姻登记管理条例》公布实施以前，男女双方已经符合结婚实质要件的，按事实婚姻处理。在本案中，某甲与某乙由于是表兄妹，违反了《婚姻法》以及《马边自治县施行婚姻法的补充规定》中的结婚的实质要件，所以某甲与某乙之间不构成事实婚姻。既然某甲与某乙之间既未成立法律婚姻，也未成立事实婚姻，所以，某乙与某丙既不能构成法律重婚，也不能构成事实重婚。某乙与某丙的婚姻为合法婚姻。

第二，某乙与某丙结婚符合结婚的实质要件与形式要件，其婚姻有效。本案中，虽然某丙为汉族，但是根据《马边自治县施行婚姻法的补充规定》第12条的规定，与本地区少数民族结婚的汉族同样适用该补充规定。某丙结婚时已满21周岁，达到了少数民族地区的变通规定的法定婚龄，在其他方面也没有违背《婚姻法》的规定，完全符合结婚的实质要件和形式要件，所以某乙与某丙的结婚登记，其婚姻为合法婚姻。

第三，关于子女的抚养问题，某甲与某乙所生之女为非婚生子女，根据《婚姻法》的规定，非婚生子女享有与婚生子女同等的权利……不直接抚养非婚生子女的生父或生母，应当负担子女的生活费和教育费，直至子女能独立生活为止。因此，某甲应承担其女儿的生活费和教育费，具体数额由双方协商，协商不成，由人民法院判决。

示范案例二

双方当事人户籍均在香港，离婚案件应由何地法院受理？

原告秦强为香港居民，与被告吴丽经人介绍于1990年11月按民俗举行婚礼，于1991年8月在福建省A市补办结婚登记手续。婚后感情尚好，生育一男一女，两子女随被告在晋江某地生活。2002年8月，被告吴丽以会夫为由获准携两子女在香港定居。原、被告在共同生活期间，未能妥善处理夫妻关系而产生纠纷，造成双方于2004年10月开始分居生活，原告秦强据此于2005年8月向A市某人民法院提起离婚诉讼。2005年12月25日，A市某人民法院以原告与被告实际分居时间较短，夫妻感情尚未破裂为理由，判决不准原告秦强与被告吴丽离婚。2009年1月4日，原告秦强再次向A市某人民法院提起离婚诉讼，诉称：与被告吴丽婚后感情一般，经常产生纠纷，并于2004年10月开始分居生活。2005年8月向A市某人民法院提起离婚诉讼，被判决不准离婚。判决之后，双方仍分居至今，夫妻已无和好可能，感情确已破裂，故再次提起诉讼，请求判决准予离婚，子女由原告抚养。

被告吴丽在答辩中提出管辖权异议，称导致夫妻感情破裂的原因是原告的重婚行为。本诉讼案并非一般普通离婚案，它涉及在港的重婚问题，在香港可一并审理。离婚案的双方当事人及其子女户籍、生活均在香港，应由被告所在地法院受理，以香港法例解决较为实际；双方婚姻关系存续期间拥有的共有房屋、物业等，大部分在港、澳，在香港诉讼较为方便；现已向香港法援处申请离婚，且被接受交法院进行排期。请求将该案交由香港法院受理。

A 市某人民法院对吴丽的管辖权异议，经审查认为：原告秦强与被告吴丽的婚姻缔结地在福建省 A 市，本院对该案具有管辖权。依照《民事诉讼法》第 38 条之规定，该院于 2009 年 8 月 12 日作出裁定：驳回被告吴丽对本案管辖权提出的异议。

被告吴丽不服一审裁定，向 A 市中级人民法院提出上诉，诉称：虽然双方婚姻缔结地在福建晋江，但双方及婚生子女长期居住在香港，双方在婚姻关系存续期间的财产大部分在港、澳，同时香港法院已接受上诉人的离婚申请。请求中级人民法院撤销 A 市某人民法院民事裁定，由香港法院对本案行使管辖权。

A 市中级人民法院经审查认为：上诉人与被上诉人的婚姻缔结地虽然在 A 市，但双方及其子女均居住在香港，且大部分的夫妻共同财产也在香港，为便利当事人诉讼和今后执行，本案应由当地法院管辖为宜，上诉人吴丽上诉的理由可以成立，原审裁定驳回吴丽对本案管辖权提出的异议不当。依照 2007 年修正后的《民事诉讼法》第 153 条的规定，该院于 2009 年 11 月 4 日作出裁定：撤销 A 市某人民法院民事裁定，本案由当事人直接向香港法院起诉。

请问：二审法院的裁定是否正确，为什么？

分析意见

根据我国 2007 年修正后的《民事诉讼法》关于地域管辖以及涉外民事诉讼管辖的规定以及最高人民法院有关司法解释，涉港澳台同胞的离婚管辖的确定，有以下几种情况：

第一，双方原在我国内地结婚，现一方居住在港、澳特别行政区，另一方居住在内地，提起离婚诉讼，由原告住所地或者经常居住地人民法院管辖；港、澳一方向港、澳地区法院提起离婚诉讼，内地一方向人民法院起诉的，受诉人民法院有权管辖。

第二，居住港、澳一方当事人向港、澳特别行政区法院起诉离婚的，该法院作出离婚的判决，只要不违反我国内地法律的基本精神，且双方当事人均无异议的，该判决对双方均有拘束力；如该判决要在内地执行的，须由港、澳特区法院按我国2007年修正后的《民事诉讼法》的有关规定，委托内地人民法院协助执行。

第三，涉台离婚案件的管辖，一般应以原告住所地或者居所地法院作为管辖法院。下列三类案件，均由原告住所地或者居所地人民法院管辖：一是大陆的一方要求与在台湾地区的另一方离婚的案件；二是大陆的一方与在台湾地区的另一方分离后未办理离婚手续，一方或者双方分别在大陆和台湾地区再婚的，如果其中一方当事人（大陆一方）提出与原配偶离婚的案件；三是回大陆定居的一方要求与在台湾地区的另一方离婚的案件。

第四，凡是内地人民法院享有管辖权的案件，港、澳特别行政区法院对该案的受理，并不影响当事人就同一案件向内地法院起诉；但是否受理，内地法院应视案件的具体情况作出决定。根据1998年《关于人民法院认可台湾地区有关法院民事判决的规定》，案件虽经台湾地区有关法院判决，但当事人未申请认可，而是就同一案件事实向内地人民法院提起诉讼的，应予受理。

如果涉港、澳、台婚姻的当事人的结婚登记不是在内地办理，当事人在内地提起离婚诉讼的，对于来自香港、澳门、台湾地区的结婚登记注册证书，也要履行相关的公证、认证手续。以香港为例，该结婚注册证书，要经司法部委托的香港公证律师进行查证，后出具蜡封的公证文书，再加中国法律香港服务公司的转递章后，才可有效地在中国内地法院使用。

需要指出的是，我国最高人民法院2001年《关于民事诉讼证据的若干规定》第11条规定："当事人向人民法院提供的证据是在香港、澳门、台湾地区形成的，应当履行相关的证明手续。"具体方法是，在内地无住所的香港当事人从内地以外寄交或者托交的有关诉讼材料，需经我国司法部委托的香港律师公证；在内地无住所的澳门当事人从内地寄交或者托交的有关诉讼材料，应盖有中国法律服务（澳门）有限公司证明事务专用章。在我国内地无住所的台湾地区当事人从台湾地区寄交或者托交的有关诉讼材料，应当经台湾当地的公证机构或者其他部门、民间组织、律师出具证明，个人可以由其工作单位出具证明。此外，台湾地区的当事人也可以通过香港、澳门当事人采用的办法办理公证事宜。

港、澳、台地区诉讼文书认定的事实对内地人民法院一般不具有预决的效力。但当事人对已为人民法院认可的台湾地区有关法院做出的民事判决所认定的事实无须举证。但如果对方当事人有相反证据足以推翻该判决所确认的事实的，则不能免除当事人的举证责任。对于香港、澳门地区法院的诉讼文书确认的事实，亦照此原则办理。

就本案而言，在审理过程中主要涉及以下两个问题：

第一，香港居民到内地进行离婚诉讼，内地人民法院是否可以立案受理？最高人民法院1984年4月14日（84）法民字第3号《关于原在内地登记结婚后双方均居住香港，现内地人民法院可否受理他们离婚诉讼的批复》规定："对于夫妻双方均居住在港澳的同胞，原在内地登记结婚的，现在发生离婚诉讼，如果他们向内地人民法院请求，内地原结婚登记地或原户籍地人民法院可以受理。"这是最高人民法院对港澳同胞离婚诉讼特殊管辖所作的规定。原告秦强与被告吴丽的婚姻缔结地是在福建晋江，两婚生子女均在晋江出生并生活过一段时间，现原、被告及其子女均居住香港，符合最高人民法院上述司法解释所指的情形，而且原、被告双方于2005年间曾在A市某法院进行离婚诉讼，当时法院判决不准离婚。因此，此次原告再次向A市某法院提起离婚诉讼，A市某人民法院予以立案受理，是符合最高人民法院上述规定的。

第二，本案被告吴丽提出案件由香港法院受理的诉讼请求，人民法院应否予以支持？2007年修正后的《民事诉讼法》第22条规定："对公民提起的民事诉讼，由被告住所地人民法院管辖；被告住所地与经常居住地不一致的，由经常居住地人民法院管辖。"亦即在案件管辖上一般实行原告就被告的原则。1990年通过、1997年施行的《中华人民共和国香港特别行政区基本法》对香港的司法制度和终审权作了规定。根据法律规定的原则，对涉及香港居民案件的管辖，应遵循方便当事人诉讼，有利于民事争议解决和相互尊重，充分协商，不争管辖，便利争议解决的原则。就本案而言，被告吴丽于2009年1月在有效期限内提交的答辩状中向内地受诉法院提出管辖异议，认为双方虽然婚姻缔结地在福建，但双方当事人及其子女户籍、生活均在香港，应由被告所在地法院受理，在香港诉讼较为方便；在该婚姻关系期间拥有的共同房屋、物业等，大部分在港澳之间，以香港法例解决较为实际；且其已向港方法援处申请离婚，并被接受交当地法院排期。请求该案由香港法院受理。

本案二审法院鉴于当事人双方及其子女均在香港，夫妻大部分共同财产也在港澳地区，从有利于公正审理，保护当事人合法权益，便利当事人依法行使诉讼权利，便利法院依法进行审理和判决执行等原则出发，认为本案应由香港当地法院管辖为宜。被告吴丽的诉讼请求之理由可以成立，应予支持。而且本案诉讼一方当事人提出管辖异议，要求该案由香港法院审理，这与最高人民法院上述司法解释的"……现在发生离婚诉讼，如果他们（应理解为双方）向内地人民法院请求"的条件不符。因此，二审法院的裁定是正确的。

示范案例三

如何处理海峡两岸同胞的重婚问题?

张恒（女）与台湾地区台北市人李帆（男）于1952年1月在福建省A市结婚，婚后夫妻感情甚好。1953年生有一子，取名为李建国，1954年又生一女，取名为李建英。1958年2月，李帆因故去台湾地区，此后音讯全无。张恒便独自一人承担起抚养两个小孩的重任。1965年，李帆在台湾地区取得永久居留权后又与王园结婚，并生育儿女。1993年2月，王园因车祸死亡。2004年春，李帆回大陆探亲，并与张恒住在一起。然而，由于两人长期分居后现在的生活习惯很不相同，又加上张恒成天骂李帆是薄情郎，几十年都不回来看她，两个子女也想方设法向其索要钱财，李帆忍无可忍，于2006年1月返回台湾地区。2007年2月，张恒向人民法院提出与李帆离婚，并要求李帆补偿两个孩子的抚养费及教育费。

请问：本案是否按离婚案件处理？李帆是否应补偿两个孩子的抚养费和教育费?

分析意见

本案是一起涉台离婚案件。涉台婚姻中的台湾同胞，是指居住在台湾地区或者在台湾地区出生现居住在国外或港澳地区的具有中国国籍的人。已加入外国国籍的台胞按外籍华人对待；对在国外取得永久居住权的台胞按华侨对待；已在港澳地区取得永久居住权的台胞按港澳同胞对待。

对于涉台离婚案件，由于涉及特殊的历史原因，在处理时应充分考虑海峡两岸人民长期分离的实际情况，从有利于稳定现有婚姻家庭关系的现状出发，根据内地2001年修正后的《婚姻法》规定的一夫一妻制的基本原则，结合实际情况进行处理。根据1988年4月16日民政部、司法部《关于去台人员与其留在大陆的配偶之间婚姻关系处理意见的通知》，以及1988年8月9日最高人民法院在第一次新闻发布会上《关于人民法院处理涉台民事案件的几个法律问题》中所指出的精神，处理此类婚姻纠纷应掌握如下原则：

第一，海峡两岸配偶双方分离后，未办离婚手续且均未再婚的，承认其婚姻关系存续。

第二，双方分离后，留在大陆的一方提出离婚，已经人民法院判决离婚，不论对方是否接到判决书，人民法院的判决都是有效的。如果双方均未再婚，现请求恢复婚姻关系的，人民法院可用裁定撤销原来的判决，宣告婚姻关系恢复。

第三，双方分离后，去台湾地区的一方依照台湾地区有关法律与留在大陆的一方解除了婚姻关系，但双方均未再婚，现双方自愿恢复婚姻关系，可承认其婚姻关系存续。

第四，双方分离后，一方或者双方已经再婚，且其再婚配偶健在的，如双方自愿恢复与原配偶的婚姻关系，应按照一夫一妻制的原则，先与再婚配偶解除婚姻关系后，才可以与原配偶重新办理结婚登记。

第五，双方分离后，大陆的一方未办理离婚手续，又与他人结婚或者长期与他人以夫妻关系同居生活的，原则上承认这种婚姻关系。

第六，双方分离后，未办理离婚手续，一方或者双方分别在大陆和台湾地区再婚的，对于这种由于特殊原因形成的婚姻关系，不以重婚对待。当事人不告诉，人民法院不主动干预。如果其中一方提出与其配偶离婚，应当按照离婚案件受理。

从本案的案情看，属于第六种情形。对于李帆在台湾地区重婚的行为，由于是在特殊时期形成的，当事人张恒不告诉，人民法院不主动干预。现张恒提出与李帆离婚，人民法院应当按照离婚案件受理。

关于对子女的抚养问题，由于海峡两岸长期隔离，客观上使去台人员不能对其留在大陆的子女履行抚养的义务。去台的一方回大陆后，大陆一方向其索要已成年子女过去的抚养费用的，对这种请求人民法院原则上不予支持。因为支付子女的抚养费，是为了保证未成年子女的生活，如果子女已经成年，就没有实际支付的必要了。抚养子女是夫妻双方的义务，夫妻双方都在，由夫妻双方共同抚养；一方由于特殊原因未与子女共同生活或者无力尽抚养义务，则由另一方独立承担此义务。因此，大陆的一方已经尽了全部抚养义务的，不能向对方主张追索抚养费。本案中，李帆去台湾以后，由于客观上的原因，使李帆不能对其留在大陆的子女履行抚养义务，现子女都已成年，没有实际支付的必要，所以，对张恒要求李帆补偿两个孩子的抚养费及教育费的主张，人民法院依法应不予支持。

讨论案例

1. 华侨回国收养子女应当具备哪些条件及履行哪些法定手续？

马某（男）与冯某（女）从小青梅竹马，在读高中时两人开始谈恋爱，

2004 年两人同时考入某大学，他们之间的感情更为深厚。2008 年两人又以优秀的成绩毕业，并同时考入美国某大学研究生院继续深造。研究生毕业以后，便结婚定居在美国，并获得永久居住权，但未加入美国国籍。结婚数年，两人事业有成，夫妻感情甚好，但不幸的是，冯某因生理原因不能生育子女。于是，马某与冯某想回国收养一名中国孩子，但他们不知道怎样办理收养手续。

请问：马某与冯某回国内收养子女，应当具备哪些条件？应当在哪个机关办理收养登记？

2. 少数民族习惯不允许与汉族通婚，当事人坚决要求结婚的，婚姻登记机关可否为其办理结婚登记？

2007 年，某林业学院毕业的赵某（男，汉族，1984 年生），被分配到云南某林区工作，当地居民都是少数民族。不过，赵某早有思想准备，而且他十分热爱森林，所以他准备在此大干一番事业。一年以后，赵某与当地一位少数民族姑娘恋爱，但女方的父母知道了此事，坚决反对他们恋爱，因为根据女方民族习惯，是不允许本民族男女与外族男女通婚的。尽管如此，赵某仍与这位姑娘继续谈恋爱，2009 年元月，两人到婚姻登记机关申请办理结婚登记。

请问：婚姻登记机关应否为其办理结婚登记？

3. 香港同胞在内地死亡，如何确定遗产继承案件的管辖权与准据法？

杜秋明在香港经营服装买卖，其资产达 400 万港币。1999 年，杜秋明来到深圳投资 20 万元兴建了一座服装厂，并由大儿子负责经营。2005 年 1 月，杜秋明在深圳认识了一位年轻貌美的胡月兰。不久，杜秋明便与胡月兰经常出双入对。2006 年 12 月，杜秋明回香港与妻子离婚后，2007 年 2 月与胡月兰在内地办了结婚登记手续，并定居在深圳。香港的服装买卖则交给他的其他两个儿子和一个女儿经营。2010 年 2 月，杜秋明因病在深圳死亡。由于香港的法律有为妻子保留特殊份额的规定，杜秋明的三个儿子和一个女儿要求按内地的法律分割父亲的遗产，而胡月兰知道后坚决要求适用香港的法律。

请问：该案应由香港法院还是深圳法院管辖？如果当事人向深圳法院起诉，如何适用两地的法律？

4. 台湾地区居民与内地居民在内地离婚，应如何处理财产纠纷？

2009 年 1 月，台胞某甲（男）从台湾地区回四川某县探亲。在探亲期间与该县某乙（女）认识，双方于 3 月 10 日在该省民政部门办理了结婚登记后，某甲出资 10 万元在该县购得单元楼一套，并赠送某乙价值 2 万元的金银首饰一套。婚后双方经常为经济问题发生争执，夫妻关系日益恶化。2010 年 5 月，某乙向内地某县人民法院提出起诉与某甲离婚，并要求对某甲出资购买的房屋按夫妻共同财产分割。经法院调解，某甲同意离婚，但认为房屋为自己出资购买，应为自己的个人财产，不同意按夫妻共同财产进行分割，并要求某乙返还金银首饰。某乙则认为金银首饰是某甲赠送的，应归自己所有。

请问：本案应如何处理？

第八单元

涉外婚姻、涉外继承、涉外收养案例

相关主要法律、法规链接：

1985 年《继承法》

第三十六条　中国公民继承在中华人民共和国境外的遗产或者继承在中华人民共和国境内的外国人的遗产，动产适用被继承人住所地法律，不动产适用不动产所在地法律。

外国人继承在中华人民共和国境内的遗产或者继承在中华人民共和国境外的中国公民的遗产，动产适用被继承人住所地法律，不动产适用不动产所在地法律。

中华人民共和国与外国订有条约、协定的，按照条约、协定办理。

《民法通则》

第一百四十七条　中华人民共和国公民和外国人结婚适用婚姻缔结地法律，离婚适用受理案件的法院所在地法律。

现行《收养法》

第二十一条　外国人依照本法可以在中华人民共和国收养子女。

外国人在中华人民共和国收养子女，应当经其所在国主管机关依照该国法律审查同意。收养人应当提供由其所在国有权机构出具的有关收养人的年龄、婚姻、职业、财产、健康、有无受过刑事处罚等状况的证明材料，该证明材料应当经其所在国外交机关或者外交机关授权的机构认证，并经中华人民共和国驻该国使领馆认证。该收养人应当与送养人订立书面协议，亲自向省级人民政府民政部门登记。

收养关系当事人各方或者一方要求办理收养公证的，应当到国务院司法行政部门认定的具有办理涉外公证资格的公证机构办理收养公证。

2007 年修正后的《民事诉讼法》

第二十三条　下列民事诉讼，由原告住所地人民法院管辖；原告住所地与经常居住地不一致的，由原告经常居住地人民法院管辖：

（一）对不在中华人民共和国领域内居住的人提起的有关身份关系的

诉讼；

（二）对下落不明或者宣告失踪的人提起的有关身份关系的诉讼；

（三）对被劳动教养的人提起的诉讼；

（四）对被监禁的人提起的诉讼。

第三十四条　下列案件，由本条规定的人民法院专属管辖：

（一）因不动产纠纷提起的诉讼，由不动产所在地人民法院管辖；

（二）因港口作业中发生纠纷提起的诉讼，由港口所在地人民法院管辖；

（三）因继承遗产纠纷提起的诉讼，由被继承人死亡时住所地或者主要遗产所在地人民法院管辖。

示范案例一

涉外离婚诉讼的管辖权如何确定？

2006 年初，中国公民郝爽自费到美国留学。留学期间与英国留学生克鲁克·杰尔相识相恋，2008 年初两人在美国举行了婚礼。但婚后不久，郝爽发现由于观念和生活习惯不同，两人很难相处，克鲁克·杰尔还有酗酒的恶习，两人多次争吵后分居。2009 年底，郝爽返回其在中国的住所地上海，并准备诉请和克鲁克·杰尔离婚。

请问：郝爽应向中国、美国还是英国法院提起离婚诉讼？其离婚应适用哪国法律？

分析意见

本案主要涉及涉外离婚诉讼的管辖权问题和法律适用问题。

第一，离婚诉讼属于民事诉讼的一种。民事诉讼中地域管辖的一般原则是“原告就被告”，即由被告住所地人民法院管辖。但在特殊情况下，也适用“被告就原告”的原则。我国 2007 年修正后的《民事诉讼法》第 23 条规定：对不在中华人民共和国领域内居住的人提起的有关身份关系的诉讼，由原告经常居住地人民法院管辖；原告住所地与经常居住地不一致的，由原告经常居住地人民法院管辖。本案中，郝爽作为原告，对不在中国领域内居住的配偶提起离婚之诉，应当依法向中国法院提起离婚诉讼。

第二，我国《民法通则》第 147 条对涉外离婚适用法律问题亦有明确规定，即中华人民共和国公民和外国人离婚适用受理案件的法院所在地法律。据此，受理案件的中国法院应适用中国法律审理郝爽和克鲁克·杰尔的离婚诉讼。

示范案例二

外国人收养中国儿童应符合哪些条件和程序？

汤姆森夫妇是美国人，他们本有一个可爱的儿子，但不幸的是，其儿子刚满3岁那年，因坠机事故不幸身亡。汤姆森夫妇悲痛欲绝，为了减轻对儿子的相思之苦，在儿子死去的第二年，汤姆森夫妇便离开美国，来到中国某大学从事外教工作。现在，十多年过去了，汤姆森夫妇丝毫未减轻对儿子的思念之情，于是便萌发了收养孩子的念头。在2009年5月的一个清晨，在汤姆森夫妇居住的外教楼的花园里，人们发现了一个被丢弃的女婴以及一张写着女婴出生年月的纸条。汤姆森夫妇闻讯赶来，将小孩抱回家中喂养。但没过几天，派出所知道了此事，便来到了汤姆森家中，告诉汤姆森说："现在你们还暂时不能收养该弃婴，必须在查找不到弃婴生父母的情况下，你们才能收养，而且还要按法律规定的条件和程序办理收养手续。"汤姆森夫妇不知道外国人收养中国儿童应符合哪些条件和程序，便来到律师事务所咨询。

请问：外国人收养中国儿童应符合哪些条件和程序？

分析意见

本案主要涉及涉外收养的条件和程序问题。涉外收养包括两种情形：一是外国人收养中国公民的子女；二是中国人收养外国公民的子女。就目前而言，我国的涉外收养主要是指外国人收养中国公民的子女。我国现行《收养法》第21条第1款规定："外国人依照本法可以在中华人民共和国收养子女。"1999年5月25日发布实施的《外国人在中华人民共和国收养子女登记办法》对外国人在中国境内收养子女的条件和程序作了规定。

对于在中国境内办理涉外收养的条件，1999年《外国人在中华人民共和国收养子女登记办法》第3条规定："外国人在华收养子女，应当符合中国有关收养法律的规定，并应当符合收养所在国有关收养法律的规定；因收养人所在国法律的规定与中国法律的规定不一致而产生的问题，由两国政府有关部门协商处理。"就本案而言，汤姆森夫妇在中国收养子女，既要符合我国现行

《收养法》规定的实质要件，包括被收养人的条件、收养人的条件以及送养人的条件，又要符合美国有关收养的法律规定。如果美国法律的规定与中国法律的规定不一致产生法律冲突问题，可以由两国政府有关部门协商处理。

对于中国境内办理涉外收养的程序，根据我国现行《收养法》第21条第2、3款以及1999年《外国人在中华人民共和国收养子女登记办法》第4条的规定，主要包括：

第一，外国人须向中国政府委托的收养组织提出收养申请。外国人在华收养子女，应当通过所在国政府或者政府委托的收养组织向中国政府委托的收养组织转交收养申请书并提交收养人的家庭情况报告和证明。这些报告和证明须经收养人经常居住地国公证机构或者公证人公证，并经其经常居住地国外交部或者外交部授权的机构及我国驻该国使馆或领馆认证，主要包括以下文件：(1) 跨国收养申请书；(2) 出生证明；(3) 婚姻状况证明；(4) 职业、经济收入和财产状况证明；(5) 身体健康检查证明；(6) 有无受过刑事处罚的证明；(7) 收养人所在国主管机关同意其跨国收养子女证明；(8) 家庭情况报告，包括收养申请人身份、收养的合格性和适当性、家庭状况和病史、收养动机以及适合于照顾儿童的特点。

在华工作或者学习连续居住一年以上的外国人在华收养子女，应当提交前述除身体健康检查证明以外的文件，并应当提交在华所在单位或者有关部门出具的婚姻状况证明，职业经济收入或者财产状况证明，有无受过刑事处罚的证明以及县级以上医疗机构出具的身体健康检查证明。

第二，送养人应当向省、自治区、直辖市人民政府民政部门提交有关证明材料。送养人应当向省、自治区、直辖市人民政府民政部门提交本人的居民户口簿和居民身份证（社会福利机构做送养人的，应当提交负责人的身份证件）、被收养人的户籍证明等情况证明，并根据不同情况提交下列有关证明：(1) 被收养人的生父母为送养人的，应当提交生父母有特殊困难无力抚养的证明和生父母双方同意送养的书面意见。(2) 被收养人的监护人做送养人的，应当提交被收养人的父母不具备完全民事行为能力且对被收养人有严重危害的证明或者生父母死亡证明以及监护人有监护权的证明，以及其他有抚养义务的人同意送养的书面意见。(3) 由社会福利机构做送养人的，应当提交弃婴、儿童被遗弃和发现的情况证明以及查找其父母或其他监护人的情况证明；被收养人是孤儿的，应当提交孤儿父母的死亡证明，以及有抚养孤儿义务的其他人同意送养的书面意见。

第三，中国收养组织向外国人发出来华收养子女通知书。省、自治区、直辖市人民政府民政部门应当对送养人提交的证件和证明材料进行审查，对查找不到生父母的弃婴和儿童公告查找其生父母。认为被收养人、送养人符合收养法规定条件的，将符合收养法规定的被收养人、送养人名单通知中国收养组织。中国收养组织对外国收养申请和有关证明进行审查后，应当在省、自治区、直辖市人民政府民政部门报送的符合收养法规定条件的被收养人中，参照外国收养人的意愿，选择适当的被收养人，并将该被收养人及其送养人的有关情况通过外国政府或者外国收养组织送交外国收养人。外国收养人同意收养的，中国收养组织向其发出来华收养子女通知书，同时通知有关的省、自治区、直辖市人民政府民政部门向送养人发出被收养人已被同意收养的通知。

第四，办理收养登记手续。外国人来华收养子女，应当与送养人订立书面收养协议。书面协议订立后，收养关系当事人应当到被收养人常住户口所在地的省、自治区、直辖市人民政府民政部门办理收养登记，办理收养登记时，应当填写外国人来华收养子女登记申请书并提交收养协议，同时分别提供以下材料：（1）收养人应当提供中国收养组织发出的来华收养子女通知书以及收养人的身份证件和照片；（2）送养人应提供省、自治区、直辖市人民政府民政部门发出的被收养人已被同意收养的通知以及送养人的居民户口簿和居民身份证（社会福利机构做送养人的，为其负责人的身份证件）、被收养人的照片。收养登记机关收到外国人来华收养子女登记申请书和收养人、被收养人及其送养人的有关材料后，应当自次日起7日内进行审查，对符合规定的，为当事人办理收养登记，发给收养登记证书。收养关系自登记之日起成立。

就本案而言，汤姆森夫妇首先应将该弃婴交给社会福利机构抚养，然后，通过美国政府或美国政府委托的收养组织向中国政府委托的收养组织转交收养申请并提交上述家庭情况报告的证明。抚养该弃婴的社会福利机构作为送养人应当向省、自治区、直辖市人民政府民政部门提交上述相关证明材料，审查符合法律规定的，中国收养组织可以向汤姆森夫妇发出来华收养子女通知书，同时通知有关的省、自治区、直辖市人民政府民政部门向抚养该弃婴的社会福利机构发出被养人已被同意收养的通知。最后，汤姆森夫妇才可与抚养该弃婴的社会福利机构共同去办理涉外收养登记手续。

示范案例三

外国人在中国死亡，其遗产继承案件应由哪国法院受理？

2000年1月，日本人小泽一郎来上海经商，与上海女青年杨敏结识后，于2001年10月结婚并定居在上海。2004年3月，两人生有一子，中文名叫杨锐。2010年3月20日，小泽一郎不幸去世，其父母从日本赶到上海为小泽一郎办理丧事后，因继承问题发生纠纷。杨敏认为，按日本法律规定，第一顺序继承人只包括被继承人的子女及其直系卑血亲，不包括被继承人的父母。所以，小泽一郎的全部遗产应由杨锐、杨敏两人继承，其父母无权继承。小泽一郎的父母却认为，小泽一郎死亡时住所地在中国，理应按中国法律处理遗产继承。按照中国1985年《继承法》的规定，被继承人的配偶、子女、父母同为第一顺序继承人，应当共同继承小泽一郎的遗产。双方各执己见，无法达成一致意见。2010年5月，小泽一郎的父母遂向上海市某中级人民法院提起诉讼。杨敏得知此事后，认为由中国法院审理此事会对自己不利，于是便向日本法院提起诉讼。据查，小泽一郎死亡时主要遗产在上海，但是除在上海有房屋和存款以外，在日本还有少量存款。

请问：本案应当如何处理？

分析意见

这是一起涉外继承案件，主要涉及两个方面的法律问题：一是民事诉讼管辖权问题；二是处理涉外继承的准据法问题。

第一，关于本案的管辖权，由于涉外继承案件的管辖直接关系到处理涉外继承案件的结果，因此，许多国家从保护本国公民或者在本国境内的财产利益出发，对涉外继承案件规定了专属管辖。我国2007年修正后的《民事诉讼法》第34条规定："下列案件，由本条规定的人民法院专属管辖……（三）因继承遗产纠纷提起的诉讼，由被继承人死亡时住所地或者主要遗产所在地人民法院管辖。"另外，1992年《适用民事诉讼法意见》第305条规定："依照民事诉讼法第34条和第246条规定，属于中华人民共和国人民法院专属管辖的案件，当事人不得用书面协议选择其他国家法院管辖。"根据此规定，本案属于我国人民法院专属管辖，因为被继承人死亡时住所地和主要遗产所在地都在中国。

在本案中，虽然小泽一郎的父母和杨敏都分别向中国法院和日本法院提起了诉讼，但是由于该案属于我国人民法院专属管辖，所以我国人民法院有权受理此案。另外，小泽一郎的父母在中国起诉的法院也不违反级别管辖的规定。因为，小泽一郎死亡时的经常居住地在上海，根据我国《民法通则》第15条规定："公民以他的户籍所在地的居住地为住所，经常居住地与住所不一致的，经常居住地视为住所”，上海应视为被继承人的住所地。再加上涉外案件应由中级人民法院管辖，所以，小泽一郎的父母向上海市某中级人民法院起诉符合我国关于级别管辖与专属管辖的规定。

第二，关于本案适用的准据法，我国1985年《继承法》第36条对涉外继承的准据法的适用作了如下规定：“中国公民继承在中华人民共和国境外的遗产或者继承在中华人民共和国境内的外国人的遗产，动产适用被继承人住所地法律，不动产适用不动产所在地法律。外国人继承在中华人民共和国境内的遗产或者继承在中华人民共和国境外的中国公民的遗产，动产适用被继承人住所地法律，不动产适用不动产所在地法律。中华人民共和国与外国订有条约、协定的，按照条约、协定办理。”即我国1985年《继承法》对外国人及中国公民继承遗产适用同样的准据法，即不动产适用不动产所在地法，动产适用被继承人住所地法。另外，我国在准据法中不适用反致的规定。

本案被继承人的遗产既有动产又有不动产，对于动产，由于被继承人住所地为中国，所以应按照中国的法律来处理遗产继承，即小泽一郎的父母、杨敏、杨锐四人同为第一顺序继承人，原则上应均等分割其动产。对于不动产，根据不动产适用不动产所在地法律，由于不动产位于上海，所以应适用中国法律并按上述原则分割。

讨论案例

1. 动产遗产在国外的继承案件，能否由中国法院受理？

中国公民某甲，1995年1月去美国谋求职业，2001年2月与一名美国女士某乙结婚，并定居在美国某州某市。2010年2月，某甲在美国不幸去世。据查，某甲在美国有遗产10万美元存款。某乙与某甲在中国的母亲某丙就遗产继承问题发生纠纷。某丙认为在美国打官司肯定对己不利，于是她想在中国法院提起诉讼。

请问：某丙是否可以在中国法院提起诉讼？

2. 中国公民在国外结婚后，可否在中国法院起诉与外国人离婚？

某外国语学院有一女生苏梦，喜欢上网聊天，由于自己是法语系的学生，所以上网多半是进入法国网站的一些聊天室，用不太流利的法语跟外国友人聊天，通过网上聊天，她不但锻炼了自己的法语口语，而且还结交了不少的法国网友。后来，她与一名叫保罗的法国人开始了网恋。1998年6月，她大学毕业后便去了法国。同年9月，她与保罗在法国结婚并定居。2005年2月苏梦生育一女后，保罗开始对她冷淡。2009年5月，苏梦发现保罗与一法国女子有通奸的行为，感到忍无可忍，一气之下带着女儿返回了中国。同年8月，她向国内某地人民法院提起诉讼，要求与保罗离婚，并要求分割婚后保罗在法国的财产，同时还要求保罗负担女儿抚养费的一部分。

请问：国内某地人民法院是否应受理保罗与苏梦的离婚案件？

3. 中国法院是否受理没有离婚制度的外国夫妻离婚案件？

一对菲律宾夫妇某甲（男）与某乙（女），结婚数十年，但两人感情一直不和。两人曾多次想离婚，但菲律宾法律实行禁止离婚主义，无法离婚。2008年初，夫妇俩来中国广州经商，偶听中国商人说，中国法院可以受理外国人与外国人之间的离婚案件，遂向广州市中级人民法院提起离婚诉讼。

请问：广州市中级人民法院能否受理此案？

4. 外国公民与中国公民在中国结婚，应适用哪国法律？

瑞士公民某甲（女），是中国某大学的一名外教。某甲由于长期在中国任教，与其丈夫（居住在瑞士）感情日渐疏远。同时，某甲在某大学任教期间，得到了同事某乙（男）的许多帮助和关心，于是某甲与某乙逐渐成为了一对情侣。2009年7月，某甲向中国某中级人民法院提起离婚诉讼。同年9月，法院判决离婚。2010年1月，某甲与某乙准备向中国某民政部门申请结婚登记。但某甲不知自己是否可以在中国登记结婚，因为根据《瑞士民法典》第103条规定，离婚妇女在离婚后的三百日内禁止再婚。

请问：外国公民在中国申请结婚登记，是否既要符合中国法律又要符合本国法律的规定？

第九单元
婚姻家庭继承法综合案例

示范案例一

收养关系成立后养父母离婚，收养关系该如何处理?

刘强和张月是夫妻，于2004年5月收养一名两岁的弃婴，依法办理收养登记后为其取名刘莹。由于刘强长期在外工作，刘莹一直同张月的母亲王梅生活，张月也时常到母亲处照顾刘莹并按月支付生活费。2006年7月，刘强、张月协议离婚，两人商定刘莹随张月生活。同年9月，张月与吴鹏结婚，刘莹仍与王梅一起生活，张月每月仍支付生活费500元。2010年1月，张月因病死亡，刘强与吴鹏均不愿抚养刘莹，刘强遂与王梅协商，提出以一次性支付5000元为条件解除与刘莹的收养关系。王梅则认为费用太少要求增加，双方发生争议诉讼至法院请求解决。

请问：

1. 刘强与刘莹的养父女关系是否受刘强与张月离婚的影响，为什么?
2. 吴鹏对刘莹有无法定抚养义务? 为什么?
3. 如果刘强与王梅在诉讼中就一次性支付的生活费达成协议，可否解除与刘莹的收养关系，为什么?

分析意见

本案主要涉及收养的效力、收养的解除等问题。

收养，是指通过法律拟制的方法而在本无父母子女关系的人之间创设该关系的法律行为。收养的法律效力则指法律赋予收养行为的强制性约束力。收养行为一经成立，即产生两个方面的法律效力。一为收养的拟制效力，即收养一经合法成立，收养人与被收养人之间即确立养父母子女的身份关系，相互间产生父母子女间的权利和义务关系，且该拟制效力还及于养父母的近亲属和养子女的后代；二为收养的解消效力，指收养关系成立后，养子女与生父母及其近亲属间的权利义务关系，因收养关系的成立而消除。

因为收养关系是一种拟制血亲，可以依一定的条件和程序而解除。我国现行《收养法》规定收养关系的解除有协议解除和诉讼解除两种方式。协议解除的条件有三：第一，双方当事人须有解除收养关系的合意；第二，当事人必须具有完全民事行为能力；第三，夫妻共同收养者，其终止收养亦须夫妻共同解除收养关系。

从本案情况看，刘强与刘莹的依法办理收养登记而成立的合法养父女关系不受养父母离婚的影响。2001 年修正后的《婚姻法》第 26 条规定："养父母和养子女间的权利和义务，适用本法对父母子女关系的有关规定。"2001 年修正后的《婚姻法》第 36 条第 1 款规定："父母与子女间的关系，不因父母离婚而消除。离婚后，子女无论由父或母直接抚养，仍是父母双方的子女。离婚后，父母对于子女仍有抚养和教育的权利和义务。"刘强与刘莹的养父女关系不受刘强与张月离婚的影响。

吴鹏对刘莹无法定抚养义务。2001 年修正后的《婚姻法》第 27 条第 2 款规定："继父或继母和受其抚养教育的继子女间的权利和义务，适用本法对父母子女关系的有关规定。"从本案实际情况看，刘莹一直随养外祖母王梅生活，并未受吴鹏的抚养教育，两人属于直系姻亲关系，故吴鹏对刘莹无法定抚养义务。

刘强不能用协议解除与刘莹的收养关系。即便刘强与王梅在诉讼中就一次性支付的生活费达成协议，也不可以解除与刘莹的收养关系。现行《收养法》第 26 条第 1 款规定："收养人在被收养人成年以前，不得解除收养关系，但收养人、送养人协议解除的除外。"由于王梅是刘莹的养外祖母，刘强是刘莹的养父，两人中任何一方均不是送养人，故双方均不符合协议解除的条件，即使双方达成解除收养关系的协议，民政部门也不能为其办理解除收养登记。

示范案例二

未办理结婚登记以夫妻名义同居，一方要求离婚时，财产问题如何处理？

1990 年 5 月，刚满 19 岁的孟丽与 25 岁的男青年谢涛未办结婚登记即举办了婚礼并以夫妻名义在谢涛处共同生活。同年8月，孟丽的父亲孟祥因病死亡，留下存款1万元及50平方米私房一套，由于母亲早亡又没有其他兄弟姐妹，孟丽就与谢涛搬入该私房居住。谢涛从其舅舅处借款2万元对该房进行了装修并在给舅舅的借条中写明了该款的用途。自1999年起，谢涛长期在外地工作，夫妻感情日趋冷淡。2009年3月，孟丽用父亲留下的1万元购买了股票若干且获利3万元，但孟丽却隐瞒了这一情况。2010年5月，谢涛从朋友处知悉此事十分气愤，遂要求孟丽交出该款，孟丽却提出离婚要求，谢涛同意离婚但双方就财产分割无法达成一致意见，孟丽便向法院提出离婚，并提出房屋应为自己的个人财产，股票是用父亲遗产购买本金及收益也都应归自己所有，谢涛则提出不仅要分割房屋和股票收益且自己所欠舅舅的债务应属夫妻共同债务。

请问：

1. 孟丽与谢涛的婚姻关系是否有效，为什么？

2. 孟祥死亡时留下的50平方米私房及1万元存款是否属于夫妻共同财产，为什么？

3. 孟丽取得的3万元股票收益是否属于夫妻共同财产，为什么？

4. 谢涛为装修房屋而向舅舅借款2万元是否属于夫妻共同债务，为什么？

分析意见

本案涉及事实婚姻、夫妻共同财产、夫妻个人财产以及夫妻债务的认定等问题。

第一，事实婚姻的认定条件。事实婚姻是相对于法律婚姻而言的，是指符合法定结婚条件和符合法定时间条件的男女双方，未办理结婚登记，便以夫妻名义同居生活，群众也认为是夫妻关系的两性结合。最高人民法院2001年《适用婚姻法的解释（一）》第5条规定：“未按婚姻法第八条规定办理结婚登记而以夫妻名义共同生活的男女，起诉到人民法院要求离婚的，应当区别对待：（一）1994年2月1日民政部《婚姻登记管理条例》公布实施以前，男女双方已经符合结婚实质要件的，按事实婚姻处理；（二）1994年2月1日民政部《婚姻登记管理条例》公布实施以后，男女双方符合结婚实质要件的，人民法院应告知其在案件受理前补办结婚登记；未补办结婚登记的，按解除同居关系处理。”因此，本案双方当事人的关系属于事实婚姻关系。当事人双方是在1994年2月1日前以夫妻名义同居的，在1991年5月，当事人双方均已达到结婚的法定年龄，符合结婚的实质要件和时间要件，所以应认定为事实婚姻，其婚姻关系有效。

第二，夫妻共同财产与夫妻个人财产的认定。根据我国2001年修正后的《婚姻法》的规定，以婚后所得共同制为法定财产制。2001年修正后的《婚姻法》第17条规定："夫妻在婚姻关系存续期间所得的下列财产，归夫妻共同所有：（一）工资、奖金；（二）生产、经营的收益；（三）知识产权的收益；（四）继承或赠与所得的财产，但本法第十八条第三款规定的除外；（五）其他应当归共同所有的财产。"此外，根据最高人民法院2001年《适用婚姻法的解释（一）》的规定，"其他应当归共同所有的财产"包括：一方以个人财产投资取得的收益；男女双方实际取得或应当取得的住房补贴、住房公积金；男女双方实际取得或应当取得的养老保险金、破产安置补偿费。在本案中，由于当事人双方对财产关系无约定，故实行法定婚后所得共同所有制。然而，孟丽取得的遗产不属于夫妻共同财产。因为孟丽取得遗产时尚未达到法定婚龄，其事实婚姻关系不能成立，所以其父遗留的存款1万元及其私房一套应属婚前财产，根据2001年修正后的《婚姻法》第18条的规定，这两项财产应属于孟丽的个人财产。

孟丽用其父遗产购买股票获得的收益应属于夫妻共同财产。因为，该收益财产的取得是在婚姻关系存续期间，且属于法定夫妻共同财产的范围。

第三，夫妻共同债务的认定。夫妻债务，区分为夫妻共同债务和夫妻个人债务两种情况。所谓夫妻共同债务，是指夫妻一方或双方在婚姻关系存续期间为维持婚姻家庭共同生活，或者为共同生产、经营活动所负的债务，在性质上属于连带债务。谢涛向其舅舅的借款应当属于共同债务，因为该借款确实用于婚后家庭共同生活之房屋装修。

示范案例三

被继承人遗留的房屋是否属于遗产？对该房屋哪些人有权继承？

陈水旺、魏春兰夫妻共生育有两个儿子，即原告陈炳金与被告陈炳全。陈水旺拥有位于福建省某市西安中路14号房产一幢。该房屋分为两部分，南半部分两层于1976年建造，共9间房屋，另有天井1个；北半部分三层于20世纪80年代初建造，共6间屋，在靠房屋西面另建有猪舍1间、厕所1间。

1990年9月，该市房地产管理局对该房屋进行产权登记，并颁发房产权证字第06792号房屋所有权证，确定该房屋所有权人为陈水旺（共有人栏内为空白）。2003年7月，该市国土资源局颁发第200300号土地使用权证，确定讼争整栋房屋土地使用权人为陈水旺。2002年11月，被告陈炳全曾提出要求该市房地产管理局将讼争房屋的北半部分登记在其名下。2003年10月28日，该市房地产管理局（未将原第06792号房屋所有权证撤销或注销）作出20035033号房屋所有权证，将讼争房屋的北半部分产权登记在被告陈炳全名下。但由于原告陈炳金提出异议，故此证未予发放。母亲魏春兰生前与原告陈炳金共同生活。2002年5月3日，魏春兰去世。2002年9月18日，陈水旺立下自书遗嘱，表示将位于西安中路房产属其本人的部分由原告陈美凤、被告陈炳全继承。2003年2月20日，陈水旺去世。现原告陈炳金诉至法院，请求法院判决将坐落于西安中路房产的一半归原告陈炳金继承。诉讼中，法院依法追加陈美凤为共同原告参加诉讼。

另查明，陈水旺与前妻章月英生育一子陈炳河，陈炳河于“文革”期间去世。陈炳河有一子二女，即儿子陈中元、女儿陈雪元、陈雪冰。诉讼中，陈中元、陈雪元、陈雪冰均表示放弃陈炳河对该房屋的代位继承权。

又查明，1956年，陈水旺、魏春兰夫妻抱养赖美凤（即本案原告陈美凤，并将赖姓改为陈姓）为养女。之后，原告陈美凤一直与养父母共同生活。1972年，原告陈美凤与被告陈炳全结婚。

再查明，诉争房产从1996、1997年起的管理情况如下：南半部分靠西面楼上楼下一共4间，北半部分靠南面二楼、三楼各1间由原告陈炳金管理；其余9间房屋由被告陈炳全夫妻管理；楼梯、天井、客厅公用；目前，猪舍、厕所双方均未使用。

请问：本案应如何处理？

分析意见

本案系继承而引发的诉讼。在审理过程中，主要涉及以下几个问题：

第一，诉争房屋后建北半部分的产权人是谁，是否属被继承人陈水旺、魏春兰夫妻的遗产范围？我国有关房地产管理的法律规定，县级以上地方人民政府房产管理部门是房屋所有权登记的法定职能部门。诉争西安中路房产一幢，包括南北两部分，已经由某市房管局做出的第06792号房屋所有权证确权登记，陈水旺是该房屋的所有权人。该证在未被撤销之前仍然具有法律效力，故应认定诉争整栋房屋均属于陈水旺、魏春兰夫妻的遗产。

第二，在关于房屋确认登记后，在民事诉讼中，法院是否应对行政确权进行审查？房屋确权后，当事人有异议，在民事诉讼中向法院提供大量的证据，证明行政确权有误，且要求撤销或变更已经颁发的房屋所有权证。在房屋确认后，当事人有异议的，可提起行政复议或直接向人民法院提起行政诉讼，以便得到救济。若当事人未通过上述途径解决，而直接向法院提起民事诉讼，要求重新确权，法院将对此不予审查，而直接予以确认。

第三，原告陈美凤是否享有陈水旺、魏春兰夫妻的财产继承权？我国1985年《继承法》第10条规定，遗产按照下列顺序继承：第一顺序：配偶、子女、父母。第二顺序：兄弟姐妹、祖父母、外祖父母。继承开始后，由第一顺序继承人继承，第二顺序继承人继承。该条第二款规定，本法所说的子女，包括婚生子女、非婚生子女、养子女和有抚养关系的继子女。原告陈美凤从小即被陈水旺、魏春兰夫妻收养，一直与陈水旺、魏春兰夫妻共同生活，形成了收养事实，而该收养事实发生在我国1991年《收养法》公布实施之前，根据当时的政策和法律，应认定陈美凤与陈水旺、魏春兰夫妻之间形成了事实收养关系，虽然陈美凤后来与被告陈炳全结婚，但并不能改变其作为陈水旺、魏春兰夫妻养女的身份。故原告陈美凤有权继承陈水旺、魏春兰夫妻的遗产。原告陈炳金主张陈美凤不是陈水旺、魏春兰的养女，不能参与分配遗产，但未能举证，不予支持。

第四，陈水旺立下的遗嘱是否合法有效？我国1985年《继承法》第5条规定，继承开始后，按照法定继承办理；有遗嘱的，按照遗嘱继承或者遗赠办理；有遗赠扶养协议的，按照协议办理。其第17条第3款规定，代书遗嘱应当有两个以上见证人在场见证，由其中一人代书，注明年、月、日，并由代书人、其他见证人和遗嘱人签名。陈水旺立下的自书遗嘱，是其真实意思表示，遗嘱的形式符合法律规定，内容未违反法律、法规强制性规定，应认定有效。原告陈炳金主张陈水旺的遗嘱不是其真实意思表示，没有事实和法律依据，不予支持。

第五，对于被继承人陈水旺、魏春兰夫妻的遗产，依法应当如何继承？对于被继承人陈水旺、魏春兰的遗产，应按下列方式继承：先将该房屋按夫妻共同财产析出，陈水旺、魏春兰各得一半，因魏春兰先陈水旺去世，故属魏春兰的遗产部分由陈水旺、陈炳全、陈炳金、陈美凤四人继承，因魏春兰生前与原告陈炳金共同生活，根据1985年《继承法》第13条第3款的规定，与被继承人共同生活的继承人。分配遗产时，可以多分。故在分配魏春兰遗产时，原告陈炳金可以适当多分。由于陈水旺生前立下遗嘱，属陈水旺的遗嘱部分由陈炳全、陈美凤夫妻继承。在具体分配遗产时应按1985年《继承法》第29条规定进行。该条规定，遗产分割应当有利于生产和生活需要，不损害遗产的效用。不宜分割的遗产，可以采取折价、适当补偿或共有等方法处理。南半部分楼梯、天井、客厅因使用需要不宜分割，应由双方共同所有、共同使用为宜。

讨论案例

1. 本案中各种财产的性质应如何认定？本案应如何处理？

2008年1月，原告苏明从台湾地区回广西探亲，3月中旬在A市经人介绍认识被告刘霞，双方于3月31日登记结婚（双方均系再婚）。原告于登记结婚当天，给了被告一笔钱用于购置房屋。被告于4月8日以其名义办理购房手续，购得“梦达花园”内房屋一套。另外，原告于3月31日送给被告金项链1条、金耳环1副、金戒指3枚。婚后双方还共同购置了长虹牌35寸彩色电视机1台、组合家具一套。婚后夫妻感情尚好，没有生育子女。在原告生病期间，被告陪原告上医院看病，照料原告。原告于同年5月底返回台湾。次年8月中旬，原告从台湾来A市后，发现被告由于做生意，常早出晚归，对其冷淡，关心不够，遂于2009年9月向A市人民法院起诉，认为双方婚前缺乏了解，仓促结婚，婚后因年龄、性格、观念等因素，相互之间无法适应，没有夫妻感情，非但不能安度晚年，反添烦恼、痛苦，要求与被告离婚，并依法分割夫妻共同财产。

被告辩称，双方结婚是经过考虑的，婚后夫妻感情是好的，原告生病期间，自己尽了妻子的责任，且结婚后，原告就劝自己辞掉工作，自己现在没有住房，没有生活来源，原告提出离婚没有理由，不同意离婚。

A市人民法院经审理，调解和好无效，认定为夫妻感情确已破裂，遂依照2001年修正后的《婚姻法》之规定，判决如下：

一、准予原告苏明与被告刘霞离婚；

二、共同财产分割：“梦达花园”住宅（建筑面积62.31平方米）、金项链1条、金戒指1枚归原告苏明所有；长虹牌35寸彩色电视机1台、金耳环1副、金戒指2枚、组合家具一套归被告刘霞所有。

请问：一审法院的判决是否正确，为什么？

2. 离婚时，周某依法可以提出哪些请求？

王某与周某在结婚时协商签订了书面协议，双方约定婚后所得财产归各自所有。婚后，周某即辞去工作在家奉养公婆，照顾小孩。王某长期在外地工作，后与本单位同事李某公开同居生活。周某得知此情况后，遂向法院起诉请求离婚。

请问：周某可以向法院提出哪些请求，并说明理由。

3. 丈夫死亡后，妻子对子女的监护权应如何处理？丈夫所购彩票奖金应如何处理？

某县的甲和乙系婆媳关系。2009 年 3 月 13 日，甲的儿子丙（即乙之夫）在某工地施工中受重伤，后经抢救无效死亡。丙死后，人们在整理其遗物时发现其于 2009 年 2 月 12 日购买的彩票一张。同年 4 月 15 日，彩票开奖，丙所购买的彩票中了头奖 300 万元，由乙保管。当时乙已怀有近 8 个月身孕。同年 6 月 15 日早晨，乙在娘家厕所里生下男孩丁。当接到通知的妇科医生赶到时，该婴儿还在厕所内，未断脐，胸部、鼻尖有伤，断脐后孩子皮肤转黑，即被送往当地镇卫生院抢救。后来，为支付该婴儿的医疗费用和彩票奖金的分割等问题，婆媳双方发生过争执。同年 7 月 16 日，乙借洗澡为名离开医院后，未再哺养该婴儿。此后，甲自己坚持在医院护理该婴儿，并为该婴儿请了奶母，支付了哺乳费和医疗费用。婴儿丁于同年 8 月 19 日出院后，一直由甲抚养。同年 12 月 20 日，乙突然来到甲家，向甲提出要求由她直接抚养儿子丁，但遭到甲的拒绝。

2010 年 1 月 12 日，甲向某县法院起诉，请求撤销乙对儿子丁的监护资格，并确认其享有对孙子丁的监护权，还要求分得彩票奖金。

请问：本案依法应当如何处理？

附　录

婚姻家庭继承法律、法规及司法解释选录

中华人民共和国婚姻法

（1980 年 9 月 10 日第五届全国人民代表大会第三次会议通过
根据 2001 年 4 月 28 日第九届全国人民
代表大会常务委员会第二十一次会议
《关于修改〈中华人民共和国婚姻法〉的决定》修正
自 2001 年 4 月 28 日起施行）

目　录

第一章　总则
第二章　结婚
第三章　家庭关系
第四章　离婚
第五章　救助措施与法律责任
第六章　附则

第一章　总　则

第一条　本法是婚姻家庭关系的基本准则。

第二条　实行婚姻自由、一夫一妻、男女平等的婚姻制度。

保护妇女、儿童和老人的合法权益。

实行计划生育。

第三条　禁止包办、买卖婚姻和其他干涉婚姻自由的行为。禁止借婚姻索取财物。

禁止重婚。禁止有配偶者与他人同居。禁止家庭暴力。禁止家庭成员间的虐待和遗弃。

第四条 夫妻应当互相忠实，互相尊重；家庭成员间应当敬老爱幼，互相帮助，维护平等、和睦、文明的婚姻家庭关系。

第二章 结 婚

第五条 结婚必须男女双方完全自愿，不许任何一方对他方加以强迫或任何第三者加以干涉。

第六条 结婚年龄，男不得早于二十二周岁，女不得早于二十周岁。晚婚晚育应予鼓励。

第七条 有下列情形之一的，禁止结婚：

（一）直系血亲和三代以内的旁系血亲；

（二）患有医学上认为不应当结婚的疾病。

第八条 要求结婚的男女双方必须亲自到婚姻登记机关进行结婚登记。符合本法规定的，予以登记，发给结婚证。取得结婚证，即确立夫妻关系。未办理结婚登记的，应当补办登记。

第九条 登记结婚后，根据男女双方约定，女方可以成为男方家庭的成员，男方可以成为女方家庭的成员。

第十条 有下列情形之一的，婚姻无效：

（一）重婚的；

（二）有禁止结婚的亲属关系的；

（三）婚前患有医学上认为不应当结婚的疾病，婚后尚未治愈的；

（四）未到法定婚龄的。

第十一条 因胁迫结婚的，受胁迫的一方可以向婚姻登记机关或人民法院请求撤销该婚姻。受胁迫的一方撤销婚姻的请求，应当自结婚登记之日起一年内提出。被非法限制人身自由的当事人请求撤销婚姻的，应当自恢复人身自由之日起一年内提出。

第十二条 无效或被撤销的婚姻，自始无效。当事人不具有夫妻的权利和义务。同居期间所得的财产，由当事人协议处理；协议不成时，由人民法院根据照顾无过错方的原则判决。对重婚导致的婚姻无效的财产处理，不得侵害合法婚姻当事人的财产权益。当事人所生的子女，适用本法有关父母子女的规定。

第三章　家庭关系

第十三条　夫妻在家庭中地位平等。

第十四条　夫妻双方都有各用自己姓名的权利。

第十五条　夫妻双方都有参加生产、工作、学习和社会活动的自由，一方不得对他方加以限制或干涉。

第十六条　夫妻双方都有实行计划生育的义务。

第十七条　夫妻在婚姻关系存续期间所得的下列财产，归夫妻共同所有：

（一）工资、奖金；

（二）生产、经营的收益；

（三）知识产权的收益；

（四）继承或赠与所得的财产，但本法第十八条第三项规定的除外；

（五）其他应当归共同所有的财产。

夫妻对共同所有的财产，有平等的处理权。

第十八条　有下列情形之一的，为夫妻一方的财产：

（一）一方的婚前财产；

（二）一方因身体受到伤害获得的医疗费、残疾人生活补助费等费用；

（三）遗嘱或赠与合同中确定只归夫或妻一方的财产；

（四）一方专用的生活用品；

（五）其他应当归一方的财产。

第十九条　夫妻可以约定婚姻关系存续期间所得的财产以及婚前财产归各自所有、共同所有或部分各自所有、部分共同所有。约定应当采用书面形式。没有约定或约定不明确的，适用本法第十七条、第十八条的规定。

夫妻对婚姻关系存续期间所得的财产以及婚前财产的约定，对双方具有约束力。

夫妻对婚姻关系存续期间所得的财产约定归各自所有的，夫或妻一方对外所负的债务，第三人知道该约定的，以夫或妻一方所有的财产清偿。

第二十条　夫妻有互相扶养的义务。

一方不履行扶养义务时，需要扶养的一方，有要求对方付给扶养费的权利。

第二十一条　父母对子女有抚养教育的义务；子女对父母有赡养扶助的义务。

父母不履行抚养义务时，未成年的或不能独立生活的子女，有要求父母付给抚养费的权利。

子女不履行赡养义务时，无劳动能力的或生活困难的父母，有要求子女付给赡养费的权利。

禁止溺婴、弃婴和其他残害婴儿的行为。

第二十二条 子女可以随父姓，可以随母姓。

第二十三条 父母有保护和教育未成年子女的权利和义务。在未成年子女对国家、集体或他人造成损害时，父母有承担民事责任的义务。

第二十四条 夫妻有相互继承遗产的权利。

父母和子女有相互继承遗产的权利。

第二十五条 非婚生子女享有与婚生子女同等的权利，任何人不得加以危害和歧视。

不直接抚养非婚生子女的生父或生母，应当负担子女的生活费和教育费，直至子女能独立生活为止。

第二十六条 国家保护合法的收养关系。养父母和养子女间的权利和义务，适用本法对父母子女关系的有关规定。

养子女和生父母间的权利和义务，因收养关系的成立而消除。

第二十七条 继父母与继子女间，不得虐待或歧视。

继父或继母和受其抚养教育的继子女间的权利和义务，适用本法对父母子女关系的有关规定。

第二十八条 有负担能力的祖父母、外祖父母，对于父母已经死亡或父母无力抚养的未成年的孙子女、外孙子女，有抚养的义务。有负担能力的孙子女、外孙子女，对于子女已经死亡或子女无力赡养的祖父母、外祖父母，有赡养的义务。

第二十九条 有负担能力的兄、姐，对于父母已经死亡或父母无力抚养的未成年的弟、妹，有扶养的义务。由兄、姐扶养长大的有负担能力的弟、妹，对于缺乏劳动能力又缺乏生活来源的兄、姐，有扶养的义务。

第三十条 子女应当尊重父母的婚姻权利，不得干涉父母再婚以及婚后的生活。子女对父母的赡养义务，不因父母的婚姻关系变化而终止。

第四章 离 婚

第三十一条 男女双方自愿离婚的，准予离婚。双方必须到婚姻登记机关申请离婚。婚姻登记机关查明双方确实是自愿并对子女和财产问题已有适当处理时，发给离婚证。

第三十二条　男女一方要求离婚的，可由有关部门进行调解或直接向人民法院提出离婚诉讼。

人民法院审理离婚案件，应当进行调解；如感情确已破裂，调解无效，应准予离婚。

有下列情形之一，调解无效的，应准予离婚：

（一）重婚或有配偶者与他人同居的；

（二）实施家庭暴力或虐待、遗弃家庭成员的；

（三）有赌博、吸毒等恶习屡教不改的；

（四）因感情不和分居满二年的；

（五）其他导致夫妻感情破裂的情形。

一方被宣告失踪，另一方提出离婚诉讼的，应准予离婚。

第三十三条　现役军人的配偶要求离婚，须得军人同意，但军人一方有重大过错的除外。

第三十四条　女方在怀孕期间、分娩后一年内或中止妊娠后六个月内，男方不得提出离婚。女方提出离婚的，或人民法院认为确有必要受理男方离婚请求的，不在此限。

第三十五条　离婚后，男女双方自愿恢复夫妻关系的，必须到婚姻登记机关进行复婚登记。

第三十六条　父母与子女间的关系，不因父母离婚而消除。离婚后，子女无论由父或母直接抚养，仍是父母双方的子女。

离婚后，父母对于子女仍有抚养和教育的权利和义务。

离婚后，哺乳期内的子女，以随哺乳的母亲抚养为原则。哺乳期后的子女，如双方因抚养问题发生争执不能达成协议时，由人民法院根据子女的权益和双方的具体情况判决。

第三十七条　离婚后，一方抚养的子女，另一方应负担必要的生活费和教育费的一部或全部，负担费用的多少和期限的长短，由双方协议；协议不成时，由人民法院判决。

关于子女生活费和教育费的协议或判决，不妨碍子女在必要时向父母任何一方提出超过协议或判决原定数额的合理要求。

第三十八条　离婚后，不直接抚养子女的父或母，有探望子女的权利，另一方有协助的义务。

行使探望权利的方式、时间由当事人协议；协议不成时，由人民法院判决。

父或母探望子女，不利于子女身心健康的，由人民法院依法中止探望的权利；中止的事由消失后，应当恢复探望的权利。

第三十九条 离婚时，夫妻的共同财产由双方协议处理；协议不成时，由人民法院根据财产的具体情况，照顾子女和女方权益的原则判决。

夫或妻在家庭土地承包经营中享有的权益等，应当依法予以保护。

第四十条 夫妻书面约定婚姻关系存续期间所得的财产归各自所有，一方因抚育子女、照料老人、协助另一方工作等付出较多义务的，离婚时有权向另一方请求补偿，另一方应当予以补偿。

第四十一条 离婚时，原为夫妻共同生活所负的债务，应当共同偿还。共同财产不足清偿的，或财产归各自所有的，由双方协议清偿；协议不成时，由人民法院判决。

第四十二条 离婚时，如一方生活困难，另一方应从其住房等个人财产中给予适当帮助。具体办法由双方协议；协议不成时，由人民法院判决。

第五章 救助措施与法律责任

第四十三条 实施家庭暴力或虐待家庭成员，受害人有权提出请求，居民委员会、村民委员会以及所在单位应当予以劝阻、调解。

对正在实施的家庭暴力，受害人有权提出请求，居民委员会、村民委员会应当予以劝阻；公安机关应当予以制止。

实施家庭暴力或虐待家庭成员，受害人提出请求的，公安机关应当依照治安管理处罚的法律规定予以行政处罚。

第四十四条 对遗弃家庭成员，受害人有权提出请求，居民委员会、村民委员会以及所在单位应当予以劝阻、调解。

对遗弃家庭成员，受害人提出请求的，人民法院应当依法作出支付扶养费、抚养费、赡养费的判决。

第四十五条 对重婚的，对实施家庭暴力或虐待、遗弃家庭成员构成犯罪的，依法追究刑事责任。受害人可以依照刑事诉讼法的有关规定，向人民法院自诉；公安机关应当依法侦查，人民检察院应当依法提起公诉。

第四十六条 有下列情形之一，导致离婚的，无过错方有权请求损害赔偿：

（一）重婚的；

（二）有配偶者与他人同居的；

（三）实施家庭暴力的；

（四）虐待、遗弃家庭成员的。

第四十七条　离婚时，一方隐藏、转移、变卖、毁损夫妻共同财产，或伪造债务企图侵占另一方财产的，分割夫妻共同财产时，对隐藏、转移、变卖、毁损夫妻共同财产或伪造债务的一方，可以少分或不分。离婚后，另一方发现有上述行为的，可以向人民法院提起诉讼，请求再次分割夫妻共同财产。

人民法院对前款规定的妨害民事诉讼的行为，依照民事诉讼法的规定予以制裁。

第四十八条　对拒不执行有关扶养费、抚养费、赡养费、财产分割、遗产继承、探望子女等判决或裁定的，由人民法院依法强制执行。有关个人和单位应负协助执行的责任。

第四十九条　其他法律对有关婚姻家庭的违法行为和法律责任另有规定的，依照其规定。

第六章　附　　则

第五十条　民族自治地方的人民代表大会有权结合当地民族婚姻家庭的具体情况，制定变通规定。自治州、自治县制定的变通规定，报省、自治区、直辖市人民代表大会常务委员会批准后生效。自治区制定的变通规定，报全国人民代表大会常务委员会批准后生效。

第五十一条　本法自1981年1月1日起施行。

1950年5月1日颁行的《中华人民共和国婚姻法》，自本法施行之日起废止。

最高人民法院关于适用《中华人民共和国婚姻法》若干问题的解释（一）

（2001年12月24日最高人民法院审判委员会第1202次会议通过
自2001年12月27日起施行）

为了正确审理婚姻家庭纠纷案件，根据《中华人民共和国婚姻法》（以下简称婚姻法）、《中华人民共和国民事诉讼法》等法律的规定，对人民法院适用婚姻法的有关问题作出如下解释：

第一条 婚姻法第三条、第三十二条、第四十三条、第四十五条、第四十六条所称的“家庭暴力”，是指行为人以殴打、捆绑、残害、强行限制人身自由或者其他手段，给其家庭成员的身体、精神等方面造成一定伤害后果的行为。持续性、经常性的家庭暴力，构成虐待。

第二条 婚姻法第三条、第三十二条、第四十六条规定的“有配偶者与他人同居”的情形，是指有配偶者与婚外异性，不以夫妻名义，持续、稳定地共同居住。

第三条 当事人仅以婚姻法第四条为依据提起诉讼的，人民法院不予受理；已经受理的，裁定驳回起诉。

第四条 男女双方根据婚姻法第八条规定补办结婚登记的，婚姻关系的效力从双方均符合婚姻法所规定的结婚的实质要件时起算。

第五条 未按婚姻法第八条规定办理结婚登记而以夫妻名义共同生活的男女，起诉到人民法院要求离婚的，应当区别对待：

（一）1994年2月1日民政部《婚姻登记管理条例》公布实施以前，男女双方已经符合结婚实质要件的，按事实婚姻处理。

（二）1994年2月1日民政部《婚姻登记管理条例》公布实施以后，男女双方符合结婚实质要件的，人民法院应当告知其在案件受理前补办结婚登记；未补办结婚登记的，按解除同居关系处理。

第六条 未按婚姻法第八条规定办理结婚登记而以夫妻名义共同生活的男女，一方死亡，另一方以配偶身份主张享有继承权的，按照本解释第五条的原则处理。

第七条 有权依据婚姻法第十条规定向人民法院就已办理结婚登记的婚姻

申请宣告婚姻无效的主体，包括婚姻当事人及利害关系人。利害关系人包括：

（一）以重婚为由申请宣告婚姻无效的，为当事人的近亲属及基层组织。

（二）以未到法定婚龄为由申请宣告婚姻无效的，为未达法定婚龄者的近亲属。

（三）以有禁止结婚的亲属关系为由申请宣告婚姻无效的，为当事人的近亲属。

（四）以婚前患有医学上认为不应当结婚的疾病，婚后尚未治愈为由申请宣告婚姻无效的，为与患病者共同生活的近亲属。

第八条 当事人依据婚姻法第十条规定向人民法院申请宣告婚姻无效的，申请时，法定的无效婚姻情形已经消失的，人民法院不予支持。

第九条 人民法院审理宣告婚姻无效案件，对婚姻效力的审理不适用调解，应当依法作出判决；有关婚姻效力的判决一经作出，即发生法律效力。

涉及财产分割和子女抚养的，可以调解。调解达成协议的，另行制作调解书。对财产分割和子女抚养问题的判决不服的，当事人可以上诉。

第十条 婚姻法第十一条所称的“胁迫”，是指行为人以给另一方当事人或者其近亲属的生命、身体健康、名誉、财产等方面造成损害为要挟，迫使另一方当事人违背真实意愿结婚的情况。

因受胁迫而请求撤销婚姻的，只能是受胁迫一方的婚姻关系当事人本人。

第十一条 人民法院审理婚姻当事人因受胁迫而请求撤销婚姻的案件，应当适用简易程序或者普通程序。

第十二条 婚姻法第十一条规定的“一年”，不适用诉讼时效中止、中断或者延长的规定。

第十三条 婚姻法第十二条所规定的自始无效，是指无效或者可撤销婚姻在依法被宣告无效或被撤销时，才确定该婚姻自始不受法律保护。

第十四条 人民法院根据当事人的申请，依法宣告婚姻无效或者撤销婚姻的，应当收缴双方的结婚证书并将生效的判决书寄送当地婚姻登记管理机关。

第十五条 被宣告无效或被撤销的婚姻，当事人同居期间所得的财产，按共同共有处理。但有证据证明为当事人一方所有的除外。

第十六条 人民法院审理重婚导致的无效婚姻案件时，涉及财产处理的，应当准许合法婚姻当事人作为有独立请求权的第三人参加诉讼。

第十七条 婚姻法第十七条关于“夫或妻对夫妻共同所有的财产，有平等的处理权”的规定，应当理解为：

（一）夫或妻在处理夫妻共同财产上的权利是平等的。因日常生活需要而处理夫妻共同财产的，任何一方均有权决定。

（二）夫或妻非因日常生活需要对夫妻共同财产做重要处理决定，夫妻双方应当平等协商，取得一致意见。他人有理由相信其为夫妻双方共同意思表示的，另一方不得以不同意或不知道为由对抗善意第三人。

第十八条 婚姻法第十九条所称“第三人知道该约定的”，夫妻一方对此负有举证责任。

第十九条 婚姻法第十八条规定为夫妻一方的所有的财产，不因婚姻关系的延续而转化为夫妻共同财产。但当事人另有约定的除外。

第二十条 婚姻法第二十一条规定的“不能独立生活的子女”，是指尚在校接受高中及其以下学历教育，或者丧失或未完全丧失劳动能力等非因主观原因而无法维持正常生活的成年子女。

第二十一条 婚姻法第二十一条所称“抚养费”，包括子女生活费、教育费、医疗费等费用。

第二十二条 人民法院审理离婚案件，符合第三十二条第二款规定“应准予离婚”情形的，不应当因当事人有过错而判决不准离婚。

第二十三条 婚姻法第三十三条所称的“军人一方有重大过错”，可以依据婚姻法第三十二条第二款前三项规定及军人有其他重大过错导致夫妻感情破裂的情形予以判断。

第二十四条 人民法院作出的生效的离婚判决中未涉及探望权，当事人就探望权问题单独提起诉讼的，人民法院应予受理。

第二十五条 当事人在履行生效判决、裁定或者调解书的过程中，请求中止行使探望权的，人民法院在征询双方当事人意见后，认为需要中止行使探望权的，依法作出裁定。中止探望的情形消失后，人民法院应当根据当事人的申请通知其恢复探望权的行使。

第二十六条 未成年子女、直接抚养子女的父或母及其他对未成年子女负担抚养、教育义务的法定监护人，有权向人民法院提出中止探望权的请求。

第二十七条 婚姻法第四十二条所称“一方生活困难”，是指依靠个人财产和离婚时分得的财产无法维持当地基本生活水平。

一方离婚后没有住处的，属于生活困难。

离婚时，一方以个人财产中的住房对生活困难者进行帮助的形式，可以是房屋的居住权或者房屋的所有权。

第二十八条 婚姻法第四十六条规定的“损害赔偿”，包括物质损害赔偿和精神损害赔偿。涉及精神损害赔偿的，适用最高人民法院《关于确定民事侵权精神损害赔偿责任若干问题的解释》的有关规定。

第二十九条 承担婚姻法第四十六条规定的损害赔偿责任的主体，为离婚诉讼当事人中无过错方的配偶。

人民法院判决不准离婚的案件，对于当事人基于婚姻法第四十六条提出的损害赔偿请求，不予支持。

在婚姻关系存续期间，当事人不起诉离婚而单独依据该条规定提起损害赔偿请求的，人民法院不予受理。

第三十条　人民法院受理离婚案件时，应当将婚姻法第四十六条等规定中当事人的有关权利义务，书面告知当事人。在适用婚姻法第四十六条时，应当区分以下不同情况：

（一）符合婚姻法第四十六条规定的无过错方作为原告基于该条规定向人民法院提起损害赔偿请求的，必须在离婚诉讼的同时提出。

（二）符合婚姻法第四十六条规定的无过错方作为被告的离婚诉讼案件，如果被告不同意离婚也不基于该条规定提起损害赔偿请求的，可以在离婚后一年内就此单独提起诉讼。

（三）无过错方作为被告的离婚诉讼案件，一审时被告未基于婚姻法第四十六条规定提出损害赔偿请求，二审期间提出的，人民法院应当进行调解，调解不成的，告知当事人在离婚后一年内另行起诉。

第三十一条　当事人依据婚姻法第四十七条的规定向人民法院提起诉讼，请求再次分割夫妻共同财产的诉讼时效为两年，从当事人发现之次日起计算。

第三十二条　婚姻法第四十八条关于对拒不执行有关探望子女等判决和裁定的，由人民法院依法强制执行的规定，是指对拒不履行协助另一方行使探望权的有关个人和单位采取拘留、罚款等强制措施，不能对子女的人身、探望行为进行强制执行。

第三十三条　婚姻法修改后正在审理的一、二审婚姻家庭纠纷案件，一律适用修改后的婚姻法。此前最高人民法院作出的相关司法解释如与本解释相抵触，以本解释为准。

第三十四条　本解释自公布之日起施行。

最高人民法院关于适用《中华人民共和国婚姻法》若干问题的解释（二）

（2003年12月4日最高人民法院审判委员会第1299次会议通过 自2004年4月1日起施行）

为正确审理婚姻家庭纠纷案件，根据《中华人民共和国婚姻法》（以下简称婚姻法）、《中华人民共和国民事诉讼法》等相关法律规定，对人民法院适用婚姻法的有关问题作出如下解释：

第一条 当事人起诉请求解除同居关系的，人民法院不予受理。但当事人请求解除的同居关系，属于婚姻法第三条、第三十二条、第四十六条规定的“有配偶者与他人同居”的，人民法院应当受理并依法予以解除。

当事人因同居期间财产分割或者子女抚养纠纷提起诉讼的，人民法院应当受理。

第二条 人民法院受理申请宣告婚姻无效案件后，经审查确属无效婚姻的，应当依法作出宣告婚姻无效的判决。原告申请撤诉的，不予准许。

第三条 人民法院受理离婚案件后，经审查确属无效婚姻的，应当将婚姻无效的情形告知当事人，并依法作出宣告婚姻无效的判决。

第四条 人民法院审理无效婚姻案件，涉及财产分割和子女抚养的，应当对婚姻效力的认定和其他纠纷的处理分别制作裁判文书。

第五条 夫妻一方或者双方死亡后一年内，生存一方或者利害关系人依据婚姻法第十条的规定申请宣告婚姻无效的，人民法院应当受理。

第六条 利害关系人依据婚姻法第十条的规定，申请人民法院宣告婚姻无效的，利害关系人为申请人，婚姻关系当事人双方为被申请人。

夫妻一方死亡的，生存一方为被申请人。

夫妻双方均已死亡的，不列被申请人。

第七条 人民法院就同一婚姻关系分别受理了离婚和申请宣告婚姻无效案件的，对于离婚案件的审理，应当待申请宣告婚姻无效案件作出判决后进行。

前款所指的婚姻关系被宣告无效后，涉及财产分割和子女抚养的，应当继续审理。

第八条 离婚协议中关于财产分割的条款或者当事人因离婚就财产分割达

成的协议，对男女双方具有法律约束力。

当事人因履行上述财产分割协议发生纠纷提起诉讼的，人民法院应当受理。

第九条　男女双方协议离婚后一年内就财产分割问题反悔，请求变更或者撤销财产分割协议的，人民法院应当受理。

人民法院审理后，未发现订立财产分割协议时存在欺诈、胁迫等情形的，应当依法驳回当事人的诉讼请求。

第十条　当事人请求返还按照习俗给付的彩礼的，如果查明属于以下情形，人民法院应当予以支持：

（一）双方未办理结婚登记手续的；

（二）双方办理结婚登记手续但确未共同生活的；

（三）婚前给付并导致给付人生活困难的。

适用前款第（二）、（三）项的规定，应当以双方离婚为条件。

第十一条　婚姻关系存续期间，下列财产属于婚姻法第十七条规定的"其他应当归共同所有的财产"：

（一）一方以个人财产投资取得的收益；

（二）男女双方实际取得或者应当取得的住房补贴、住房公积金；

（三）男女双方实际取得或者应当取得的养老保险金、破产安置补偿费。

第十二条　婚姻法第十七条第三项规定的"知识产权的收益"，是指婚姻关系存续期间，实际取得或者已经明确可以取得的财产性收益。

第十三条　军人的伤亡保险金、伤残补助金、医药生活补助费属于个人财产。

第十四条　人民法院审理离婚案件，涉及分割发放到军人名下的复员费、自主择业费等一次性费用的，以夫妻婚姻关系存续年限乘以年平均值，所得数额为夫妻共同财产。

前款所称年平均值，是指将发放到军人名下的上述费用总额按具体年限均分得出的数额。其具体年限为人均寿命七十岁与军人入伍时实际年龄的差额。

第十五条　夫妻双方分割共同财产中的股票、债券、投资基金份额等有价证券以及未上市股份有限公司股份时，协商不成或者按市价分配有困难的，人民法院可以根据数量按比例分配。

第十六条　人民法院审理离婚案件，涉及分割夫妻共同财产中以一方名义在有限责任公司的出资额，另一方不是该公司股东的，按以下情形分别处理：

（一）夫妻双方协商一致将出资额部分或者全部转让给该股东的配偶，过半数股东同意、其他股东明确表示放弃优先购买权的，该股东的配偶可以成为该公司股东；

（二）夫妻双方就出资额转让份额和转让价格等事项协商一致后，过半数股东不同意转让，但愿意以同等价格购买该出资额的，人民法院可以对转让出资所得财产进行分割。过半数股东不同意转让，也不愿意以同等价格购买该出资额的，视为其同意转让，该股东的配偶可以成为该公司股东。

用于证明前款规定的过半数股东同意的证据，可以是股东会决议，也可以是当事人通过其他合法途径取得的股东的书面声明材料。

第十七条 人民法院审理离婚案件，涉及分割夫妻共同财产中以一方名义在合伙企业中的出资，另一方不是该企业合伙人的，当夫妻双方协商一致，将其合伙企业中的财产份额全部或者部分转让给对方时，按以下情形分别处理：

（一）其他合伙人一致同意的，该配偶依法取得合伙人地位；

（二）其他合伙人不同意转让，在同等条件下行使优先受让权的，可以对转让所得的财产进行分割；

（三）其他合伙人不同意转让，也不行使优先受让权，但同意该合伙人退伙或者退还部分财产份额的，可以对退还的财产进行分割；

（四）其他合伙人既不同意转让，也不行使优先受让权，又不同意该合伙人退伙或者退还部分财产份额的，视为全体合伙人同意转让，该配偶依法取得合伙人地位。

第十八条 夫妻以一方名义投资设立独资企业的，人民法院分割夫妻在该独资企业中的共同财产时，应当按照以下情形分别处理：

（一）一方主张经营该企业的，对企业资产进行评估后，由取得企业一方给予另一方相应的补偿；

（二）双方均主张经营该企业的，在双方竞价基础上，由取得企业的一方给予另一方相应的补偿；

（三）双方均不愿意经营该企业的，按照《中华人民共和国个人独资企业法》等有关规定办理。

第十九条 由一方婚前承租、婚后用共同财产购买的房屋，房屋权属证书登记在一方名下的，应当认定为夫妻共同财产。

第二十条 双方对夫妻共同财产中的房屋价值及归属无法达成协议时，人民法院按以下情形分别处理：

（一）双方均主张房屋所有权并且同意竞价取得的，应当准许；

（二）一方主张房屋所有权的，由评估机构按市场价格对房屋作出评估，取得房屋所有权的一方应当给予另一方相应的补偿；

（三）双方均不主张房屋所有权的，根据当事人的申请拍卖房屋，就所得价款进行分割。

第二十一条 离婚时双方对尚未取得所有权或者尚未取得完全所有权的房屋有争议且协商不成的，人民法院不宜判决房屋所有权的归属，应当根据实际情况判决由当事人使用。

当事人就前款规定的房屋取得完全所有权后，有争议的，可以另行向人民法院提起诉讼。

第二十二条 当事人结婚前，父母为双方购置房屋出资的，该出资应当认定为对自己子女的个人赠与，但父母明确表示赠与双方的除外。

当事人结婚后，父母为双方购置房屋出资的，该出资应当认定为对夫妻双方的赠与，但父母明确表示赠与一方的除外。

第二十三条 债权人就一方婚前所负个人债务向债务人的配偶主张权利的，人民法院不予支持。但债权人能够证明所负债务用于婚后家庭共同生活的除外。

第二十四条 债权人就婚姻关系存续期间夫妻一方以个人名义所负债务主张权利的，应当按夫妻共同债务处理。但夫妻一方能够证明债权人与债务人明确约定为个人债务，或者能够证明属于婚姻法第十九条第三款规定情形的除外。

第二十五条 当事人的离婚协议或者人民法院的判决书、裁定书、调解书已经对夫妻财产分割问题作出处理的，债权人仍有权就夫妻共同债务向男女双方主张权利。

一方就共同债务承担连带清偿责任后，基于离婚协议或者人民法院的法律文书向另一方主张追偿的，人民法院应当支持。

第二十六条 夫或妻一方死亡的，生存一方应当对婚姻关系存续期间的共同债务承担连带清偿责任。

第二十七条 当事人在婚姻登记机关办理离婚登记手续后，以婚姻法第四十六条规定为由向人民法院提出损害赔偿请求的，人民法院应当受理。但当事人在协议离婚时已经明确表示放弃该项请求，或者在办理离婚登记手续一年后提出的，不予支持。

第二十八条 夫妻一方申请对配偶的个人财产或者夫妻共同财产采取保全措施的，人民法院可以在采取保全措施可能造成损失的范围内，根据实际情况，确定合理的财产担保数额。

第二十九条 本解释自2004年4月1日起施行。

本解释施行后，人民法院新受理的一审婚姻家庭纠纷案件，适用本解释。

本解释施行后，此前最高人民法院作出的相关司法解释与本解释相抵触的，以本解释为准。

中华人民共和国收养法

（1991年12月29日第七届全国人民代表大会常务委员会第二十三次会议通过　根据1998年11月4日第九届全国人民代表大会常务委员会第五次会议《关于修改〈中华人民共和国收养法〉的决定》修正　自1999年4月1日起施行）

目　录

第一章　总则
第二章　收养关系的成立
第三章　收养的效力
第四章　收养关系的解除
第五章　法律责任
第六章　附则

第一章　总　则

第一条　为保护合法的收养关系，维护收养关系当事人的权利，制定本法。

第二条　收养应当有利于被收养的未成年人的抚养、成长，保障被收养人和收养人的合法权益，遵循平等自愿的原则，并不得违背社会公德。

第三条　收养不得违背计划生育的法律、法规。

第二章　收养关系的成立

第四条　下列不满十四周岁的未成年人可以被收养：

（一）丧失父母的孤儿；

（二）查找不到生父母的弃婴和儿童；

（三）生父母有特殊困难无力抚养的子女。

第五条　下列公民、组织可以作送养人：

（一）孤儿的监护人；

（二）社会福利机构；

（三）有特殊困难无力抚养子女的生父母。

第六条　收养人应当同时具备下列条件：

（一）无子女；

（二）有抚养教育被收养人的能力；

（三）未患有在医学上认为不应当收养子女的疾病；

（四）年满三十周岁。

第七条　收养三代以内同辈旁系血亲的子女，可以不受本法第四条第三项、第五条第三项、第九条和被收养人不满十四周岁的限制。

华侨收养三代以内同辈旁系血亲的子女，还可以不受收养人无子女的限制。

第八条　收养人只能收养一名子女。

收养孤儿、残疾儿童或者社会福利机构抚养的查找不到生父母的弃婴和儿童，可以不受收养人无子女和收养一名的限制。

第九条　无配偶的男性收养女性的，收养人与被收养人的年龄应当相差四十周岁以上。

第十条　生父母送养子女，须双方共同送养。生父母一方不明或者查找不到的可以单方送养。

有配偶者收养子女，须夫妻共同收养。

第十一条　收养人收养与送养人送养，须双方自愿。收养年满十周岁以上未成年人的，应当征得被收养人的同意。

第十二条　未成年人的父母均不具备完全民事行为能力的，该未成年人的监护人不得将其送养，但父母对该未成年人有严重危害可能的除外。

第十三条　监护人送养未成年孤儿的，须征得有抚养义务的人同意。有抚养义务的人不同意送养、监护人不愿意继续履行监护职责的，应当依照《中华人民共和国民法通则》的规定变更监护人。

第十四条　继父或者继母经继子女的生父母同意，可以收养继子女，并可以不受本法第四条第三项、第五条第三项、第六条和被收养人不满十四周岁以及收养一名的限制。

第十五条　收养应当向县级以上人民政府民政部门登记。收养关系自登记之日起成立。

收养查找不到生父母的弃婴和儿童的，办理登记的民政部门应当在登记前予以公告。

收养关系当事人愿意订立收养协议的，可以订立收养协议。

收养关系当事人各方或者一方要求办理收养公证的，应当办理收养公证。

第十六条 收养关系成立后，公安部门应当依照国家有关规定为被收养人办理户口登记。

第十七条 孤儿或者生父母无力抚养的子女，可以由生父母的亲属、朋友抚养。

抚养人与被抚养人的关系不适用收养关系。

第十八条 配偶一方死亡，另一方送养未成年子女的，死亡一方的父母有优先抚养的权利。

第十九条 送养人不得以送养子女为理由违反计划生育的规定再生育子女。

第二十条 严禁买卖儿童或者借收养名义买卖儿童。

第二十一条 外国人依照本法可以在中华人民共和国收养子女。

外国人在中华人民共和国收养子女，应当经其所在国主管机关依照该国法律审查同意。收养人应当提供由其所在国有权机构出具的有关收养人的年龄、婚姻、职业、财产、健康、有无受过刑事处罚等状况的证明材料，该证明材料应当经其所在国外交机关或者外交机关授权的机构认证，并经中华人民共和国驻该国使领馆认证。该收养人应当与送养人订立书面协议，亲自向省级人民政府民政部门登记。

收养关系当事人各方或者一方要求办理收养公证的，应当到国务院司法行政部门认定的具有办理涉外公证资格的公证机构办理收养公证。

第二十二条 收养人、送养人要求保守收养秘密的，其他人应当尊重其意愿，不得泄露。

第三章 收养的效力

第二十三条 自收养关系成立之日起，养父母与养子女间的权利义务关系，适用法律关于父母子女关系的规定；养子女与养父母的近亲属间的权利义务关系，适用法律关于子女与父母的近亲属关系的规定。

养子女与生父母及其他近亲属间的权利义务关系，因收养关系的成立而消除。

第二十四条 养子女可以随养父或者养母的姓，经当事人协商一致，也可以保留原姓。

第二十五条 违反《中华人民共和国民法通则》第五十五条和本法规定

的收养行为无法律效力。

收养行为被人民法院确认无效的，从行为开始时起就没有法律效力。

第四章　收养关系的解除

第二十六条　收养人在被收养人成年以前，不得解除收养关系，但收养人、送养人双方协议解除的除外，养子女年满十周岁以上的，应当征得本人同意。

收养人不履行抚养义务，有虐待、遗弃等侵害未成年养子女合法权益行为的，送养人有权要求解除养父母与养子女间的收养关系。送养人、收养人不能达成解除收养关系协议的，可以向人民法院起诉。

第二十七条　养父母与成年养子女关系恶化、无法共同生活的，可以协议解除收养关系。不能达成协议的，可以向人民法院起诉。

第二十八条　当事人协议解除收养关系的，应当到民政部门办理解除收养关系的登记。

第二十九条　收养关系解除后，养子女与养父母及其他近亲属间的权利义务关系即行消除，与生父母及其他近亲属间的权利义务关系自行恢复，但成年养子女与生父母及其他近亲属间的权利义务关系是否恢复，可以协商确定。

第三十条　收养关系解除后，经养父母抚养的成年养子女，对缺乏劳动能力又缺乏生活来源的养父母，应当给付生活费。因养子女成年后虐待、遗弃养父母而解除收养关系的，养父母可以要求养子女补偿收养期间支出的生活费和教育费。

生父母要求解除收养关系的，养父母可以要求生父母适当补偿收养期间支出的生活费和教育费，但因养父母虐待、遗弃养子女而解除收养关系的除外。

第五章　法 律 责 任

第三十一条　借收养名义拐卖儿童的，依法追究刑事责任。

遗弃婴儿的，由公安部门处以罚款；构成犯罪的，依法追究刑事责任。

出卖亲生子女的，由公安部门没收非法所得，并处以罚款；构成犯罪的，依法追究刑事责任。

第六章　附　则

第三十二条　民族自治地方的人民代表大会及其常务委员会可以根据本法的原则，结合当地情况，制定变通的或者补充的规定。自治区的规定，报全国人民代表大会常务委员会备案。自治州、自治县的规定，报省或者自治区的人民代表大会常务委员会批准后生效，并报全国人民代表大会常务委员会备案。

第三十三条　国务院可以根据本法制定实施办法。

第三十四条　本法自 1992 年 4 月 1 日起施行。

中华人民共和国母婴保健法

（1994年10月27日第八届全国人民代表大会常务委员会
第十次会议通过　自1995年6月1日起施行）

目　录

第一章　总则
第二章　婚前保健
第三章　孕产期保健
第四章　技术鉴定
第五章　行政管理
第六章　法律责任
第七章　附则

第一章　总　则

第一条　为了保障母亲和婴儿健康，提高出生人口素质，根据宪法，制定本法。

第二条　国家发展母婴保健事业，提供必要条件和物质帮助，使母亲和婴儿获得医疗保健服务。

国家对边远贫困地区的母婴保健事业给予扶持。

第三条　各级人民政府领导母婴保健工作。

母婴保健事业应当纳入国民经济和社会发展计划。

第四条　国务院卫生行政部门主管全国母婴保健工作，根据不同地区情况提出分级分类指导原则，并对全国母婴保健工作实施监督管理。

国务院其他有关部门在各自职责范围内，配合卫生行政部门做好母婴保健工作。

第五条　国家鼓励、支持母婴保健领域的教育和科学研究，推广先进、实用的母婴保健技术，普及母婴保健科学知识。

第六条　对在母婴保健工作中做出显著成绩和在母婴保健科学研究中取得

显著成果的组织和个人，应当给予奖励。

第二章 婚前保健

第七条 医疗保健机构应当为公民提供婚前保健服务。

婚前保健服务包括下列内容：

（一）婚前卫生指导：关于性卫生知识、生育知识和遗传病知识的教育；

（二）婚前卫生咨询：对有关婚配、生育保健等问题提供医学意见；

（三）婚前医学检查：对准备结婚的男女双方可能患影响结婚和生育的疾病进行医学检查。

第八条 婚前医学检查包括对下列疾病的检查：

（一）严重遗传性疾病；

（二）指定传染病；

（三）有关精神病。

经婚前医学检查，医疗保健机构应当出具婚前医学检查证明。

第九条 经婚前医学检查，对患指定传染病在传染期内或者有关精神病在发病期内的，医师应当提出医学意见；准备结婚的男女双方应当暂缓结婚。

第十条 经婚前医学检查，对诊断患医学上认为不宜生育的严重遗传性疾病的，医师应当向男女双方说明情况，提出医学意见；经男女双方同意，采取长效避孕措施或者施行结扎手术后不生育的，可以结婚。但《中华人民共和国婚姻法》规定禁止结婚的除外。

第十一条 接受婚前医学检查的人员对检查结果持有异议的，可以申请医学技术鉴定，取得医学鉴定证明。

第十二条 男女双方在结婚登记时，应当持有婚前医学检查证明或者医学鉴定证明。

第十三条 省、自治区、直辖市人民政府根据本地区的实际情况，制定婚前医学检查制度实施办法。

省、自治区、直辖市人民政府对婚前医学检查应当规定合理的收费标准，对边远贫困地区或者交费确有困难的人员应当给予减免。

第三章 孕产期保健

第十四条 医疗保健机构应当为育龄妇女和孕产妇提供孕产期保健服务。

孕产期保健服务包括下列内容：

（一）母婴保健指导：对孕育健康后代以及严重遗传性疾病和碘缺乏病等地方病的发病原因、治疗和预防方法提供医学意见；

（二）孕妇、产妇保健：为孕妇、产妇提供卫生、营养、心理等方面的咨询和指导以及产前定期检查等医疗保健服务；

（三）胎儿保健：为胎儿生长发育进行监护，提供咨询和医学指导；

（四）新生儿保健：为新生儿生长发育、哺乳和护理提供的医疗保健服务。

第十五条　对患严重疾病或者接触致畸物质，妊娠可能危及孕妇生命安全或者可能严重影响孕妇健康和胎儿正常发育的，医疗保健机构应当予以医学指导。

第十六条　医师发现或者怀疑患严重遗传性疾病的育龄夫妻，应当提出医学意见。育龄夫妻应当根据医师的医学意见采取相应的措施。

第十七条　经产前检查，医师发现或者怀疑胎儿异常的，应当对孕妇进行产前诊断。

第十八条　经产前诊断，有下列情形之一的，医师应当向夫妻双方说明情况，并提出终止妊娠的医学意见：

（一）胎儿患严重遗传性疾病的；

（二）胎儿有严重缺陷的；

（三）因患严重疾病，继续妊娠可能危及孕妇生命安全或者严重危害孕妇健康的。

第十九条　依照本法规定施行终止妊娠或者结扎手术，应当经本人同意，并签署意见。本人无行为能力的，应当经其监护人同意，并签署意见。

依照本法规定施行终止妊娠或者结扎手术的，接受免费服务。

第二十条　生育过严重缺陷患儿的妇女再次妊娠前，夫妻双方应当到县级以上医疗保健机构接受医学检查。

第二十一条　医师和助产人员应当严格遵守有关操作规程，提高助产技术和服务质量，预防和减少产伤。

第二十二条　不能住院分娩的孕妇应当由经过培训合格的接生人员实行消毒接生。

第二十三条　医疗保健机构和从事家庭接生的人员按照国务院卫生行政部门的规定，出具统一制发的新生儿出生医学证明；有产妇和婴儿死亡以及新生儿出生缺陷情况的，应当向卫生行政部门报告。

第二十四条　医疗保健机构为产妇提供科学育儿、合理营养和母乳喂养的指导。

医疗保健机构对婴儿进行体格检查和预防接种，逐步开展新生儿疾病筛查、婴儿多发病和常见病防治等医疗保健服务。

第四章 技术鉴定

第二十五条 县级以上地方人民政府可以设立医学技术鉴定组织，负责对婚前医学检查、遗传病诊断和产前诊断结果有异议的进行医学技术鉴定。

第二十六条 从事医学技术鉴定的人员，必须具有临床经验和医学遗传学知识，并具有主治医师以上的专业技术职务。

医学技术鉴定组织的组成人员，由卫生行政部门提名，同级人民政府聘任。

第二十七条 医学技术鉴定实行回避制度。凡与当事人有利害关系，可能影响公正鉴定的人员，应当回避。

第五章 行政管理

第二十八条 各级人民政府应当采取措施，加强母婴保健工作，提高医疗保健服务水平，积极防治由环境因素所致严重危害母亲和婴儿健康的地方性高发性疾病，促进母婴保健事业的发展。

第二十九条 县级以上地方人民政府卫生行政部门管理本行政区域内的母婴保健工作。

第三十条 省、自治区、直辖市人民政府卫生行政部门指定的医疗保健机构负责本行政区域内的母婴保健监测和技术指导。

第三十一条 医疗保健机构按照国务院卫生行政部门的规定，负责其职责范围内的母婴保健工作，建立医疗保健工作规范，提高医学技术水平，采取各种措施方便人民群众，做好母婴保健服务工作。

第三十二条 医疗保健机构依照本法规定开展婚前医学检查、遗传病诊断、产前诊断以及施行结扎手术和终止妊娠手术的，必须符合国务院卫生行政部门规定的条件和技术标准，并经县级以上地方人民政府卫生行政部门许可。

严禁采用技术手段对胎儿进行性别鉴定，但医学上确有需要的除外。

第三十三条 从事本法规定的遗传病诊断、产前诊断的人员，必须经过省、自治区、直辖市人民政府卫生行政部门的考核，并取得相应的合格证书。

从事本法规定的婚前医学检查、施行结扎手术和终止妊娠手术的人员以及从事家庭接生的人员，必须经过县级以上地方人民政府卫生行政部门的考核，并取得相应的合格证书。

第三十四条　从事母婴保健工作的人员应当严格遵守职业道德，为当事人保守秘密。

第六章　法律责任

第三十五条　未取得国家颁发的有关合格证书的，有下列行为之一，县级以上地方人民政府卫生行政部门应当予以制止，并可以根据情节给予警告或者处以罚款：

（一）从事婚前医学检查、遗传病诊断、产前诊断或者医学技术鉴定的；

（二）施行终止妊娠手术的；

（三）出具本法规定的有关医学证明的。

上款第（三）项出具的有关医学证明无效。

第三十六条　未取得国家颁发的有关合格证书，施行终止妊娠手术或者采取其他方法终止妊娠，致人死亡、残疾、丧失或者基本丧失劳动能力的，依照刑法第一百三十四条、第一百三十五条的规定追究刑事责任。

第三十七条　从事母婴保健工作的人员违反本法规定，出具有关虚假医学证明或者进行胎儿性别鉴定的，由医疗保健机构或者卫生行政部门根据情节给予行政处分；情节严重的，依法取消执业资格。

第七章　附　则

第三十八条　本法下列用语的含义：

指定传染病，是指《中华人民共和国传染病防治法》中规定的艾滋病、淋病、梅毒、麻风病以及医学上认为影响结婚和生育的其他传染病。

严重遗传性疾病，是指由于遗传因素先天形成，患者全部或者部分丧失自主生活能力，后代再现风险高，医学上认为不宜生育的遗传性疾病。

有关精神病，是指精神分裂症、躁狂抑郁型精神病以及其他重型精神病。

产前诊断，是指对胎儿进行先天性缺陷和遗传性疾病的诊断。

第三十九条　本法自1995年6月1日起施行。

中华人民共和国继承法

（1985年4月10日第六届全国人民代表大会第三次会议通过
自1985年10月1日起施行）

目 录

第一章 总则
第二章 法定继承
第三章 遗嘱继承和遗赠
第四章 遗产的处理
第五章 附则

第一章 总 则

第一条 根据《中华人民共和国宪法》规定，为保护公民的私有财产的继承权，制定本法。

第二条 继承从被继承人死亡时开始。

第三条 遗产是公民死亡时遗留的个人合法财产，包括：

（一）公民的收入；

（二）公民的房屋、储蓄和生活用品；

（三）公民的林木、牲畜和家禽；

（四）公民的文物、图书资料；

（五）法律允许公民所有的生产资料；

（六）公民的著作权、专利权中的财产权利；

（七）公民的其他合法财产。

第四条 个人承包应得的个人收益，依照本法规定继承。个人承包，依照法律允许由继承人继续承包的，按照承包合同办理。

第五条 继承开始后，按照法定继承办理；有遗嘱的，按照遗嘱继承或者遗赠办理；有遗赠扶养协议的，按照协议办理。

第六条 无行为能力人的继承权、受遗赠权，由他的法定代理人代为行使。

限制行为能力人的继承权、受遗赠权，由他的法定代理人代为行使，或者征得法定代理人同意后行使。

第七条　继承人有下列行为之一的，丧失继承权：

（一）故意杀害被继承人的；

（二）为争夺遗产而杀害其他继承人的；

（三）遗弃被继承人的，或者虐待被继承人情节严重的；

（四）伪造、篡改或者销毁遗嘱，情节严重的。

第八条　继承权纠纷提起诉讼的期限为二年，自继承人知道或者应当知道其权利被侵犯之日起计算。但是，自继承开始之日起超过二十年的，不得再提起诉讼。

第二章　法 定 继 承

第九条　继承权男女平等。

第十条　遗产按照下列顺序继承：

第一顺序：配偶、子女、父母。

第二顺序：兄弟姐妹、祖父母、外祖父母。

继承开始后，由第一顺序继承人继承，第二顺序继承人不继承。没有第一顺序继承人继承的，由第二顺序继承人继承。

本法所说的子女，包括婚生子女、非婚生子女、养子女和有扶养关系的继子女。

本法所说的父母，包括生父母、养父母和有扶养关系的继父母。

本法所说的兄弟姐妹，包括同父母的兄弟姐妹、同父异母或者同母异父的兄弟姐妹、养兄弟姐妹、有扶养关系的继兄弟姐妹。

第十一条　被继承人的子女先于被继承人死亡的，由被继承人的子女的晚辈直系血亲代位继承。代位继承人一般只能继承他的父亲或者母亲有权继承的遗产份额。

第十二条　丧偶儿媳对公、婆，丧偶女婿对岳父、岳母，尽了主要赡养义务的，作为第一顺序继承人。

第十三条　同一顺序继承人继承遗产的份额，一般应当均等。

对生活有特殊困难的缺乏劳动能力的继承人，分配遗产时，应当予以照顾。

对被继承人尽了主要扶养义务或者与被继承人共同生活的继承人，分配遗产时，可以多分。

有扶养能力和有扶养条件的继承人，不尽扶养义务的，分配遗产时，应当不分或者少分。

继承人协商同意的，也可以不均等。

第十四条 对继承人以外的依靠被继承人扶养的缺乏劳动能力又没有生活来源的人，或者继承人以外的对被继承人扶养较多的人，可以分给他们适当的遗产。

第十五条 继承人应当本着互谅互让、和睦团结的精神，协商处理继承问题。遗产分割的时间、办法和份额，由继承人协商确定。协商不成的，可以由人民调解委员会调解或者向人民法院提起诉讼。

第三章 遗嘱继承和遗赠

第十六条 公民可以依照本法规定立遗嘱处分个人财产，并可以指定遗嘱执行人。

公民可以立遗嘱将个人财产指定由法定继承人的一人或者数人继承。

公民可以立遗嘱将个人财产赠给国家、集体或者法定继承人以外的人。

第十七条 公证遗嘱由遗嘱人经公证机关办理。

自书遗嘱由遗嘱人亲笔书写，签名，注明年、月、日。

代书遗嘱应当有两个以上见证人在场见证，由其中一人代书，注明年、月、日，并由代书人、其他见证人和遗嘱人签名。

以录音形式立的遗嘱，应当有两个以上见证人在场见证。

遗嘱人在危急情况下，可以立口头遗嘱。口头遗嘱应当有两个以上见证人在场见证。危急情况解除后，遗嘱人能够用书面或者录音形式立遗嘱的，所立的口头遗嘱无效。

第十八条 下列人员不能作为遗嘱见证人：

（一）无行为能力人、限制行为能力人；

（二）继承人、受遗赠人；

（三）与继承人、受遗赠人有利害关系的人。

第十九条 遗嘱应当对缺乏劳动能力又没有生活来源的继承人保留必要的遗产份额。

第二十条 遗嘱人可以撤销、变更自己所立的遗嘱。

立有数份遗嘱，内容相抵触的，以最后的遗嘱为准。

自书、代书、录音、口头遗嘱，不得撤销、变更公证遗嘱。

第二十一条　遗嘱继承或者遗赠附有义务的，继承人或者受遗赠人应当履行义务。没有正当理由不履行义务的，经有关单位或者个人请求，人民法院可以取消他接受遗产的权利。

第二十二条　无行为能力人或者限制行为能力人所立的遗嘱无效。

遗嘱必须表示遗嘱人的真实意思，受胁迫、欺骗所立的遗嘱无效。

伪造的遗嘱无效。

遗嘱被篡改的，篡改的内容无效。

第四章　遗产的处理

第二十三条　继承开始后，知道被继承人死亡的继承人应当及时通知其他继承人和遗嘱执行人。继承人中无人知道被继承人死亡或者知道被继承人死亡而不能通知的，由被继承人生前所在单位或者住所地的居民委员会、村民委员会负责通知。

第二十四条　存有遗产的人，应当妥善保管遗产，任何人不得侵吞或者争抢。

第二十五条　继承开始后，继承人放弃继承的，应当在遗产处理前，作出放弃继承的表示。没有表示的，视为接受继承。

受遗赠人应当在知道受遗赠后两个月内，作出接受或者放弃受遗赠的表示。到期没有表示的，视为放弃受遗赠。

第二十六条　夫妻在婚姻关系存续期间所得的共同所有的财产，除有约定的以外，如果分割遗产，应当先将共同所有的财产的一半分出为配偶所有，其余的为被继承人的遗产。

遗产在家庭共有财产之中的，遗产分割时，应当先分出他人的财产。

第二十七条　有下列情形之一的，遗产中的有关部分按照法定继承办理：

（一）遗嘱继承人放弃继承或者受遗赠人放弃受遗赠的；

（二）遗嘱继承人丧失继承权的；

（三）遗嘱继承人、受遗赠人先于遗嘱人死亡的；

（四）遗嘱无效部分所涉及的遗产；

（五）遗嘱未处分的遗产。

第二十八条　遗产分割时，应当保留胎儿的继承份额。胎儿出生时是死体的，保留的份额按照法定继承办理。

第二十九条　遗产分割应当有利于生产和生活需要，不损害遗产的效用。

不宜分割的遗产，可以采取折价、适当补偿或者共有等方法处理。

第三十条 夫妻一方死亡后另一方再婚的，有权处分所继承的财产，任何人不得干涉。

第三十一条 公民可以与扶养人签订遗赠扶养协议。按照协议，扶养人承担该公民生养死葬的义务，享有受遗赠的权利。

公民可以与集体所有制组织签订遗赠扶养协议。按照协议，集体所有制组织承担该公民生养死葬的义务，享有受遗赠的权利。

第三十二条 无人继承又无人受遗赠的遗产，归国家所有；死者生前是集体所有制组织成员的，归所在集体所有制组织所有。

第三十三条 继承遗产应当清偿被继承人依法应当缴纳的税款和债务，缴纳税款和清偿债务以他的遗产实际价值为限。超过遗产实际价值部分，继承人自愿偿还的不在此限。

继承人放弃继承的，对被继承人依法应当缴纳的税款和债务可以不负偿还责任。

第三十四条 执行遗赠不得妨碍清偿遗赠人依法应当缴纳的税款和债务。

第五章 附 则

第三十五条 民族自治地方的人民代表大会可以根据本法的原则，结合当地民族财产继承的具体情况，制定变通的或者补充的规定。自治区的规定，报全国人民代表大会常务委员会备案。自治州、自治县的规定，报省或者自治区的人民代表大会常务委员会批准后生效，并报全国人民代表大会常务委员会备案。

第三十六条 中国公民继承在中华人民共和国境外的遗产或者继承在中华人民共和国境内的外国人的遗产，动产适用被继承人住所地法律，不动产适用不动产所在地法律。

外国人继承在中华人民共和国境内的遗产或者继承在中华人民共和国境外的中国公民的遗产，动产适用被继承人住所地法律，不动产适用不动产所在地法律。

中华人民共和国与外国订有条约、协定的，按照条约、协定办理。

第三十七条 本法自 1985 年 10 月 1 日起施行。

最高人民法院关于贯彻执行《中华人民共和国继承法》若干问题的意见

（1985 年 9 月 11 日）

第六届全国人民代表大会第三次会议通过的《中华人民共和国继承法》，是我国公民处理继承问题的准则，是人民法院正确、及时审理继承案件的依据。人民法院贯彻执行继承法，要根据社会主义的法制原则，坚持继承权男女平等，贯彻互相扶助和权利义务相一致的精神，依法保护公民的私有财产的继承权。

为了正确贯彻执行继承法，我们根据继承法的有关规定和审判实践经验，对审理继承案件中具体适用继承法的一些问题，提出以下意见，供各级人民法院在审理继承案件时试行。

一、关于总则部分

1. 继承从被继承人生理死亡或被宣告死亡时开始。

失踪人被宣告死亡的，以法院判决中确定的失踪人的死亡日期，为继承开始的时间。

2. 相互有继承关系的几个人在同一事件中死亡，如不能确定死亡先后时间的，推定没有继承人的人先死亡。死亡人各自都有继承人的，如几个死亡人辈份不同，推定长辈先死亡；几个死亡人辈份相同，推定同时死亡，彼此不发生继承，由他们各自的继承人分别继承。

3. 公民可继承的其他合法财产包括有价证券和履行标的为财物的债权等。

4. 承包人死亡时尚未取得承包收益的，可把死者生前对承包所投入的资金和所付出的劳动及其增值和孳息，由发包单位或者按接承包合同的人合理折价、补偿，其价额作为遗产。

5. 被继承人生前与他人订有遗赠扶养协议，同时又立有遗嘱的，继承开始后，如果遗赠扶养协议与遗嘱没有抵触，遗产分别按协议和遗嘱处理；如果有抵触，按协议处理，与协议抵触的遗嘱全部或部分无效。

6. 遗嘱继承人依遗嘱取得遗产后，仍有权依继承法第十三条的规定取得遗嘱未处分的遗产。

7. 不满六周岁的儿童、精神病患者，可以认定其为无行为能力人。

已满六周岁，不满十八周岁的未成年人，应当认定其为限制行为能力人。

8. 法定代理人代理被代理人行使继承权、受遗赠权，不得损害被代理人的利益。法定代理人一般不能代理被代理人放弃继承权、受遗嘱权。明显损害被代理人利益的，应认定其代理行为无效。

9. 在遗产继承中，继承人之间因是否丧失继承权发生纠纷，诉讼到人民法院的，由人民法院根据继承法第七条的规定，判决确认其是否丧失继承权。

10. 继承人虐待被继承人情节是否严重，可以从实施虐待行为的时间、手段、后果和社会影响等方面认定。

虐待被继承人情节严重的，不论是否追究刑事责任，均可确认其丧失继承权。

11. 继承人故意杀害被继承人的，不论是既遂还是未遂，均应确认其丧失继承权。

12. 继承人有继承法第七条第（一）项或第（二）项所列之行为，而被继承人以遗嘱将遗产指定由该继承人继承的，可确认遗嘱无效，并按继承法第七条的规定处理。

13. 继承人虐待被继承人情节严重的，或者遗弃被继承人的，如以后确有悔改表现，而且被虐待人、被遗弃人生前又表示宽恕，可不确认其丧失继承权。

14. 继承人伪造、篡改或者销毁遗嘱，侵害了缺乏劳动能力又无生活来源的继承人的利益，并造成其生活困难的，应认定其行为情节严重。

15. 在诉讼时效期间内，因不可抗拒的事由致继承人无法主张继承权利的，人民法院可按中止诉讼时效处理。

16. 继承人在知道自己的权利受到侵犯之日起的二年之内，其遗产继承权纠纷确在人民调解委员会进行调解期间，可按中止诉讼时效处理。

17. 继承人因遗产继承纠纷向人民法院提起诉讼，诉讼时效即为中断。

18. 自继承开始之日起的第十八年后至第二十年期间内，继承人才知道自己的权利被侵犯的，其提起诉讼的权利，应当在继承开始之日起的二十年之内行使，超过二十年的，不得再行提起诉讼。

二、关于法定继承部分

19. 被收养人对养父母尽了赡养义务，同时又对生父母扶养较多的，除可依继承法第十条的规定继承养父母的遗产外，还可依继承法第十四条的规定分得生父母的适当的遗产。

20. 在旧社会形成的一夫多妻家庭中，子女与生母以外的父亲的其他配偶之间形成扶养关系的，互有继承权。

21. 继子女继承了继父母遗产的，不影响其继承生父母的遗产。

继父母继承了继子女遗产的，不影响其继承生子女的遗产。

22. 收养他人为养孙子女，视为养父母与养子女的关系的，可互为第一顺序继承人。

23. 养子女与生子女之间、养子女与养子女之间，系养兄弟姐妹，可互为第二顺序继承人。

被收养人与其亲兄弟姐妹之间的权利义务关系，因收养关系的成立而消除，不能互为第二顺序继承人。

24. 继兄弟姐妹之间的继承权，因继兄弟姐妹之间的扶养关系而发生。没有扶养关系的，不能互为第二顺序继承人。

继兄弟姐妹之间相互继承了遗产的，不影响其继承亲兄弟姐妹的遗产。

25. 被继承人的孙子女、外孙子女、曾孙子女、外曾孙子女都可以代位继承，代位继承人不受辈数的限制。

26. 被继承人的养子女、已形成扶养关系的继子女的生子女可代位继承；被继承人亲生子女的养子女可代位继承；被继承人养子女的养子女可代位继承；与被继承人已形成扶养关系的继子女的养子女也可以代位继承。

27. 代位继承人缺乏劳动能力又没有生活来源，或者对被继承人尽过主要赡养义务的，分配遗产时，可以多分。

28. 继承人丧失继承权的，其晚辈直系血亲不得代位继承。如该代位继承人缺乏劳动能力又没有生活来源，或对被继承人尽赡养义务较多的，可适当分给遗产。

29. 丧偶儿媳对公婆、丧偶女婿对岳父、岳母，无论其是否再婚，依继承法第十二条规定作为第一顺序继承人时，不影响其子女代位继承。

30. 对被继承人生活提供了主要经济来源，或在劳务等方面给予了主要扶助的，应当认定其尽了主要赡养义务或主要扶养义务。

31. 依继承法第十四条规定可以分给适当遗产的人，分给他们遗产时，按具体情况可多于或少于继承人。

32. 依继承法第十四条规定可以分给适当遗产的人，在其依法取得被继承人遗产的权利受到侵犯时，本人有权以独立的诉讼主体的资格向人民法院提起诉讼。但在遗产分割时，明知而未提出请求的，一般不予受理；不知而未提出请求，在二年以内起诉的，应予受理。

33. 继承人有扶养能力和扶养条件，愿意尽扶养义务，但被继承人因有固定收入和劳动能力，明确表示不要求其扶养的，分配遗产时，一般不应因此而影响其继承份额。

34. 有扶养能力和扶养条件的继承人虽然与被继承人共同生活，但对需要扶养的被继承人不尽扶养义务，分配遗产时，可以少分或者不分。

三、关于遗嘱继承部分

35. 继承法实施前订立的，形式上稍有欠缺的遗嘱，如内容合法，又有充分证据证明确为遗嘱人真实意思表示的，可以认定遗嘱有效。

36. 继承人、受遗赠人的债权人、债务人，共同经营的合伙人，也应当视为与继承人、受遗赠人有利害关系，不能作为遗嘱的见证人。

37. 遗嘱人未保留缺乏劳动能力又没有生活来源的继承人的遗产份额，遗产处理时，应当为该继承人留下必要的遗产，所剩余的部分，才可参照遗嘱确定的分配原则处理。

继承人是否缺乏劳动能力又没有生活来源，应按遗嘱生效时该继承人的具体情况确定。

38. 遗嘱人以遗嘱处分了属于国家、集体或他人所有的财产，遗嘱的这部分，应认定无效。

39. 遗嘱人生前的行为与遗嘱的意思表示相反，而使遗嘱处分的财产在继承开始前灭失，部分灭失或所有权转移、部分转移的，遗嘱视为被撤销或部分被撤销。

40. 公民在遗书中涉及死后个人财产处分的内容，确为死者真实意思的表示，有本人签名并注明了年、月、日，又无相反证据的，可按自书遗嘱对待。

41. 遗嘱人立遗嘱时必须有行为能力。无行为能力人所立的遗嘱，即使其本人后来有了行为能力，仍属无效遗嘱。遗嘱人立遗嘱时有行为能力，后来丧失了行为能力，不影响遗嘱的效力。

42. 遗嘱人以不同形式立有数份内容相抵触的遗嘱，其中有公证遗嘱的，以最后所立公证遗嘱为准，没有公证遗嘱的，以最后所立的遗嘱为准。

43. 附义务的遗嘱继承或遗赠，如义务能够履行，而继承人、受遗赠人无正当理由不履行，经受益人或其他继承人请求，人民法院可以取消他接受附义务那部分遗产的权利，由提出请求的继承人或受益人负责按遗嘱人的意愿履行义务，接受遗产。

四、关于遗产的处理部分

44. 人民法院在审理继承案件时，如果知道有继承人而无法通知的，分割遗产时，要保留其应继承的遗产，并确定该遗产的保管人或保管单位。

45. 应当为胎儿保留的遗产份额没有保留的应从继承人所继承的遗产中扣回。

为胎儿保留的遗产份额，如胎儿出生后死亡的，由其继承人继承；如胎儿出生时就是死体的，由被继承人的继承人继承。

46. 继承人因放弃继承权，致其不能履行法定义务的，放弃继承权的行为无效。

47. 继承人放弃继承应当以书面形式向其他继承人表示。用口头方式表示放弃继承，本人承认，或有其它充分证据证明的，也应当认定其有效。

48. 在诉讼中，继承人向人民法院以口头方式表示放弃继承的，要制作笔录，由放弃继承的人签名。

49. 继承人放弃继承的意思表示，应当在继承开始后、遗产分割前作出。遗产分割后表示放弃的不再是继承权，而是所有权。

50. 遗产处理前或在诉讼进行中，继承人对放弃继承翻悔的，由人民法院根据其提出的具体理由，决定是否承认。遗产处理后，继承人对放弃继承翻悔的，不予承认。

51. 放弃继承的效力，追溯到继承开始的时间。

52. 继承开始后，继承人没有表示放弃继承，并于遗产分割前死亡的，其继承遗产的权利转移给他的合法继承人。

53. 继承开始后，受遗赠人表示接受遗赠，并于遗产分割前死亡的，其接受遗赠的权利转移给他的继承人。

54. 由国家或集体组织供给生活费用的烈属和享受社会救济的城市居民，其遗产仍应准许合法继承人继承。

55. 集体组织对“五保户”实行“五保”时，双方有扶养协议的，按协议处理；没有扶养协议，死者有遗嘱继承人或法定继承人要求继承的，按遗嘱继承或法定继承处理，但集体组织有权要求扣回“五保”费用。

56. 扶养人或集体组织与公民订有遗赠扶养协议，扶养人或集体组织无正当理由不履行，致协议解除的，不能享有受遗赠的权利，其支付的供养费用一般不予补偿；遗赠人无正当理由不履行，致协议解除的，则应偿还扶养人或集体组织已支付的供养费用。

57. 遗产因无人继承收归国家或集体组织所有时，按继承法第十四条规定可以分给遗产的人提出取得遗产的要求，人民法院应视情况适当分给遗产。

58. 人民法院在分割遗产中的房屋、生产资料和特定职业所需要的财产时，应依据有利于发挥其使用效益和继承人的实际需要，兼顾各继承人的利益进行处理。

59. 人民法院对故意隐匿、侵吞或争抢遗产的继承人，可以酌情减少其应继承的遗产。

60. 继承诉讼开始后，如继承人、受遗赠人中有既不愿参加诉讼，又不表示放弃实体权利的，应追加为共同原告；已明确表示放弃继承的，不再列为当事人。

61. 继承人中有缺乏劳动能力又没有生活来源的人，即使遗产不足清偿债务，也应为其保留适当遗产，然后再按继承法第三十三条和民事诉讼法第一百八十条的规定清偿债务。

62. 遗产已被分割而未清偿债务时，如有法定继承又有遗嘱继承和遗赠的，首先由法定继承人用其所得遗产清偿债务；不足清偿时，剩余的债务由遗嘱继承人和受遗赠人按比例用所得遗产偿还；如果只有遗嘱继承和遗赠的，由遗嘱继承人和受遗赠人按比例用所得遗产偿还。

五、关于附则部分

63. 涉外继承，遗产为动产的，适用被继承人住所地法律，即适用被继承人生前最后住所地国家的法律。

64. 继承法施行前，人民法院已经审结的继承案件，继承法施行后，按审判监督程序提起再审的，适用审结时的有关政策、法律。

人民法院对继承法生效前已经受理、生效时尚未审结的继承案件，适用继承法。但不得再以超过诉讼时效为由驳回起诉。

中华人民共和国人口与计划生育法

（2001年12月29日第九届全国人民代表大会常务委员会第二十五次会议通过　自2002年9月1日起施行）

目　录

第一章　总则
第二章　人口发展规划的制定与实施
第三章　生育调节
第四章　奖励与社会保障
第五章　计划生育技术服务
第六章　法律责任
第七章　附则

第一章　总　则

第一条　为了实现人口与经济、社会、资源、环境的协调发展，推行计划生育，维护公民的合法权益，促进家庭幸福、民族繁荣与社会进步，根据宪法，制定本法。

第二条　我国是人口众多的国家，实行计划生育是国家的基本国策。

国家采取综合措施，控制人口数量，提高人口素质。

国家依靠宣传教育、科学技术进步、综合服务、建立健全奖励和社会保障制度，开展人口与计划生育工作。

第三条　开展人口与计划生育工作，应当与增加妇女受教育和就业机会、增进妇女健康、提高妇女地位相结合。

第四条　各级人民政府及其工作人员在推行计划生育工作中应当严格依法行政，文明执法，不得侵犯公民的合法权益。

计划生育行政部门及其工作人员依法执行公务受法律保护。

第五条　国务院领导全国的人口与计划生育工作。

地方各级人民政府领导本行政区域内的人口与计划生育工作。

第六条 国务院计划生育行政部门负责全国计划生育工作和与计划生育有关的人口工作。

县级以上地方各级人民政府计划生育行政部门负责本行政区域内的计划生育工作和与计划生育有关的人口工作。

县级以上各级人民政府其他有关部门在各自的职责范围内，负责有关的人口与计划生育工作。

第七条 工会、共产主义青年团、妇女联合会及计划生育协会等社会团体、企业事业组织和公民应当协助人民政府开展人口与计划生育工作。

第八条 国家对在人口与计划生育工作中作出显著成绩的组织和个人，给予奖励。

第二章 人口发展规划的制定与实施

第九条 国务院编制人口发展规划，并将其纳入国民经济和社会发展计划。

县级以上地方各级人民政府根据全国人口发展规划以及上一级人民政府人口发展规划，结合当地实际情况编制本行政区域的人口发展规划，并将其纳入国民经济和社会发展计划。

第十条 县级以上各级人民政府根据人口发展规划，制定人口与计划生育实施方案并组织实施。

县级以上各级人民政府计划生育行政部门负责实施人口与计划生育实施方案的日常工作。

乡、民族乡、镇的人民政府和城市街道办事处负责本管辖区域内的人口与计划生育工作，贯彻落实人口与计划生育实施方案。

第十一条 人口与计划生育实施方案应当规定控制人口数量，加强母婴保健，提高人口素质的措施。

第十二条 村民委员会、居民委员会应当依法做好计划生育工作。

机关、部队、社会团体、企业事业组织应当做好本单位的计划生育工作。

第十三条 计划生育、教育、科技、文化、卫生、民政、新闻出版、广播电视等部门应当组织开展人口与计划生育宣传教育。

大众传媒负有开展人口与计划生育的社会公益性宣传的义务。

学校应当在学生中，以符合受教育者特征的适当方式，有计划地开展生理卫生教育、青春期教育或者性健康教育。

第十四条 流动人口的计划生育工作由其户籍所在地和现居住地的人民政

府共同负责管理，以现居住地为主。

第十五条 国家根据国民经济和社会发展状况逐步提高人口与计划生育经费投入的总体水平。各级人民政府应当保障人口与计划生育工作必要的经费。

各级人民政府应当对贫困地区、少数民族地区开展人口与计划生育工作给予重点扶持。国家鼓励社会团体、企业事业组织和个人为人口与计划生育工作提供捐助。

任何单位和个人不得截留、克扣、挪用人口与计划生育工作费用。

第十六条 国家鼓励开展人口与计划生育领域的科学研究和对外交流与合作。

第三章 生育调节

第十七条 公民有生育的权利，也有依法实行计划生育的义务，夫妻双方在实行计划生育中负有共同的责任。

第十八条 国家稳定现行生育政策，鼓励公民晚婚晚育，提倡一对夫妻生育一个子女；符合法律、法规规定条件的，可以要求安排生育第二个子女。具体办法由省、自治区、直辖市人民代表大会或者其常务委员会规定。

少数民族也要实行计划生育，具体办法由省、自治区、直辖市人民代表大会或者其常务委员会规定。

第十九条 实行计划生育，以避孕为主。

国家创造条件，保障公民知情选择安全、有效、适宜的避孕节育措施。实施避孕节育手术，应当保证受术者的安全。

第二十条 育龄夫妻应当自觉落实计划生育避孕节育措施，接受计划生育技术服务指导。

预防和减少非意愿妊娠。

第二十一条 实行计划生育的育龄夫妻免费享受国家规定的基本项目的计划生育技术服务。

前款规定所需经费，按照国家有关规定列入财政预算或者由社会保险予以保障。

第二十二条 禁止歧视、虐待生育女婴的妇女和不育的妇女。

禁止歧视、虐待、遗弃女婴。

第四章 奖励与社会保障

第二十三条 国家对实行计划生育的夫妻，按照规定给予奖励。

第二十四条 国家建立、健全基本养老保险、基本医疗保险、生育保险和社会福利等社会保障制度，促进计划生育。

国家鼓励保险公司举办有利于计划生育的保险项目。

有条件的地方可以根据政府引导、农民自愿的原则，在农村实行多种形式的养老保障办法。

第二十五条 公民晚婚晚育，可以获得延长婚假、生育假的奖励或者其他福利待遇。

第二十六条 妇女怀孕、生育和哺乳期间，按照国家有关规定享受特殊劳动保护并可以获得帮助和补偿。

公民实行计划生育手术，享受国家规定的休假；地方人民政府可以给予奖励。

第二十七条 自愿终身只生育一个子女的夫妻，国家发给《独生子女父母光荣证》。

获得《独生子女父母光荣证》的夫妻，按照国家和省、自治区、直辖市有关规定享受独生子女父母奖励。

法律、法规或者规章规定给予终身只生育一个子女的夫妻奖励的措施中由其所在单位落实的，有关单位应当执行。

独生子女发生意外伤残、死亡，其父母不再生育和收养子女的，地方人民政府应当给予必要的帮助。

第二十八条 地方各级人民政府对农村实行计划生育的家庭发展经济，给予资金、技术、培训等方面的支持、优惠；对实行计划生育的贫困家庭，在扶贫贷款、以工代赈、扶贫项目和社会救济等方面给予优先照顾。

第二十九条 本章规定的奖励措施，省、自治区、直辖市和较大的市的人民代表大会及其常务委员会或者人民政府可以依据本法和有关法律、行政法规的规定，结合当地实际情况，制定具体实施办法。

第五章 计划生育技术服务

第三十条 国家建立婚前保健、孕产期保健制度，防止或者减少出生缺陷，提高出生婴儿健康水平。

第三十一条　各级人民政府应当采取措施，保障公民享有计划生育技术服务，提高公民的生殖健康水平。

第三十二条　地方各级人民政府应当合理配置、综合利用卫生资源，建立、健全由计划生育技术服务机构和从事计划生育技术服务的医疗、保健机构组成的计划生育技术服务网络，改善技术服务设施和条件，提高技术服务水平。

第三十三条　计划生育技术服务机构和从事计划生育技术服务的医疗、保健机构应当在各自的职责范围内，针对育龄人群开展人口与计划生育基础知识宣传教育，对已婚育龄妇女开展孕情检查、随访服务工作，承担计划生育、生殖保健的咨询、指导和技术服务。

第三十四条　计划生育技术服务人员应当指导实行计划生育的公民选择安全、有效、适宜的避孕措施。

对已生育子女的夫妻，提倡选择长效避孕措施。

国家鼓励计划生育新技术、新药具的研究、应用和推广。

第三十五条　严禁利用超声技术和其他技术手段进行非医学需要的胎儿性别鉴定；严禁非医学需要的选择性别的人工终止妊娠。

第六章　法律责任

第三十六条　违反本法规定，有下列行为之一的，由计划生育行政部门或者卫生行政部门依据职权责令改正，给予警告，没收违法所得；违法所得一万元以上的，处违法所得二倍以上六倍以下的罚款；没有违法所得或者违法所得不足一万元的，处一万元以上三万元以下的罚款；情节严重的，由原发证机关吊销执业证书；构成犯罪的，依法追究刑事责任：

（一）非法为他人施行计划生育手术的；

（二）利用超声技术和其他技术手段为他人进行非医学需要的胎儿性别鉴定或者选择性别的人工终止妊娠的；

（三）实施假节育手术、进行假医学鉴定、出具假计划生育证明的。

第三十七条　伪造、变造、买卖计划生育证明，由计划生育行政部门没收违法所得，违法所得五千元以上的，处违法所得二倍以上十倍以下的罚款；没有违法所得或者违法所得不足五千元的，处五千元以上二万元以下的罚款；构成犯罪的，依法追究刑事责任。

以不正当手段取得计划生育证明的，由计划生育行政部门取消其计划生育证明；出具证明的单位有过错的，对直接负责的主管人员和其他直接责任人员依法给予行政处分。

第三十八条 计划生育技术服务人员违章操作或者延误抢救、诊治，造成严重后果的，依照有关法律、行政法规的规定承担相应的法律责任。

第三十九条 国家机关工作人员在计划生育工作中，有下列行为之一，构成犯罪的，依法追究刑事责任；尚不构成犯罪的，依法给予行政处分；有违法所得的，没收违法所得：

（一）侵犯公民人身权、财产权和其他合法权益的；

（二）滥用职权、玩忽职守、徇私舞弊的；

（三）索取、收受贿赂的；

（四）截留、克扣、挪用、贪污计划生育经费或者社会抚养费的；

（五）虚报、瞒报、伪造、篡改或者拒报人口与计划生育统计数据的。

第四十条 违反本法规定，不履行协助计划生育管理义务的，由有关地方人民政府责令改正，并给予通报批评；对直接负责的主管人员和其他直接责任人员依法给予行政处分。

第四十一条 不符合本法第十八条规定生育子女的公民，应当依法缴纳社会抚养费。

未在规定的期限内足额缴纳应当缴纳的社会抚养费的，自欠缴之日起，按照国家有关规定加收滞纳金；仍不缴纳的，由作出征收决定的计划生育行政部门依法向人民法院申请强制执行。

第四十二条 按照本法第四十一条规定缴纳社会抚养费的人员，是国家工作人员的，还应当依法给予行政处分；其他人员还应当由其所在单位或者组织给予纪律处分。

第四十三条 拒绝、阻碍计划生育行政部门及其工作人员依法执行公务的，由计划生育行政部门给予批评教育并予以制止；构成违反治安管理行为的，依法给予治安管理处罚；构成犯罪的，依法追究刑事责任。

第四十四条 公民、法人或者其他组织认为行政机关在实施计划生育管理过程中侵犯其合法权益，可以依法申请行政复议或者提起行政诉讼。

第七章 附 则

第四十五条 流动人口计划生育工作的具体管理办法、计划生育技术服务的具体管理办法和社会抚养费的征收管理办法，由国务院制定。

第四十六条 中国人民解放军执行本法的具体办法，由中央军事委员会依据本法制定。

第四十七条 本法自2002年9月1日起施行。

中华人民共和国妇女权益保障法

（1992 年 4 月 3 日第七届全国人民代表大会第五次会议通过　根据 2005 年 8 月 28 日第十届全国人民代表大会常务委员会第十七次会议《关于修改〈中华人民共和国妇女权益保障法〉的决定》修正）

目　录

第一章　总则
第二章　政治权利
第三章　文化教育权益
第四章　劳动和社会保障权益
第五章　财产权益
第六章　人身权利
第七章　婚姻家庭权益
第八章　法律责任
第九章　附则

第一章　总　则

第一条　为了保障妇女的合法权益，促进男女平等，充分发挥妇女在社会主义现代化建设中的作用，根据宪法和我国的实际情况，制定本法。

第二条　妇女在政治的、经济的、文化的、社会的和家庭的生活等各方面享有同男子平等的权利。

实行男女平等是国家的基本国策。国家采取必要措施，逐步完善保障妇女权益的各项制度，消除对妇女一切形式的歧视。

国家保护妇女依法享有的特殊权益。

禁止歧视、虐待、遗弃、残害妇女。

第三条　国务院制定中国妇女发展纲要，并将其纳入国民经济和社会发展规划。

县级以上地方各级人民政府根据中国妇女发展纲要，制定本行政区域的妇女发展规划，并将其纳入国民经济和社会发展计划。

第四条 保障妇女的合法权益是全社会的共同责任。国家机关、社会团体、企业事业单位、城乡基层群众性自治组织，应当依照本法和有关法律的规定，保障妇女的权益。

国家采取有效措施，为妇女依法行使权利提供必要的条件。

第五条 国家鼓励妇女自尊、自信、自立、自强，运用法律维护自身合法权益。

妇女应当遵守国家法律，尊重社会公德，履行法律所规定的义务。

第六条 各级人民政府应当重视和加强妇女权益的保障工作。

县级以上人民政府负责妇女儿童工作的机构，负责组织、协调、指导、督促有关部门做好妇女权益的保障工作。

县级以上人民政府有关部门在各自的职责范围内做好妇女权益的保障工作。

第七条 中华全国妇女联合会和地方各级妇女联合会依照法律和中华全国妇女联合会章程，代表和维护各族各界妇女的利益，做好维护妇女权益的工作。

工会、共产主义青年团，应当在各自的工作范围内，做好维护妇女权益的工作。

第八条 对保障妇女合法权益成绩显著的组织和个人，各级人民政府和有关部门给予表彰和奖励。

第二章 政治权利

第九条 国家保障妇女享有与男子平等的政治权利。

第十条 妇女有权通过各种途径和形式，管理国家事务，管理经济和文化事业，管理社会事务。

制定法律、法规、规章和公共政策，对涉及妇女权益的重大问题，应当听取妇女联合会的意见。

妇女和妇女组织有权向各级国家机关提出妇女权益保障方面的意见和建议。

第十一条 妇女享有与男子平等的选举权和被选举权。

全国人民代表大会和地方各级人民代表大会的代表中，应当有适当数量的妇女代表。国家采取措施，逐步提高全国人民代表大会和地方各级人民代表大会的妇女代表的比例。

居民委员会、村民委员会成员中，妇女应当有适当的名额。

第十二条 国家积极培养和选拔女干部。

国家机关、社会团体、企业事业单位培养、选拔和任用干部，必须坚持男女平等的原则，并有适当数量的妇女担任领导成员。

国家重视培养和选拔少数民族女干部。

第十三条 中华全国妇女联合会和地方各级妇女联合会代表妇女积极参与国家和社会事务的民主决策、民主管理和民主监督。

各级妇女联合会及其团体会员，可以向国家机关、社会团体、企业事业单位推荐女干部。

第十四条 对于有关保障妇女权益的批评或者合理建议，有关部门应当听取和采纳；对于有关侵害妇女权益的申诉、控告和检举，有关部门必须查清事实，负责处理，任何组织或者个人不得压制或者打击报复。

第三章 文化教育权益

第十五条 国家保障妇女享有与男子平等的文化教育权利。

第十六条 学校和有关部门应当执行国家有关规定，保障妇女在入学、升学、毕业分配、授予学位、派出留学等方面享有与男子平等的权利。

学校在录取学生时，除特殊专业外，不得以性别为由拒绝录取女性或者提高对女性的录取标准。

第十七条 学校应当根据女性青少年的特点，在教育、管理、设施等方面采取措施，保障女性青少年身心健康发展。

第十八条 父母或者其他监护人必须履行保障适龄女性儿童少年接受义务教育的义务。

除因疾病或者其他特殊情况经当地人民政府批准的以外，对不送适龄女性儿童少年入学的父母或者其他监护人，由当地人民政府予以批评教育，并采取有效措施，责令送适龄女性儿童少年入学。

政府、社会、学校应当采取有效措施，解决适龄女性儿童少年就学存在的实际困难，并创造条件，保证贫困、残疾和流动人口中的适龄女性儿童少年完成义务教育。

第十九条 各级人民政府应当依照规定把扫除妇女中的文盲、半文盲工作，纳入扫盲和扫盲后继续教育规划，采取符合妇女特点的组织形式和工作方法，组织、监督有关部门具体实施。

第二十条 各级人民政府和有关部门应当采取措施，根据城镇和农村妇女的需要，组织妇女接受职业教育和实用技术培训。

第二十一条 国家机关、社会团体和企业事业单位应当执行国家有关规定，保障妇女从事科学、技术、文学、艺术和其他文化活动，享有与男子平等的权利。

第四章 劳动和社会保障权益

第二十二条 国家保障妇女享有与男子平等的劳动权利和社会保障权利。

第二十三条 各单位在录用职工时，除不适合妇女的工种或者岗位外，不得以性别为由拒绝录用妇女或者提高对妇女的录用标准。

各单位在录用女职工时，应当依法与其签订劳动（聘用）合同或者服务协议，劳动（聘用）合同或者服务协议中不得规定限制女职工结婚、生育的内容。

禁止录用未满十六周岁的女性未成年人，国家另有规定的除外。

第二十四条 实行男女同工同酬。妇女在享受福利待遇方面享有与男子平等的权利。

第二十五条 在晋职、晋级、评定专业技术职务等方面，应当坚持男女平等的原则，不得歧视妇女。

第二十六条 任何单位均应根据妇女的特点，依法保护妇女在工作和劳动时的安全和健康，不得安排不适合妇女从事的工作和劳动。

妇女在经期、孕期、产期、哺乳期受特殊保护。

第二十七条 任何单位不得因结婚、怀孕、产假、哺乳等情形，降低女职工的工资，辞退女职工，单方解除劳动（聘用）合同或者服务协议。但是，女职工要求终止劳动（聘用）合同或者服务协议的除外。

各单位在执行国家退休制度时，不得以性别为由歧视妇女。

第二十八条 国家发展社会保险、社会救助、社会福利和医疗卫生事业，保障妇女享有社会保险、社会救助、社会福利和卫生保健等权益。

国家提倡和鼓励为帮助妇女开展的社会公益活动。

第二十九条 国家推行生育保险制度，建立健全与生育相关的其他保障制度。

地方各级人民政府和有关部门应当按照有关规定为贫困妇女提供必要的生育救助。

第五章　财产权益

第三十条　国家保障妇女享有与男子平等的财产权利。

第三十一条　在婚姻、家庭共有财产关系中，不得侵害妇女依法享有的权益。

第三十二条　妇女在农村土地承包经营、集体经济组织收益分配、土地征收或者征用补偿费使用以及宅基地使用等方面，享有与男子平等的权利。

第三十三条　任何组织和个人不得以妇女未婚、结婚、离婚、丧偶等为由，侵害妇女在农村集体经济组织中的各项权益。

因结婚男方到女方住所落户的，男方和子女享有与所在地农村集体经济组织成员平等的权益。

第三十四条　妇女享有的与男子平等的财产继承权受法律保护。在同一顺序法定继承人中，不得歧视妇女。

丧偶妇女有权处分继承的财产，任何人不得干涉。

第三十五条　丧偶妇女对公、婆尽了主要赡养义务的，作为公、婆的第一顺序法定继承人，其继承权不受子女代位继承的影响。

第六章　人身权利

第三十六条　国家保障妇女享有与男子平等的人身权利。

第三十七条　妇女的人身自由不受侵犯。禁止非法拘禁和以其他非法手段剥夺或者限制妇女的人身自由；禁止非法搜查妇女的身体。

第三十八条　妇女的生命健康权不受侵犯。禁止溺、弃、残害女婴；禁止歧视、虐待生育女婴的妇女和不育的妇女；禁止用迷信、暴力等手段残害妇女；禁止虐待、遗弃病、残妇女和老年妇女。

第三十九条　禁止拐卖、绑架妇女；禁止收买被拐卖、绑架的妇女；禁止阻碍解救被拐卖、绑架的妇女。

各级人民政府和公安、民政、劳动和社会保障、卫生等部门按照其职责及时采取措施解救被拐卖、绑架的妇女，做好善后工作，妇女联合会协助和配合做好有关工作。任何人不得歧视被拐卖、绑架的妇女。

第四十条　禁止对妇女实施性骚扰。受害妇女有权向单位和有关机关投诉。

第四十一条　禁止卖淫、嫖娼。

禁止组织、强迫、引诱、容留、介绍妇女卖淫或者对妇女进行猥亵活动。

禁止组织、强迫、引诱妇女进行淫秽表演活动。

第四十二条 妇女的名誉权、荣誉权、隐私权、肖像权等人格权受法律保护。

禁止用侮辱、诽谤等方式损害妇女的人格尊严。禁止通过大众传播媒介或者其他方式贬低损害妇女人格。未经本人同意，不得以营利为目的，通过广告、商标、展览橱窗、报纸、期刊、图书、音像制品、电子出版物、网络等形式使用妇女肖像。

第七章 婚姻家庭权益

第四十三条 国家保障妇女享有与男子平等的婚姻家庭权利。

第四十四条 国家保护妇女的婚姻自主权。禁止干涉妇女的结婚、离婚自由。

第四十五条 女方在怀孕期间、分娩后一年内或者终止妊娠后六个月内，男方不得提出离婚。女方提出离婚的，或者人民法院认为确有必要受理男方离婚请求的，不在此限。

第四十六条 禁止对妇女实施家庭暴力。

国家采取措施，预防和制止家庭暴力。

公安、民政、司法行政等部门以及城乡基层群众性自治组织、社会团体，应当在各自的职责范围内预防和制止家庭暴力，依法为受害妇女提供救助。

第四十七条 妇女对依照法律规定的夫妻共同财产享有与其配偶平等的占有、使用、收益和处分的权利，不受双方收入状况的影响。

夫妻书面约定婚姻关系存续期间所得的财产归各自所有，女方因抚育子女、照料老人、协助男方工作等承担较多义务的，有权在离婚时要求男方予以补偿。

第四十八条 夫妻共有的房屋，离婚时，分割住房由双方协议解决；协议不成的，由人民法院根据双方的具体情况，按照照顾子女和女方权益的原则判决。夫妻双方另有约定的除外。

夫妻共同租用的房屋，离婚时，女方的住房应当按照照顾子女和女方权益的原则解决。

第四十九条 父母双方对未成年子女享有平等的监护权。

父亲死亡、丧失行为能力或者有其他情形不能担任未成年子女的监护人的，母亲的监护权任何人不得干涉。

第五十条　离婚时，女方因实施绝育手术或者其他原因丧失生育能力的，处理子女抚养问题，应在有利子女权益的条件下，照顾女方的合理要求。

第五十一条　妇女有按照国家有关规定生育子女的权利，也有不生育的自由。

育龄夫妻双方按照国家有关规定计划生育，有关部门应当提供安全、有效的避孕药具和技术，保障实施节育手术的妇女的健康和安全。

国家实行婚前保健、孕产期保健制度，发展母婴保健事业。各级人民政府应当采取措施，保障妇女享有计划生育技术服务，提高妇女的生殖健康水平。

第八章　法律责任

第五十二条　妇女的合法权益受到侵害的，有权要求有关部门依法处理，或者依法向仲裁机构申请仲裁，或者向人民法院起诉。

对有经济困难需要法律援助或者司法救助的妇女，当地法律援助机构或者人民法院应当给予帮助，依法为其提供法律援助或者司法救助。

第五十三条　妇女的合法权益受到侵害的，可以向妇女组织投诉，妇女组织应当维护被侵害妇女的合法权益，有权要求并协助有关部门或者单位查处。有关部门或者单位应当依法查处，并予以答复。

第五十四条　妇女组织对于受害妇女进行诉讼需要帮助的，应当给予支持。

妇女联合会或者相关妇女组织对侵害特定妇女群体利益的行为，可以通过大众传播媒介揭露、批评，并有权要求有关部门依法查处。

第五十五条　违反本法规定，以妇女未婚、结婚、离婚、丧偶等为由，侵害妇女在农村集体经济组织中的各项权益的，或者因结婚男方到女方住所落户，侵害男方和子女享有与所在地农村集体经济组织成员平等权益的，由乡镇人民政府依法调解；受害人也可以依法向农村土地承包仲裁机构申请仲裁，或者向人民法院起诉，人民法院应当依法受理。

第五十六条　违反本法规定，侵害妇女的合法权益，其他法律、法规规定行政处罚的，从其规定；造成财产损失或者其他损害的，依法承担民事责任；构成犯罪的，依法追究刑事责任。

第五十七条　违反本法规定，对侵害妇女权益的申诉、控告、检举，推诿、拖延、压制不予查处，或者对提出申诉、控告、检举的人进行打击报复的，由其所在单位、主管部门或者上级机关责令改正，并依法对直接负责的主管人员和其他直接责任人员给予行政处分。

国家机关及其工作人员未依法履行职责，对侵害妇女权益的行为未及时制止或者未给予受害妇女必要帮助，造成严重后果的，由其所在单位或者上级机关依法对直接负责的主管人员和其他直接责任人员给予行政处分。

违反本法规定，侵害妇女文化教育权益、劳动和社会保障权益、人身和财产权益以及婚姻家庭权益的，由其所在单位、主管部门或者上级机关责令改正，直接负责的主管人员和其他直接责任人员属于国家工作人员的，由其所在单位或者上级机关依法给予行政处分。

第五十八条 违反本法规定，对妇女实施性骚扰或者家庭暴力，构成违反治安管理行为的，受害人可以提请公安机关对违法行为人依法给予行政处罚，也可以依法向人民法院提起民事诉讼。

第五十九条 违反本法规定，通过大众传播媒介或者其他方式贬低损害妇女人格的，由文化、广播电影电视、新闻出版或者其他有关部门依据各自的职权责令改正，并依法给予行政处罚。

第九章 附 则

第六十条 省、自治区、直辖市人民代表大会常务委员会可以根据本法制定实施办法。

民族自治地方的人民代表大会，可以依据本法规定的原则，结合当地民族妇女的具体情况，制定变通的或者补充的规定。自治区的规定，报全国人民代表大会常务委员会批准后生效；自治州、自治县的规定，报省、自治区、直辖市人民代表大会常务委员会批准后生效，并报全国人民代表大会常务委员会备案。

第六十一条 本法自 1992 年 10 月 1 日起施行。

中华人民共和国老年人权益保障法

（1996 年 8 月 29 日第八届全国人民代表大会常务委员会第二十一次会议通过 自 1996 年 10 月 1 日起施行）

目 录

第一章 总则
第二章 家庭赡养与扶养
第三章 社会保障
第四章 参与社会发展
第五章 法律责任
第六章 附则

第一章 总 则

第一条 为保障老年人合法权益，发展老年事业，弘扬中华民族敬老、养老的美德，根据宪法，制定本法。

第二条 本法所称老年人是指六十周岁以上的公民。

第三条 国家和社会应当采取措施，健全对老年人的社会保障制度，逐步改善保障老年人生活、健康以及参与社会发展的条件，实现老有所养、老有所医、老有所为、老有所学、老有所乐。

第四条 国家保护老年人依法享有的权益。

老年人有从国家和社会获得物质帮助的权利，有享受社会发展成果的权利。

禁止歧视、侮辱、虐待或者遗弃老年人。

第五条 各级人民政府应当将老年事业纳入国民经济和社会发展计划，逐步增加对老年事业的投入，并鼓励社会各方面投入，使老年事业与经济、社会协调发展。

国务院和省、自治区、直辖市人民政府采取组织措施，协调有关部门做好老年人权益保障工作，具体机构由国务院和省、自治区、直辖市人民政府规定。

第六条 保障老年人合法权益是全社会的共同责任。

国家机关、社会团体、企业事业组织应当按照各自职责，做好老年人权益保障工作。

居民委员会、村民委员会和依法设立的老年人组织应当反映老年人的要求，维护老年人合法权益，为老年人服务。

第七条 全社会应当广泛开展敬老、养老宣传教育活动，树立尊重、关心、帮助老年人的社会风尚。

青少年组织、学校和幼儿园应当对青少年和儿童进行敬老、养老的道德教育和维护老年人合法权益的法制教育。

提倡义务为老年人服务。

第八条 各级人民政府对维护老年人合法权益和敬老、养老成绩显著的组织、家庭或者个人给予表扬或者奖励。

第九条 老年人应当遵纪守法，履行法律规定的义务。

第二章 家庭赡养与扶养

第十条 老年人养老主要依靠家庭，家庭成员应当关心和照料老年人。

第十一条 赡养人应当履行对老年人经济上供养、生活上照料和精神上慰藉的义务，照顾老年人的特殊需要。

赡养人是指老年人的子女以及其他依法负有赡养义务的人。

赡养人的配偶应当协助赡养人履行赡养义务。

第十二条 赡养人对患病的老年人应当提供医疗费用和护理。

第十三条 赡养人应当妥善安排老年人的住房，不得强迫老年人迁居条件低劣的房屋。

老年人自有的或者承租的住房，子女或者其他亲属不得侵占，不得擅自改变产权关系或者租赁关系。

老年人自有的住房，赡养人有维修的义务。

第十四条 赡养人有义务耕种老年人承包的田地，照管老年人的林木和牲畜等，收益归老年人所有。

第十五条 赡养人不得以放弃继承权或者其他理由，拒绝履行赡养义务。

赡养人不履行赡养义务，老年人有要求赡养人付给赡养费的权利。

赡养人不得要求老年人承担力不能及的劳动。

第十六条 老年人与配偶有相互扶养的义务。

由兄、姊扶养的弟、妹成年后，有负担能力的，对年老无赡养人的兄、姊有扶养的义务。

第十七条　赡养人之间可以就履行赡养义务签订协议，并征得老年人同意。居民委员会、村民委员会或者赡养人所在组织监督协议的履行。

第十八条　老年人的婚姻自由受法律保护。子女或者其他亲属不得干涉老年人离婚、再婚及婚后的生活。

赡养人的赡养义务不因老年人的婚姻关系变化而消除。

第十九条　老年人有权依法处分个人的财产，子女或者其他亲属不得干涉，不得强行索取老年人的财物。

老年人有依法继承父母、配偶、子女或者其他亲属遗产的权利，有接受赠予的权利。

第三章　社会保障

第二十条　国家建立养老保险制度，保障老年人的基本生活。

第二十一条　老年人依法享有的养老金和其他待遇应当得到保障。有关组织必须按时足额支付养老金，不得无故拖欠，不得挪用。

国家根据经济发展、人民生活水平提高和职工工资增长的情况增加养老金。

第二十二条　农村除根据情况建立养老保险制度外，有条件的还可以将未承包的集体所有的部分土地、山林、水面、滩涂等作为养老基地，收益供老年人养老。

第二十三条　城市的老年人，无劳动能力、无生活来源、无赡养人和扶养人的，或者其赡养人和扶养人确无赡养能力或者扶养能力的，由当地人民政府给予救济。

农村的老年人，无劳动能力、无生活来源、无赡养人和扶养人的，或者其赡养人和扶养人确无赡养能力或者扶养能力的，由农村集体经济组织负担保吃、保穿、保住、保医、保葬的五保供养，乡、民族乡、镇人民政府负责组织实施。

第二十四条　鼓励公民或者组织与老年人签订扶养协议或者其他扶助协议。

第二十五条　国家建立多种形式的医疗保险制度，保障老年人的基本医疗需要。

有关部门制定医疗保险办法，应当对老年人给予照顾。

老年人依法享有的医疗待遇必须得到保障。

第二十六条 老年人患病，本人和赡养人确实无力支付医疗费用的，当地人民政府根据情况可以给予适当帮助，并可以提倡社会救助。

第二十七条 医疗机构应当为老年人就医提供方便，对七十周岁以上的老年人就医，予以优先。有条件的地方，可以为老年病人设立家庭病床，开展巡回医疗等服务。

提倡为老年人义诊。

第二十八条 国家采取措施，加强老年医学的研究和人才的培养，提高老年病的预防、治疗、科研水平。

开展各种形式的健康教育，普及老年保健知识，增强老年人自我保健意识。

第二十九条 老年人所在组织分配、调整或者出售住房，应当根据实际情况和有关标准照顾老年人的需要。

第三十条 新建或者改造城镇公共设施、居民区和住宅，应当考虑老年人的特殊需要，建设适合老年人生活和活动的配套设施。

第三十一条 老年人有继续受教育的权利。

国家发展老年教育，鼓励社会办好各类老年学校。

各级人民政府对老年教育应当加强领导，统一规划。

第三十二条 国家和社会采取措施，开展适合老年人的群众性文化、体育、娱乐活动，丰富老年人的精神文化生活。

第三十三条 国家鼓励、扶持社会组织或者个人兴办老年福利院、敬老院、老年公寓、老年医疗康复中心和老年文化体育活动场所等设施。

地方各级人民政府应当根据当地经济发展水平，逐步增加对老年福利事业的投入，兴办老年福利设施。

第三十四条 各级人民政府应当引导企业开发、生产、经营老年生活用品，适应老年人的需要。

第三十五条 发展社区服务，逐步建立适应老年人需要的生活服务、文化体育活动、疾病护理与康复等服务设施和网点。

发扬邻里互助的传统，提倡邻里间关心、帮助有困难的老年人。

鼓励和支持社会志愿者为老年人服务。

第三十六条 地方各级人民政府根据当地条件，可以在参观、游览、乘坐公共交通工具等方面，对老年人给予优待和照顾。

第三十七条 农村老年人不承担义务工和劳动积累工。

第三十八条 广播、电影、电视、报刊等应当反映老年人的生活，开展维护老年人合法权益的宣传，为老年人服务。

第三十九条 老年人因其合法权益受侵害提起诉讼交纳诉讼费确有困难的，可以缓交、减交或者免交；需要获得律师帮助，但无力支付律师费用的，可以获得法律援助。

第四章 参与社会发展

第四十条 国家和社会应当重视、珍惜老年人的知识、技能和革命、建设经验，尊重他们的优良品德，发挥老年人的专长和作用。

第四十一条 国家应当为老年人参与社会主义物质文明和精神文明建设创造条件。根据社会需要和可能，鼓励老年人在自愿和量力的情况下，从事下列活动：

（一）对青少年和儿童进行社会主义、爱国主义、集体主义教育和艰苦奋斗等优良传统教育；

（二）传授文化和科技知识；

（三）提供咨询服务；

（四）依法参与科技开发和应用；

（五）依法从事经营和生产活动；

（六）兴办社会公益事业；

（七）参与维护社会治安、协助调解民间纠纷；

（八）参加其他社会活动。

第四十二条 老年人参加劳动的合法收入受法律保护。

第五章 法律责任

第四十三条 老年人合法权益受到侵害的，被侵害人或者其代理人有权要求有关部门处理，或者依法向人民法院提起诉讼。

人民法院和有关部门，对侵犯老年人合法权益的申诉、控告和检举，应当依法及时受理，不得推诿、拖延。

第四十四条 不履行保护老年人合法权益职责的部门或者组织，其上级主管部门应当给予批评教育，责令改正。

国家工作人员违法失职，致使老年人合法权益受到损害的，由其所在组织或者上级机关责令改正，或者给予行政处分；构成犯罪的，依法追究刑事责任。

第四十五条 老年人与家庭成员因赡养、扶养或者住房、财产发生纠纷，可以要求家庭成员所在组织或者居民委员会、村民委员会调解，也可以直接向人民法院提起诉讼。

调解前款纠纷时，对有过错的家庭成员，应当给予批评教育，责令改正。

人民法院对老年人追索赡养费或者扶养费的申请，可以依法裁定先予执行。

第四十六条 以暴力或者其他方法公然侮辱老年人、捏造事实诽谤老年人或者虐待老年人，情节较轻的，依照治安管理处罚条例的有关规定处罚；构成犯罪的，依法追究刑事责任。

第四十七条 暴力干涉老年人婚姻自由或者对老年人负有赡养义务、扶养义务而拒绝赡养、扶养，情节严重构成犯罪的，依法追究刑事责任。

第四十八条 家庭成员有盗窃、诈骗、抢夺、勒索、故意毁坏老年人财物，情节较轻的，依照治安管理处罚条例的有关规定处罚；构成犯罪的，依法追究刑事责任。

第六章 附 则

第四十九条 民族自治地方的人民代表大会，可以根据本法的原则，结合当地民族风俗习惯的具体情况，依照法定程序制定变通的或者补充的规定。

第五十条 本法自1996年10月1日起施行。

中华人民共和国未成年人保护法

（1991 年 9 月 4 日第七届全国人民代表大会常务委员会
第二十一次会议通过　2006 年 12 月 29 日第十届
全国人民代表大会常务委员会第二十五次会议修订
自 2007 年 6 月 1 日起施行）

目　录

第一章　总则
第二章　家庭保护
第三章　学校保护
第四章　社会保护
第五章　司法保护
第六章　法律责任
第七章　附则

第一章　总　则

第一条　为了保护未成年人的身心健康，保障未成年人的合法权益，促进未成年人在品德、智力、体质等方面全面发展，培养有理想、有道德、有文化、有纪律的社会主义建设者和接班人，根据宪法，制定本法。

第二条　本法所称未成年人是指未满十八周岁的公民。

第三条　未成年人享有生存权、发展权、受保护权、参与权等权利，国家根据未成年人身心发展特点给予特殊、优先保护，保障未成年人的合法权益不受侵犯。

未成年人享有受教育权，国家、社会、学校和家庭尊重和保障未成年人的受教育权。

未成年人不分性别、民族、种族、家庭财产状况、宗教信仰等，依法平等地享有权利。

第四条　国家、社会、学校和家庭对未成年人进行理想教育、道德教育、文化教育、纪律和法制教育，进行爱国主义、集体主义和社会主义的教育，提倡爱祖国、爱人民、爱劳动、爱科学、爱社会主义的公德，反对资本主义的、封建主义的和其他的腐朽思想的侵蚀。

第五条 保护未成年人的工作，应当遵循下列原则：

（一）尊重未成年人的人格尊严；

（二）适应未成年人身心发展的规律和特点；

（三）教育与保护相结合。

第六条 保护未成年人，是国家机关、武装力量、政党、社会团体、企业事业组织、城乡基层群众性自治组织、未成年人的监护人和其他成年公民的共同责任。

对侵犯未成年人合法权益的行为，任何组织和个人都有权予以劝阻、制止或者向有关部门提出检举或者控告。

国家、社会、学校和家庭应当教育和帮助未成年人维护自己的合法权益，增强自我保护的意识和能力，增强社会责任感。

第七条 中央和地方各级国家机关应当在各自的职责范围内做好未成年人保护工作。

国务院和地方各级人民政府领导有关部门做好未成年人保护工作；将未成年人保护工作纳入国民经济和社会发展规划以及年度计划，相关经费纳入本级政府预算。

国务院和省、自治区、直辖市人民政府采取组织措施，协调有关部门做好未成年人保护工作。具体机构由国务院和省、自治区、直辖市人民政府规定。

第八条 共产主义青年团、妇女联合会、工会、青年联合会、学生联合会、少年先锋队以及其他有关社会团体，协助各级人民政府做好未成年人保护工作，维护未成年人的合法权益。

第九条 各级人民政府和有关部门对保护未成年人有显著成绩的组织和个人，给予表彰和奖励。

第二章 家庭保护

第十条 父母或者其他监护人应当创造良好、和睦的家庭环境，依法履行对未成年人的监护职责和抚养义务。

禁止对未成年人实施家庭暴力，禁止虐待、遗弃未成年人，禁止溺婴和其他残害婴儿的行为，不得歧视女性未成年人或者有残疾的未成年人。

第十一条 父母或者其他监护人应当关注未成年人的生理、心理状况和行为习惯，以健康的思想、良好的品行和适当的方法教育和影响未成年人，引导未成年人进行有益身心健康的活动，预防和制止未成年人吸烟、酗酒、流浪、沉迷网络以及赌博、吸毒、卖淫等行为。

第十二条 父母或者其他监护人应当学习家庭教育知识，正确履行监护职责，抚养教育未成年人。

有关国家机关和社会组织应当为未成年人的父母或者其他监护人提供家庭教育指导。

第十三条 父母或者其他监护人应当尊重未成年人受教育的权利，必须使适龄未成年人依法入学接受并完成义务教育，不得使接受义务教育的未成年人辍学。

第十四条 父母或者其他监护人应当根据未成年人的年龄和智力发展状况，在作出与未成年人权益有关的决定时告知其本人，并听取他们的意见。

第十五条 父母或者其他监护人不得允许或者迫使未成年人结婚，不得为未成年人订立婚约。

第十六条 父母因外出务工或者其他原因不能履行对未成年人监护职责的，应当委托有监护能力的其他成年人代为监护。

第三章 学校保护

第十七条 学校应当全面贯彻国家的教育方针，实施素质教育，提高教育质量，注重培养未成年学生独立思考能力、创新能力和实践能力，促进未成年学生全面发展。

第十八条 学校应当尊重未成年学生受教育的权利，关心、爱护学生，对品行有缺点、学习有困难的学生，应当耐心教育、帮助，不得歧视，不得违反法律和国家规定开除未成年学生。

第十九条 学校应当根据未成年学生身心发展的特点，对他们进行社会生活指导、心理健康辅导和青春期教育。

第二十条 学校应当与未成年学生的父母或者其他监护人互相配合，保证未成年学生的睡眠、娱乐和体育锻炼时间，不得加重其学习负担。

第二十一条 学校、幼儿园、托儿所的教职员工应当尊重未成年人的人格尊严，不得对未成年人实施体罚、变相体罚或者其他侮辱人格尊严的行为。

第二十二条 学校、幼儿园、托儿所应当建立安全制度，加强对未成年人的安全教育，采取措施保障未成年人的人身安全。

学校、幼儿园、托儿所不得在危及未成年人人身安全、健康的校舍和其他设施、场所中进行教育教学活动。

学校、幼儿园安排未成年人参加集会、文化娱乐、社会实践等集体活动，应当有利于未成年人的健康成长，防止发生人身安全事故。

第二十三条 教育行政等部门和学校、幼儿园、托儿所应当根据需要，制定应对各种灾害、传染性疾病、食物中毒、意外伤害等突发事件的预案，配备相应设施并进行必要的演练，增强未成年人的自我保护意识和能力。

第二十四条 学校对未成年学生在校内或者本校组织的校外活动中发生人身伤害事故的，应当及时救护，妥善处理，并及时向有关主管部门报告。

第二十五条 对于在学校接受教育的有严重不良行为的未成年学生，学校和父母或者其他监护人应当互相配合加以管教；无力管教或者管教无效的，可以按照有关规定将其送专门学校继续接受教育。

依法设置专门学校的地方人民政府应当保障专门学校的办学条件，教育行政部门应当加强对专门学校的管理和指导，有关部门应当给予协助和配合。

专门学校应当对在校就读的未成年学生进行思想教育、文化教育、纪律和法制教育、劳动技术教育和职业教育。

专门学校的教职员工应当关心、爱护、尊重学生，不得歧视、厌弃。

第二十六条 幼儿园应当做好保育、教育工作，促进幼儿在体质、智力、品德等方面和谐发展。

第四章 社会保护

第二十七条 全社会应当树立尊重、保护、教育未成年人的良好风尚，关心、爱护未成年人。

国家鼓励社会团体、企业事业组织以及其他组织和个人，开展多种形式的有利于未成年人健康成长的社会活动。

第二十八条 各级人民政府应当保障未成年人受教育的权利，并采取措施保障家庭经济困难的、残疾的和流动人口中的未成年人等接受义务教育。

第二十九条 各级人民政府应当建立和改善适合未成年人文化生活需要的活动场所和设施，鼓励社会力量兴办适合未成年人的活动场所，并加强管理。

第三十条 爱国主义教育基地、图书馆、青少年宫、儿童活动中心应当对未成年人免费开放；博物馆、纪念馆、科技馆、展览馆、美术馆、文化馆以及影剧院、体育场馆、动物园、公园等场所，应当按照有关规定对未成年人免费或者优惠开放。

第三十一条 县级以上人民政府及其教育行政部门应当采取措施，鼓励和支持中小学校在节假日期间将文化体育设施对未成年人免费或者优惠开放。

社区中的公益性互联网上网服务设施，应当对未成年人免费或者优惠开放，为未成年人提供安全、健康的上网服务。

第三十二条　国家鼓励新闻、出版、信息产业、广播、电影、电视、文艺等单位和作家、艺术家、科学家以及其他公民，创作或者提供有利于未成年人健康成长的作品。出版、制作和传播专门以未成年人为对象的内容健康的图书、报刊、音像制品、电子出版物以及网络信息等，国家给予扶持。

国家鼓励科研机构和科技团体对未成年人开展科学知识普及活动。

第三十三条　国家采取措施，预防未成年人沉迷网络。

国家鼓励研究开发有利于未成年人健康成长的网络产品，推广用于阻止未成年人沉迷网络的新技术。

第三十四条　禁止任何组织、个人制作或者向未成年人出售、出租或者以其他方式传播淫秽、暴力、凶杀、恐怖、赌博等毒害未成年人的图书、报刊、音像制品、电子出版物以及网络信息等。

第三十五条　生产、销售用于未成年人的食品、药品、玩具、用具和游乐设施等，应当符合国家标准或者行业标准，不得有害于未成年人的安全和健康；需要标明注意事项的，应当在显著位置标明。

第三十六条　中小学校园周边不得设置营业性歌舞娱乐场所、互联网上网服务营业场所等不适宜未成年人活动的场所。

营业性歌舞娱乐场所、互联网上网服务营业场所等不适宜未成年人活动的场所，不得允许未成年人进入，经营者应当在显著位置设置未成年人禁入标志；对难以判明是否已成年的，应当要求其出示身份证件。

第三十七条　禁止向未成年人出售烟酒，经营者应当在显著位置设置不向未成年人出售烟酒的标志；对难以判明是否已成年的，应当要求其出示身份证件。

任何人不得在中小学校、幼儿园、托儿所的教室、寝室、活动室和其他未成年人集中活动的场所吸烟、饮酒。

第三十八条　任何组织或者个人不得招用未满十六周岁的未成年人，国家另有规定的除外。

任何组织或者个人按照国家有关规定招用已满十六周岁未满十八周岁的未成年人的，应当执行国家在工种、劳动时间、劳动强度和保护措施等方面的规定，不得安排其从事过重、有毒、有害等危害未成年人身心健康的劳动或者危险作业。

第三十九条　任何组织或者个人不得披露未成年人的个人隐私。

对未成年人的信件、日记、电子邮件，任何组织或者个人不得隐匿、毁弃；除因追查犯罪的需要，由公安机关或者人民检察院依法进行检查，或者对无行为能力的未成年人的信件、日记、电子邮件由其父母或者其他监护人代为开拆、查阅外，任何组织或者个人不得开拆、查阅。

第四十条 学校、幼儿园、托儿所和公共场所发生突发事件时，应当优先救护未成年人。

第四十一条 禁止拐卖、绑架、虐待未成年人，禁止对未成年人实施性侵害。

禁止胁迫、诱骗、利用未成年人乞讨或者组织未成年人进行有害其身心健康的表演等活动。

第四十二条 公安机关应当采取有力措施，依法维护校园周边的治安和交通秩序，预防和制止侵害未成年人合法权益的违法犯罪行为。

任何组织或者个人不得扰乱教学秩序，不得侵占、破坏学校、幼儿园、托儿所的场地、房屋和设施。

第四十三条 县级以上人民政府及其民政部门应当根据需要设立救助场所，对流浪乞讨等生活无着未成年人实施救助，承担临时监护责任；公安部门或者其他有关部门应当护送流浪乞讨或者离家出走的未成年人到救助场所，由救助场所予以救助和妥善照顾，并及时通知其父母或者其他监护人领回。

对孤儿、无法查明其父母或者其他监护人的以及其他生活无着的未成年人，由民政部门设立的儿童福利机构收留抚养。

未成年人救助机构、儿童福利机构及其工作人员应当依法履行职责，不得虐待、歧视未成年人；不得在办理收留抚养工作中牟取利益。

第四十四条 卫生部门和学校应当对未成年人进行卫生保健和营养指导，提供必要的卫生保健条件，做好疾病预防工作。

卫生部门应当做好对儿童的预防接种工作，国家免疫规划项目的预防接种实行免费；积极防治儿童常见病、多发病，加强对传染病防治工作的监督管理，加强对幼儿园、托儿所卫生保健的业务指导和监督检查。

第四十五条 地方各级人民政府应当积极发展托幼事业，办好托儿所、幼儿园，支持社会组织和个人依法兴办哺乳室、托儿所、幼儿园。

各级人民政府和有关部门应当采取多种形式，培养和训练幼儿园、托儿所的保教人员，提高其职业道德素质和业务能力。

第四十六条 国家依法保护未成年人的智力成果和荣誉权不受侵犯。

第四十七条 未成年人已经完成规定年限的义务教育不再升学的，政府有关部门和社会团体、企业事业组织应当根据实际情况，对他们进行职业教育，为他们创造劳动就业条件。

第四十八条　居民委员会、村民委员会应当协助有关部门教育和挽救违法犯罪的未成年人，预防和制止侵害未成年人合法权益的违法犯罪行为。

第四十九条　未成年人的合法权益受到侵害的，被侵害人及其监护人或者其他组织和个人有权向有关部门投诉，有关部门应当依法及时处理。

第五章　司法保护

第五十条　公安机关、人民检察院、人民法院以及司法行政部门，应当依法履行职责，在司法活动中保护未成年人的合法权益。

第五十一条　未成年人的合法权益受到侵害，依法向人民法院提起诉讼的，人民法院应当依法及时审理，并适应未成年人生理、心理特点和健康成长的需要，保障未成年人的合法权益。

在司法活动中对需要法律援助或者司法救助的未成年人，法律援助机构或者人民法院应当给予帮助，依法为其提供法律援助或者司法救助。

第五十二条　人民法院审理继承案件，应当依法保护未成年人的继承权和受遗赠权。

人民法院审理离婚案件，涉及未成年子女抚养问题的，应当听取有表达意愿能力的未成年子女的意见，根据保障子女权益的原则和双方具体情况依法处理。

第五十三条　父母或者其他监护人不履行监护职责或者侵害被监护的未成年人的合法权益，经教育不改的，人民法院可以根据有关人员或者有关单位的申请，撤销其监护人的资格，依法另行指定监护人。被撤销监护资格的父母应当依法继续负担抚养费用。

第五十四条　对违法犯罪的未成年人，实行教育、感化、挽救的方针，坚持教育为主、惩罚为辅的原则。

对违法犯罪的未成年人，应当依法从轻、减轻或者免除处罚。

第五十五条　公安机关、人民检察院、人民法院办理未成年人犯罪案件和涉及未成年人权益保护案件，应当照顾未成年人身心发展特点，尊重他们的人格尊严，保障他们的合法权益，并根据需要设立专门机构或者指定专人办理。

第五十六条　公安机关、人民检察院讯问未成年犯罪嫌疑人，询问未成年证人、被害人，应当通知监护人到场。

公安机关、人民检察院、人民法院办理未成年人遭受性侵害的刑事案件，应当保护被害人的名誉。

第五十七条 对羁押、服刑的未成年人，应当与成年人分别关押。

羁押、服刑的未成年人没有完成义务教育的，应当对其进行义务教育。

解除羁押、服刑期满的未成年人的复学、升学、就业不受歧视。

第五十八条 对未成年人犯罪案件，新闻报道、影视节目、公开出版物、网络等不得披露该未成年人的姓名、住所、照片、图像以及可能推断出该未成年人的资料。

第五十九条 对未成年人严重不良行为的矫治与犯罪行为的预防，依照预防未成年人犯罪法的规定执行。

第六章 法律责任

第六十条 违反本法规定，侵害未成年人的合法权益，其他法律、法规已规定行政处罚的，从其规定；造成人身财产损失或者其他损害的，依法承担民事责任；构成犯罪的，依法追究刑事责任。

第六十一条 国家机关及其工作人员不依法履行保护未成年人合法权益的责任，或者侵害未成年人合法权益，或者对提出申诉、控告、检举的人进行打击报复的，由其所在单位或者上级机关责令改正，对直接负责的主管人员和其他直接责任人员依法给予行政处分。

第六十二条 父母或者其他监护人不依法履行监护职责，或者侵害未成年人合法权益的，由其所在单位或者居民委员会、村民委员会予以劝诫、制止；构成违反治安管理行为的，由公安机关依法给予行政处罚。

第六十三条 学校、幼儿园、托儿所侵害未成年人合法权益的，由教育行政部门或者其他有关部门责令改正；情节严重的，对直接负责的主管人员和其他直接责任人员依法给予处分。

学校、幼儿园、托儿所教职员工对未成年人实施体罚、变相体罚或者其他侮辱人格行为的，由其所在单位或者上级机关责令改正；情节严重的，依法给予处分。

第六十四条 制作或者向未成年人出售、出租或者以其他方式传播淫秽、暴力、凶杀、恐怖、赌博等图书、报刊、音像制品、电子出版物以及网络信息等的，由主管部门责令改正，依法给予行政处罚。

第六十五条 生产、销售用于未成年人的食品、药品、玩具、用具和游乐设施不符合国家标准或者行业标准，或者没有在显著位置标明注意事项的，由主管部门责令改正，依法给予行政处罚。

第六十六条 在中小学校园周边设置营业性歌舞娱乐场所、互联网上网服务营业场所等不适宜未成年人活动的场所的，由主管部门予以关闭，依法给予行政处罚。

营业性歌舞娱乐场所、互联网上网服务营业场所等不适宜未成年人活动的场所允许未成年人进入，或者没有在显著位置设置未成年人禁入标志的，由主管部门责令改正，依法给予行政处罚。

第六十七条　向未成年人出售烟酒，或者没有在显著位置设置不向未成年人出售烟酒标志的，由主管部门责令改正，依法给予行政处罚。

第六十八条　非法招用未满十六周岁的未成年人，或者招用已满十六周岁的未成年人从事过重、有毒、有害等危害未成年人身心健康的劳动或者危险作业的，由劳动保障部门责令改正，处以罚款；情节严重的，由工商行政管理部门吊销营业执照。

第六十九条　侵犯未成年人隐私，构成违反治安管理行为的，由公安机关依法给予行政处罚。

第七十条　未成年人救助机构、儿童福利机构及其工作人员不依法履行对未成年人的救助保护职责，或者虐待、歧视未成年人，或者在办理收留抚养工作中牟取利益的，由主管部门责令改正，依法给予行政处分。

第七十一条　胁迫、诱骗、利用未成年人乞讨或者组织未成年人进行有害其身心健康的表演等活动的，由公安机关依法给予行政处罚。

第七章　附　　则

第七十二条　本法自2007年6月1日起施行。

婚姻登记条例

（2003年8月8日国务院令第387号公布
自2003年10月1日起施行）

目　录

第一章　总则
第二章　结婚登记
第三章　离婚登记
第四章　婚姻登记档案和婚姻登记证
第五章　罚则
第六章　附则

第一章　总　　则

第一条　为了规范婚姻登记工作，保障婚姻自由、一夫一妻、男女平等的婚姻制度的实施，保护婚姻当事人的合法权益，根据《中华人民共和国婚姻法》（以下简称婚姻法），制定本条例。

第二条　内地居民办理婚姻登记的机关是县级人民政府民政部门或者乡（镇）人民政府，省、自治区、直辖市人民政府可以按照便民原则确定农村居民办理婚姻登记的具体机关。

中国公民同外国人，内地居民同香港特别行政区居民（以下简称香港居民）、澳门特别行政区居民（以下简称澳门居民）、台湾地区居民（以下简称台湾居民）、华侨办理婚姻登记的机关是省、自治区、直辖市人民政府民政部门或者省、自治区、直辖市人民政府民政部门确定的机关。

第三条　婚姻登记机关的婚姻登记员应当接受婚姻登记业务培训，经考核合格，方可从事婚姻登记工作。

婚姻登记机关办理婚姻登记，除按收费标准向当事人收取工本费外，不得收取其他费用或者附加其他义务。

第二章　结婚登记

第四条　内地居民结婚，男女双方应当共同到一方当事人常住户口所在地的婚姻登记机关办理结婚登记。

中国公民同外国人在中国内地结婚的，内地居民同香港居民、澳门居民、台湾居民、华侨在中国内地结婚的，男女双方应当共同到内地居民常住户口所在地的婚姻登记机关办理结婚登记。

第五条　办理结婚登记的内地居民应当出具下列证件和证明材料：

（一）本人的户口簿、身份证；

（二）本人无配偶以及与对方当事人没有直系血亲和三代以内旁系血亲关系的签字声明。

办理结婚登记的香港居民、澳门居民、台湾居民应当出具下列证件和证明材料：

（一）本人的有效通行证、身份证；

（二）经居住地公证机构公证的本人无配偶以及与对方当事人没有直系血亲和三代以内旁系血亲关系的声明。

办理结婚登记的华侨应当出具下列证件和证明材料：

（一）本人的有效护照；

（二）居住国公证机构或者有权机关出具的、经中华人民共和国驻该国使（领）馆认证的本人无配偶以及与对方当事人没有直系血亲和三代以内旁系血亲关系的证明，或者中华人民共和国驻该国使（领）馆出具的本人无配偶以及与对方当事人没有直系血亲和三代以内旁系血亲关系的证明。

办理结婚登记的外国人应当出具下列证件和证明材料：

（一）本人的有效护照或者其他有效的国际旅行证件；

（二）所在国公证机构或者有权机关出具的、经中华人民共和国驻该国使（领）馆认证或者该国驻华使（领）馆认证的本人无配偶的证明，或者所在国驻华使（领）馆出具的本人无配偶的证明。

第六条　办理结婚登记的当事人有下列情形之一的，婚姻登记机关不予登记：

（一）未到法定结婚年龄的；

（二）非双方自愿的；

（三）一方或者双方已有配偶的；

（四）属于直系血亲或者三代以内旁系血亲的；

（五）患有医学上认为不应当结婚的疾病的。

第七条 婚姻登记机关应当对结婚登记当事人出具的证件、证明材料进行审查并询问相关情况。对当事人符合结婚条件的，应当当场予以登记，发给结婚证；对当事人不符合结婚条件不予登记的，应当向当事人说明理由。

第八条 男女双方补办结婚登记的，适用本条例结婚登记的规定。

第九条 因胁迫结婚的，受胁迫的当事人依据婚姻法第十一条的规定向婚姻登记机关请求撤销其婚姻的，应当出具下列证明材料：

（一）本人的身份证、结婚证；

（二）能够证明受胁迫结婚的证明材料。

婚姻登记机关经审查认为受胁迫结婚的情况属实且不涉及子女抚养、财产及债务问题的，应当撤销该婚姻，宣告结婚证作废。

第三章 离婚登记

第十条 内地居民自愿离婚的，男女双方应当共同到一方当事人常住户口所在地的婚姻登记机关办理离婚登记。

中国公民同外国人在中国内地自愿离婚的，内地居民同香港居民、澳门居民、台湾居民、华侨在中国内地自愿离婚的，男女双方应当共同到内地居民常住户口所在地的婚姻登记机关办理离婚登记。

第十一条 办理离婚登记的内地居民应当出具下列证件和证明材料：

（一）本人的户口簿、身份证；

（二）本人的结婚证；

（三）双方当事人共同签署的离婚协议书。

办理离婚登记的香港居民、澳门居民、台湾居民、华侨、外国人除应当出具前款第（二）项、第（三）项规定的证件、证明材料外，香港居民、澳门居民、台湾居民还应当出具本人的有效通行证、身份证，华侨、外国人还应当出具本人的有效护照或者其他有效国际旅行证件。

离婚协议书应当载明双方当事人自愿离婚的意思表示以及对子女抚养、财产及债务处理等事项协商一致的意见。

第十二条 办理离婚登记的当事人有下列情形之一的，婚姻登记机关不予受理：

（一）未达成离婚协议的；

（二）属于无民事行为能力人或者限制民事行为能力人的；

（三）其结婚登记不是在中国内地办理的。

第十三条　婚姻登记机关应当对离婚登记当事人出具的证件、证明材料进行审查并询问相关情况。对当事人确属自愿离婚，并已对子女抚养、财产、债务等问题达成一致处理意见的，应当当场予以登记，发给离婚证。

第十四条　离婚的男女双方自愿恢复夫妻关系的，应当到婚姻登记机关办理复婚登记。复婚登记适用本条例结婚登记的规定。

第四章　婚姻登记档案和婚姻登记证

第十五条　婚姻登记机关应当建立婚姻登记档案。婚姻登记档案应当长期保管。具体管理办法由国务院民政部门会同国家档案管理部门规定。

第十六条　婚姻登记机关收到人民法院宣告婚姻无效或者撤销婚姻的判决书副本后，应当将该判决书副本收入当事人的婚姻登记档案。

第十七条　结婚证、离婚证遗失或者损毁的，当事人可以持户口簿、身份证向原办理婚姻登记的机关或者一方当事人常住户口所在地的婚姻登记机关申请补领。婚姻登记机关对当事人的婚姻登记档案进行查证，确认属实的，应当为当事人补发结婚证、离婚证。

第五章　罚　　则

第十八条　婚姻登记机关及其婚姻登记员有下列行为之一的，对直接负责的主管人员和其他直接责任人员依法给予行政处分：

（一）为不符合婚姻登记条件的当事人办理婚姻登记的；

（二）玩忽职守造成婚姻登记档案损失的；

（三）办理婚姻登记或者补发结婚证、离婚证超过收费标准收取费用的。

违反前款第（三）项规定收取的费用，应当退还当事人。

第六章　附　　则

第十九条　中华人民共和国驻外使（领）馆可以依照本条例的有关规定，为男女双方均居住于驻在国的中国公民办理婚姻登记。

第二十条　本条例规定的婚姻登记证由国务院民政部门规定式样并监制。

第二十一条　当事人办理婚姻登记或者补领结婚证、离婚证应当交纳工本费。工本费的收费标准由国务院价格主管部门会同国务院财政部门规定并公布。

第二十二条 本条例自2003年10月1日起施行。1994年1月12日国务院批准、1994年2月1日民政部发布的《婚姻登记管理条例》同时废止。

最高人民法院关于人民法院审理离婚案件如何认定夫妻感情确已破裂的若干具体意见

（1989 年 11 月 21 日）

人民法院审理离婚案件，准予或不准离婚应以夫妻感情是否确已破裂作为区分的界限。判断夫妻感情是否确已破裂，应当从婚姻基础、婚后感情、离婚原因、夫妻关系的现状和有无和好的可能等方面综合分析。根据婚姻法的有关规定和审判实践经验，凡属下列情形之一的，视为夫妻感情确已破裂。一方坚决要求离婚，经调解无效，可依法判决准予离婚。

1. 一方患有法定禁止结婚疾病的，或一方有生理缺陷，或其它原因不能发生性行为，且难以治愈的。

2. 婚前缺乏了解，草率结婚，婚后未建立起夫妻感情，难以共同生活的。

3. 婚前隐瞒了精神病，婚后经治不愈，或者婚前知道对方患有精神病而与其结婚，或一方在夫妻共同生活期间患精神病，久治不愈的。

4. 一方欺骗对方，或者在结婚登记时弄虚作假，骗取《结婚证》的。

5. 双方办理结婚登记后，未同居生活，无和好可能的。

6. 包办、买卖婚姻，婚后一方随即提出离婚，或者虽共同生活多年，但确未建立起夫妻感情的。

7. 因感情不和分居已满 3 年，确无和好可能的，或者经人民法院判决不准离婚后又分居满 1 年，互不履行夫妻义务的。

8. 一方与他人通奸、非法同居，经教育仍无悔改表现，无过错一方起诉离婚，或者过错方起诉离婚，对方不同意离婚，经批评教育、处分，或在人民法院判决不准离婚后，过错方又起诉离婚，确无和好可能的。

9. 一方重婚，对方提出离婚的。

10. 一方好逸恶劳、有赌博等恶习，不履行家庭义务，屡教不改，夫妻难以共同生活的。

11. 一方被依法判处长期徒刑，或其违法、犯罪行为严重伤害夫妻感情的。

12. 一方下落不明满二年，对方起诉离婚，经公告查找确无下落的。

13. 受对方的虐待、遗弃，或者受对方亲属虐待，或虐待对方亲属，经教育不改，另一方不谅解的。

14. 因其他原因导致夫妻感情确已破裂的。

最高人民法院关于人民法院审理未办结婚登记而以夫妻名义同居生活案件的若干意见

（1989年11月21日）

人民法院审理未办结婚登记而以夫妻名义同居生活案件，应首先向双方当事人严肃指出其行为的违法性和危害性，并视其违法情节给予批评教育或民事制裁。但基于这类“婚姻”关系形成的原因和案件的具体情况复杂，为保护妇女和儿童的权益，有利于婚姻家庭关系的稳定，维护安定团结，在一定时期内，有条件的承认其事实婚姻关系，是符合实际的。为此，我们根据法律规定和审判实践经验，对此类案件的审理提出以下意见：

1. 1986年3月15日《婚姻登记办法》施行之前，未办结婚登记手续即以夫妻名义同居生活，群众也认为是夫妻关系的，一方向人民法院起诉“离婚”，如起诉时双方均符合结婚的法定条件，可认定为事实婚姻关系；如起诉时一方或双方不符合结婚的法定条件，应认定为非法同居关系。

2. 1986年3月15日《婚姻登记办法》施行之后，未办结婚登记手续即以夫妻名义同居生活，群众也认为是夫妻关系的，一方向人民法院起诉“离婚”，如同居时双方均符合结婚的法定条件，可认定为事实婚姻关系；如同居时一方或双方不符合结婚的法定条件，应认定为非法同居关系。

3. 自民政部新的婚姻登记管理条例施行之日起，未办结婚登记即以夫妻名义同居生活，按非法同居关系对待。

4. 离婚后双方未再婚，未履行复婚登记手续，而以夫妻名义共同生活，一方起诉“离婚”的，一般应解除其非法同居关系。

5. 已登记结婚一方又与第三人形成事实婚姻关系，或事实婚姻关系的一方又与第三人登记结婚，或事实婚姻关系的一方又与第三人形成新的事实婚姻关系，凡前一个婚姻关系的一方要求追究重婚罪的，无论其行为是否构成重婚罪，均应解除后一个婚姻关系。前一个婚姻关系的一方如要求处理离婚问题，应根据婚姻关系的具体情况进行调解或作出判决。

6. 审理事实婚姻关系的离婚案件，应当先进行调解。经调解和好或撤诉的，确认婚姻关系有效，发给调解书或裁定书；经调解不能和好的，应调解或判决准予离婚。

7. 未办理结婚登记而以夫妻名义同居生活的男女，一方要求“离婚”或解除同居生活，经查确属非法同居关系的，应一律判决予以解除。

8. 人民法院审理非法同居关系的案件，如涉及非婚生子女抚养和财产分割问题，应一并予以解决。具体分割财产时，应照顾妇女、儿童的利益，考虑财产的实际情况和双方的过错程度，妥善分割。

9. 解除非法同居关系时，双方所生的非婚生子女，由哪一方抚养，由双方协商；协商不成时，应根据子女的利益和双方的具体情况判决。哺乳期内的子女，原则上应由母方抚养，如父方条件好，母方同意，也可由父方抚养。子女为限制民事行为能力人的，应征求子女本人的意见。一方将未成年的子女送他人收养，须征得另一方的同意。

10. 解除非法同居关系时，同居生活期间双方共同所得的收入和购置的财产，按一般共有财产处理。同居生活前，一方自愿赠送给对方的财物可比照赠与关系处理；一方向另一方索取的财物，可参照最高人民法院（84）法办字第112号《关于贯彻执行民事政策法律若干问题的意见》第（18）条规定的精神处理。

11. 解除非法同居关系时，同居期间为共同生产、生活而形成的债权、债务，可按共同债权、债务处理。

12. 解除非法同居关系时，一方在共同生活期间患有严重疾病未治愈的，分割财产时，应当适当照顾，或者由另一方给予一次性的经济帮助。

13. 同居生活期间一方死亡，另一方要求继承死者遗产，如认定为事实婚姻关系的，可以配偶身份按继承法的有关规定处理；如认定为非法同居关系，而又符合继承法第十四条规定的，可根据相互扶助的具体情况处理。

14. 人民法院在审理未办结婚登记而以夫妻名义同居生活的案件时，对违法情节严重的，应按照婚姻法、民法通则、《关于贯彻执行〈民法通则〉若干问题的意见》和其它法律、法规的有关规定，给予适当的民事制裁。

15. 本意见自颁布之日起施行。凡最高人民法院过去的规定与本意见相抵触的，均按本意见执行。

最高人民法院关于人民法院审理离婚案件处理财产分割问题的若干具体意见

（1993 年 11 月 3 日）

人民法院审理离婚案件对夫妻共同财产的处理，应当依照《中华人民共和国婚姻法》、《中华人民共和国妇女权益保障法》及有关法律规定，分清个人财产、夫妻共同财产和家庭共同财产，坚持男女平等，保护妇女、儿童的合法权益，照顾无过错方，尊重当事人意愿，有利生产、方便生活的原则，合情合理地予以解决。根据上述原则，结合审判实践，提出如下具体意见：

1. 夫妻双方对财产归谁所有以书面形式约定的，或以口头形式约定，双方无争议的，离婚时应按约定处理。但规避法律的约定无效。

2. 夫妻双方在婚姻关系存续期间所得的财产，为夫妻共同财产，包括：

（1）一方或双方劳动所得的收入和购置的财产；

（2）一方或双方继承、受赠的财产；

（3）一方或双方由知识产权取得的经济利益；

（4）一方或双方从事承包、租赁等生产、经营活动的收益；

（5）一方或双方取得的债权；

（6）一方或双方的其他合法所得。

3. 在婚姻关系存续期间，复员、转业军人所得的复员费、转业费，结婚时间 10 年以上的，应按夫妻共同财产进行分割。复员军人从部队带回的医药补助费和回乡生产补助费，应归本人所有。

4. 夫妻分居两地分别管理、使用的婚后所得财产，应认定为夫妻共同财产。在分割财产时，各自分别管理、使用的财产归各自所有。双方所分财产相差悬殊的，差额部分，由多得财产的一方以与差额相当的财产抵偿另一方。

5. 已登记结婚，尚未共同生活，一方或双方受赠的礼金、礼物应认定为夫妻共同财产，具体处理时应考虑财产来源、数量等情况合理分割。各自出资购置、各自使用的财物，原则上归各自所有。

6. 一方婚前个人所有的财产，婚后由双方共同使用、经营、管理的，房屋和其他价值较大的生产资料经过 8 年，贵重的生活资料经过 4 年，可视为夫妻共同财产。

7. 对个人财产还是夫妻共同财产难以确定的，主张权利的一方有责任举证。当事人举不出有力证据，人民法院又无法查实的，按夫妻共同财产处理。

8. 夫妻共同财产，原则上均等分割。根据生产、生活的实际需要和财产的来源等情况，具体处理时也可以有所差别。属于个人专用的物品，一般归个人所有。

9. 一方以夫妻共同财产与他人合伙经营的，入伙的财产可分给一方所有，分得入伙财产的一方对另一方应给予相当于入伙财产一半价值的补偿。

10. 属于夫妻共同财产的生产资料，可分给有经营条件和能力的一方。分得该生产资料的一方对另一方应给予相当于该财产一半价值的补偿。

11. 对夫妻共同经营的当年无收益的养殖、种植业等，离婚时应从有利于发展生产、有利于经营管理考虑，予以合理分割或折价处理。

12. 婚后8年内双方对婚前一方所有的房屋进行过修缮、装修、原拆原建，离婚时未变更产权的，房屋仍归产权人所有，增值部分中属于另一方应得的份额，由房屋所有权人折价补偿另一方；进行过扩建的，扩建部分的房屋应按夫妻共同财产处理。

13. 对不宜分割使用的夫妻共有的房屋，应根据双方住房情况和照顾抚养子女方或无过错方等原则分给一方所有。分得房屋的一方对另一方应给予相当于该房屋一半价值的补偿。在双方条件等同的情况下，应照顾女方。

14. 婚姻存续期间居住的房屋属于一方所有，另一方以离婚后无房居住为由，要求暂住的，经查实可据情予以支持，但一般不超过两年。

无房一方租房居住经济上确有困难的，享有房屋产权的一方可给予一次性经济帮助。

15. 离婚时一方尚未取得经济利益的知识产权，归一方所有。在分割夫妻共同财产时，可根据具体情况，对另一方予以适当的照顾。

16. 婚前个人财产在婚后共同生活中自然毁损、消耗、灭失，离婚时一方要求以夫妻共同财产抵偿的，不予支持。

17. 夫妻为共同生活或为履行抚养、赡养义务等所负债务，应认定为夫妻共同债务，离婚时应当以夫妻共同财产清偿。

下列债务不能认定为夫妻共同债务，应由一方以个人财产清偿：

（1）夫妻双方约定由个人负担的债务，但以逃避债务为目的的除外。

（2）一方未经对方同意，擅自资助与其没有抚养义务的亲朋所负的债务。

（3）一方未经对方同意，独自筹资从事经营活动，其收入确未用于共同生活所负的债务。

（4）其他应由个人承担的债务。

18. 婚前一方借款购置的房屋等财物已转化为夫妻共同财产的，为购置财物借款所负债务，视为夫妻共同债务。

19. 借婚姻关系索取的财物，离婚时，如结婚时间不长，或者因索要财物造成对方生活困难的，可酌情返还。

对取得财物的性质是索取还是赠与难以认定的，可按赠与处理。

20. 离婚时夫妻共同财产未从家庭共同财产中析出，一方要求析产的，可先就离婚和已查清的财产问题进行处理，对一时确实难以查清的财产的分割问题可告知当事人另案处理；或者中止离婚诉讼，待析产案件审结后再恢复离婚诉讼。

21. 一方将夫妻共同财产非法隐藏、转移拒不交出的，或非法变卖、毁损的，分割财产时，对隐藏、转移、变卖、毁损财产的一方，应予以少分或不分。具体处理时，应把隐藏、转移、变卖、毁损的财产作为隐藏、转移、变卖、毁损财产的一方分得的财产份额，对另一方的应得的份额应以其他夫妻共同财产折抵，不足折抵的，差额部分由隐藏、转移、变卖、毁损财产的一方折价补偿对方。

对非法隐藏、转移、变卖、毁损夫妻共同财产的一方，人民法院可依照《中华人民共和国民事诉讼法》第一百零二条的规定进行处理。

22. 属于事实婚姻的，其财产分割适用本意见。属于非法同居的，其财产分割按最高人民法院《关于人民法院审理未办结婚登记而以夫妻名义同居生活案件的若干意见》的有关规定处理。

最高人民法院关于人民法院审理离婚案件处理子女抚养问题的若干具体意见

（1993 年 11 月 3 日）

人民法院审理离婚案件，对子女抚养问题，应当依照《中华人民共和国婚姻法》第二十九条、第三十条及有关法律规定，从有利于子女身心健康，保障子女的合法权益出发，结合父母双方的抚养能力和抚养条件等具体情况妥善解决。根据上述原则，结合审判实践，提出如下具体意见：

1. 两周岁以下的子女，一般随母方生活。母方有下列情形之一的，可随父方生活：

（1）患有久治不愈的传染性疾病或其他严重疾病，子女不宜与其共同生活的；

（2）有抚养条件不尽抚养义务，而父方要求子女随其生活的；

（3）因其他原因，子女确无法随母方生活的。

2. 父母双方协议两周岁以下子女随父方生活，并对子女健康成长无不利影响的，可予准许。

3. 对两周岁以上未成年的子女，父方和母方均要求随其生活，一方有下列情形之一的，可予优先考虑：

（1）已做绝育手术或因其他原因丧失生育能力的；

（2）子女随其生活时间较长，改变生活环境对子女健康成长明显不利的；

（3）无其他子女，而另一方有其他子女的；

（4）子女随其生活，对子女成长有利，而另一方患有久治不愈的传染性疾病或其他严重疾病，或者有其他不利于子女身心健康的情形，不宜与子女共同生活的。

4. 父方与母方抚养子女的条件基本相同，双方均要求子女与其共同生活，但子女单独随祖父母或外祖父母共同生活多年，且祖父母或外祖父母要求并且有能力帮助子女照顾孙子女或外孙子女的，可作为子女随父或母生活的优先条件予以考虑。

5. 父母双方对十周岁以上的未成年子女随父或随母生活发生争执的，应考虑该子女的意见。

6. 在有利于保护子女利益的前提下，父母双方协议轮流抚养子女的，可予准许。

7. 子女抚育费的数额，可根据子女的实际需要、父母双方的负担能力和当地的实际生活水平确定。

有固定收入的，抚育费一般可按其月总收入的百分之二十至三十的比例给付。负担两个以上子女抚育费的，比例可适当提高，但一般不得超过月总收入的百分之五十。

无固定收入的，抚育费的数额可依据当年总收入或同行业平均收入，参照上述比例确定。

有特殊情况的，可适当提高或降低上述比例。

8. 抚育费应定期给付，有条件的可一次性给付。

9. 对一方无经济收入或者下落不明的，可用其财物折抵子女抚育费。

10. 父母双方可以协议子女随一方生活并由抚养方负担子女全部抚育费。但经查实，抚养方的抚养能力明显不能保障子女所需费用，影响子女健康成长的，不予准许。

11. 抚育费的给付期限，一般至子女十八周岁为止。

十六周岁以上不满十八周岁，以其劳动收入为主要生活来源，并能维持当地一般生活水平的，父母可停止给付抚育费。

12. 尚未独立生活的成年子女有下列情形之一，父母又有给付能力的，仍应负担必要的抚育费：

（1）丧失劳动能力或虽未完全丧失劳动能力，但其收入不足以维持生活的；

（2）尚在校就读的；

（3）确无独立生活能力和条件的。

13. 生父与继母或生母与继父离婚时，对曾受其抚养教育的继子女，继父或继母不同意继续抚养的，仍应由生父母抚养。

14.《中华人民共和国收养法》施行前，夫或妻一方收养的子女，对方未表示反对，并与该子女形成事实收养关系的，离婚后，应由双方负担子女的抚育费；夫或妻一方收养的子女，对方始终反对的，离婚后，应由收养方抚养该子女。

15. 离婚后，一方要求变更子女抚养关系的，或者子女要求增加抚育费的，应另行起诉。

16. 一方要求变更子女抚养关系有下列情形之一的，应予支持。

（1）与子女共同生活的一方因患严重疾病或因伤残无力继续抚养子女的；

（2）与子女共同生活的一方不尽抚养义务或有虐待子女行为，或其与子女共同生活对子女身心健康确有不利影响的；

（3）十周岁以上未成年子女，愿随另一方生活，该方又有抚养能力的；

（4）有其他正当理由需要变更的。

17. 父母双方协议变更子女抚养关系的，应予准许。

18. 子女要求增加抚育费有下列情形之一，父或母有给付能力的，应予支持。

（1）原定抚育费数额不足以维持当地实际生活水平的；

（2）因子女患病、上学，实际需要已超过原定数额的；

（3）有其他正当理由应当增加的。

19. 父母不得因子女变更姓氏而拒付子女抚育费。父或母一方擅自将子女姓氏改为继母或继父姓氏而引起纠纷的，应责令恢复原姓氏。

20. 在离婚诉讼期间，双方均拒绝抚养子女的，可先行裁定暂由一方抚养。

21. 对拒不履行或妨害他人履行生效判决、裁定、调解中有关子女抚养义务的当事人或者其他人，人民法院可依照《中华人民共和国民事诉讼法》第一百零二条的规定采取强制措施。

最高人民法院关于夫妻离婚后人工授精所生子女的法律地位如何确定的复函

（1991 年 7 月 8 日）

河北省高级人民法院：

你院冀法（民）（1991）43 号《关于夫妻离婚后人工授精所生子女的法律地位如何确定的请示报告》收悉。

经研究，我们认为，在夫妻关系存续期间，双方一致同意进行人工授精，所生子女应视为夫妻双方的婚生子女，父母子女之间权利义务关系适用《婚姻法》的有关规定。

此复

附：河北省高级人民法院关于夫妻离婚后人工授精所生子女的法律地位如何确定的请示　冀法（民）（1991）43 号

最高人民法院：

我省廊坊市三河县人民法院受理了王××（女，28 岁，汉族）诉杨××（男，31 岁，汉族）离婚一案，杨××和王××经人介绍于 1987 年 12 月登记结婚，婚后一年多未生育，经天津市计划生育技术指导所检查确认男方患无精症，经双方协商，王于 1989 年 2 月实行人工授精手术，同年 11 月生一女杨倩，后因夫妻生活琐事多次发生争吵打架，致使感情恶化，王××于 1990 年 4 月诉至法院，要求与杨××离婚，双方同意离婚，但均争养小孩，廊坊市中级法院对人工授精所生子女的法律地位发生意见分歧，请示我院，一种意见认为小孩应判归男方抚养，因男方无生育能力；另一种意见则认为小孩应判归女方抚养，因为该小孩与男方没有血缘关系。

我院认为，此案双方争养的小孩杨×，是因男方无生育能力，在双方一致同意的情况下人工授精所生，应视为婚生子女，推定确认男方就是孩子的生父，夫妻离婚后，按照婚姻法的有关规定双方都有抚养教育子女的义务。因而也适用最高法院《关于贯彻执行民事政策若干问题的意见》中第 22 条的规定，鉴于本案中杨倩年龄尚小，且一直随其母生活，从有利于子女成长考虑，应判决杨×同女方一起生活为宜，但此类问题法律尚无规定，特请示，请答复。

1991 年 4 月 8 日

最高人民法院关于审理离婚案件中公房使用、承租若干问题的解答

（1996 年 2 月 5 日）

人民法院审理离婚案件对公房使用、承租问题应当依照《中华人民共和国民法通则》、《中华人民共和国婚姻法》、《中华人民共和国妇女权益保障法》和其他有关法律规定，坚持男女平等和保护妇女、儿童合法权益等原则，考虑双方的经济收入，实事求是，合情合理地予以解决。现将审判实践中提出的一些问题，根据有关法律的规定，解答如下：

一、问：在离婚案件中，当事人对公房的使用、承租问题发生争议，人民法院可否予以处理？

答：在离婚案件中，当事人对公房的使用、承租问题发生争议，自行协商不成，或者经当事人双方单位或有关部门调解不成的，人民法院应根据案件的具体情况，依法予以妥善处理。

二、问：夫妻共同居住的公房，在什么情况下，离婚后双方均可承租？

答：夫妻共同居住的公房，具有下列情形之一的，离婚后，双方均可承租：

（一）婚前由一方承租的公房，婚姻关系存续 5 年以上的；

（二）婚前一方承租的本单位的房屋，离婚时，双方均为本单位职工的；

（三）一方婚前借款投资建房取得的公房承租权，婚后夫妻共同偿还借款的；

（四）婚后一方或双方申请取得公房承租权的；

（五）婚前一方承租的公房，婚后因该承租房屋拆迁而取得房屋承租权的；

（六）夫妻双方单位投资联建或联合购置的共有房屋的；

（七）一方将其承租的本单位的房屋，交回本单位或交给另一方单位后，另一方单位另给调换房屋的；

（八）婚前双方均租有公房，婚后合并调换房屋的；

（九）其他应当认定为夫妻双方均可承租的情形。

三、问：对夫妻双方均可承租的公房，应依照什么原则处理？

答：对夫妻双方均可承租的公房，应依照下列原则予以处理：

（一）照顾抚养子女的一方；

（二）男女双方在同等条件下，照顾女方；

（三）照顾残疾或生活困难的一方；

（四）照顾无过错一方。

四、问：对夫妻双方均可承租的公房而由一方承租的，承租方对另一方是否给予经济补偿？

答：对夫妻双方均可承租的公房而由一方承租的，承租方对另一方可给予适当的经济补偿。

五、问：夫妻双方均可承租的公房能够隔开分室居住使用的，可否由双方分别租住？

答：夫妻双方均可承租的公房，如其面积较大能够隔开分室居住使用的，可由双方分别租住；对可以另调房屋分别租住或承租方给另一方解决住房的，可予准许。

六、问：离婚时，一方对另一方婚前承租的公房无权承租的，可否暂时居住？

答：离婚时，一方对另一方婚前承租的公房无权承租而解决住房确有困难的，人民法院可调解或判决其暂时居住，暂住期限一般不超过两年。暂住期间，暂住方应交纳与房屋租金等额的使用费及其他必要的费用。

七、问：离婚时，一方对另一方婚前承租的公房无权承租而另行租房经济上确有困难的，如何处理？

答：离婚时，一方对另一方婚前承租的公房无权承租，另行租房经济上确有困难的，如承租公房一方有负担能力，应给予一次性经济帮助。

八、问：在调整和变更单位自管房屋租赁关系时，是否需征得自管房单位的同意？

答：人民法院在调整和变更单位自管房屋（包括单位委托房地产管理部门代管的房屋）的租赁关系时，一般应征求自管房单位的意见。经调解或判决变更房屋租赁关系的，承租人应依照有关规定办理房屋变更登记手续。

九、问：对夫妻双方共同出资而取得"部分产权"的房屋，应如何处理？

答：对夫妻共同出资而取得"部分产权"的房屋，人民法院可参照上述有关解答，予以妥善处理。分得房屋"部分产权"的一方，一般应按所得房屋产权的比例，依照离婚时当地政府有关部门公布的同类住房标准价，给予对方一半价值的补偿。

十、问：对夫妻双方均争房屋"部分产权"的，可否采取竞价方式解决？

答：对夫妻双方均争房屋“部分产权”的，如双方同意或者双方经济、住房条件基本相同，可采取竞价方式解决。

最高人民法院关于审理人身损害赔偿案件适用法律若干问题的解释

（2003 年 12 月 4 日最高人民法院审判委员会第 1299 次会议通过 自 2004 年 5 月 1 日起施行）

为正确审理人身损害赔偿案件，依法保护当事人的合法权益，根据《中华人民共和国民法通则》以下简称民法通则、《中华人民共和国民事诉讼法》以下简称民事诉讼法等有关法律规定，结合审判实践，就有关适用法律的问题作如下解释：

第一条 因生命、健康、身体遭受侵害，赔偿权利人起诉请求赔偿义务人赔偿财产损失和精神损害的，人民法院应予受理。

本条所称“赔偿权利人”，是指因侵权行为或者其他致害原因直接遭受人身损害的受害人、依法由受害人承担扶养义务的被扶养人以及死亡受害人的近亲属。

本条所称“赔偿义务人”，是指因自己或者他人的侵权行为以及其他致害原因依法应当承担民事责任的自然人、法人或者其他组织。

第二条 受害人对同一损害的发生或者扩大有故意、过失的，依照民法通则第一百三十一条的规定，可以减轻或者免除赔偿义务人的赔偿责任。但侵权人因故意或者重大过失致人损害，受害人只有一般过失的，不减轻赔偿义务人的赔偿责任。

适用民法通则第一百零六条第三款规定确定赔偿义务人的赔偿责任时，受害人有重大过失的，可以减轻赔偿义务人的赔偿责任。

第三条 二人以上共同故意或者共同过失致人损害，或者虽无共同故意、共同过失，但其侵害行为直接结合发生同一损害后果的，构成共同侵权，应当依照民法通则第一百三十条规定承担连带责任。

二人以上没有共同故意或者共同过失，但其分别实施的数个行为间接结合发生同一损害后果的，应当根据过失大小或者原因力比例各自承担相应的赔偿责任。

第四条 二人以上共同实施危及他人人身安全的行为并造成损害后果，不能确定实际侵害行为人的，应当依照民法通则第一百三十条规定承担连带责任。共同危险行为人能够证明损害后果不是由其行为造成的，不承担赔偿责任。

第五条 赔偿权利人起诉部分共同侵权人的，人民法院应当追加其他共同侵权人作为共同被告。赔偿权利人在诉讼中放弃对部分共同侵权人的诉讼请求的，其他共同侵权人对被放弃诉讼请求的被告应当承担的赔偿份额不承担连带责任。责任范围难以确定的，推定各共同侵权人承担同等责任。

人民法院应当将放弃诉讼请求的法律后果告知赔偿权利人，并将放弃诉讼请求的情况在法律文书中叙明。

第六条 从事住宿、餐饮、娱乐等经营活动或者其他社会活动的自然人、法人、其他组织，未尽合理限度范围内的安全保障义务致使他人遭受人身损害，赔偿权利人请求其承担相应赔偿责任的，人民法院应予支持。

因第三人侵权导致损害结果发生的，由实施侵权行为的第三人承担赔偿责任。安全保障义务人有过错的，应当在其能够防止或者制止损害的范围内承担相应的补充赔偿责任。安全保障义务人承担责任后，可以向第三人追偿。赔偿权利人起诉安全保障义务人的，应当将第三人作为共同被告，但第三人不能确定的除外。

第七条 对未成年人依法负有教育、管理、保护义务的学校、幼儿园或者其他教育机构，未尽职责范围内的相关义务致使未成年人遭受人身损害，或者未成年人致他人人身损害的，应当承担与其过错相应的赔偿责任。

第三人侵权致未成年人遭受人身损害的，应当承担赔偿责任。学校、幼儿园等教育机构有过错的，应当承担相应的补充赔偿责任。

第八条 法人或者其他组织的法定代表人、负责人以及工作人员，在执行职务中致人损害的，依照民法通则第一百二十一条的规定，由该法人或者其他组织承担民事责任。上述人员实施与职务无关的行为致人损害的，应当由行为人承担赔偿责任。

属于《国家赔偿法》赔偿事由的，依照《国家赔偿法》的规定处理。

第九条 雇员在从事雇佣活动中致人损害的，雇主应当承担赔偿责任；雇员因故意或者重大过失致人损害的，应当与雇主承担连带赔偿责任。雇主承担连带赔偿责任的，可以向雇员追偿。

前款所称“从事雇佣活动”，是指从事雇主授权或者指示范围内的生产经营活动或者其他劳务活动。雇员的行为超出授权范围，但其表现形式是履行职务或者与履行职务有内在联系的，应当认定为“从事雇佣活动”。

第十条 承揽人在完成工作过程中对第三人造成损害或者造成自身损害的，定作人不承担赔偿责任。但定作人对定作、指示或者选任有过失的，应当承担相应的赔偿责任。

第十一条　雇员在从事雇佣活动中遭受人身损害，雇主应当承担赔偿责任。雇佣关系以外的第三人造成雇员人身损害的，赔偿权利人可以请求第三人承担赔偿责任，也可以请求雇主承担赔偿责任。雇主承担赔偿责任后，可以向第三人追偿。

雇员在从事雇佣活动中因安全生产事故遭受人身损害，发包人、分包人知道或者应当知道接受发包或者分包业务的雇主没有相应资质或者安全生产条件的，应当与雇主承担连带赔偿责任。

属于《工伤保险条例》调整的劳动关系和工伤保险范围的，不适用本条规定。

第十二条　依法应当参加工伤保险统筹的用人单位的劳动者，因工伤事故遭受人身损害，劳动者或者其近亲属向人民法院起诉请求用人单位承担民事赔偿责任的，告知其按《工伤保险条例》的规定处理。

因用人单位以外的第三人侵权造成劳动者人身损害，赔偿权利人请求第三人承担民事赔偿责任的，人民法院应予支持。

第十三条　为他人无偿提供劳务的帮工人，在从事帮工活动中致人损害的，被帮工人应当承担赔偿责任。被帮工人明确拒绝帮工的，不承担赔偿责任。帮工人存在故意或者重大过失，赔偿权利人请求帮工人和被帮工人承担连带责任的，人民法院应予支持。

第十四条　帮工人因帮工活动遭受人身损害的，被帮工人应当承担赔偿责任。被帮工人明确拒绝帮工的，不承担赔偿责任；但可以在受益范围内予以适当补偿。

帮工人因第三人侵权遭受人身损害的，由第三人承担赔偿责任。第三人不能确定或者没有赔偿能力的，可以由被帮工人予以适当补偿。

第十五条　为维护国家、集体或者他人的合法权益而使自己受到人身损害，因没有侵权人、不能确定侵权人或者侵权人没有赔偿能力，赔偿权利人请求受益人在受益范围内予以适当补偿的，人民法院应予支持。

第十六条　下列情形，适用民法通则第一百二十六条的规定，由所有人或者管理人承担赔偿责任，但能够证明自己没有过错的除外：

（一）道路、桥梁、隧道等人工建造的构筑物因维护、管理瑕疵致人损害的；

（二）堆放物品滚落、滑落或者堆放物倒塌致人损害的；

（三）树木倾倒、折断或者果实坠落致人损害的。

前款第（一）项情形，因设计、施工缺陷造成损害的，由所有人、管理人与设计、施工者承担连带责任。

第十七条 受害人遭受人身损害，因就医治疗支出的各项费用以及因误工减少的收入，包括医疗费、误工费、护理费、交通费、住宿费、住院伙食补助费、必要的营养费，赔偿义务人应当予以赔偿。

受害人因伤致残的，其因增加生活上需要所支出的必要费用以及因丧失劳动能力导致的收入损失，包括残疾赔偿金、残疾辅助器具费、被扶养人生活费，以及因康复护理、继续治疗实际发生的必要的康复费、护理费、后续治疗费，赔偿义务人也应当予以赔偿。

受害人死亡的，赔偿义务人除应当根据抢救治疗情况赔偿本条第一款规定的相关费用外，还应当赔偿丧葬费、被扶养人生活费、死亡补偿费以及受害人亲属办理丧葬事宜支出的交通费、住宿费和误工损失等其他合理费用。

第十八条 受害人或者死者近亲属遭受精神损害，赔偿权利人向人民法院请求赔偿精神损害抚慰金的，适用《最高人民法院关于确定民事侵权精神损害赔偿责任若干问题的解释》予以确定。

精神损害抚慰金的请求权，不得让与或者继承。但赔偿义务人已经以书面方式承诺给予金钱赔偿，或者赔偿权利人已经向人民法院起诉的除外。

第十九条 医疗费根据医疗机构出具的医药费、住院费等收款凭证，结合病历和诊断证明等相关证据确定。赔偿义务人对治疗的必要性和合理性有异议的，应当承担相应的举证责任。

医疗费的赔偿数额，按照一审法庭辩论终结前实际发生的数额确定。器官功能恢复训练所必要的康复费、适当的整容费以及其他后续治疗费，赔偿权利人可以待实际发生后另行起诉。但根据医疗证明或者鉴定结论确定必然发生的费用，可以与已经发生的医疗费一并予以赔偿。

第二十条 误工费根据受害人的误工时间和收入状况确定。

误工时间根据受害人接受治疗的医疗机构出具的证明确定。受害人因伤致残持续误工的，误工时间可以计算至定残日前一天。

受害人有固定收入的，误工费按照实际减少的收入计算。受害人无固定收入的，按照其最近三年的平均收入计算；受害人不能举证证明其最近三年的平均收入状况的，可以参照受诉法院所在地相同或者相近行业上一年度职工的平均工资计算。

第二十一条 护理费根据护理人员的收入状况和护理人数、护理期限确定。

护理人员有收入的，参照误工费的规定计算；护理人员没有收入或者雇佣护工的，参照当地护工从事同等级别护理的劳务报酬标准计算。护理人员原则上为一人，但医疗机构或者鉴定机构有明确意见的，可以参照确定护理人员人数。

护理期限应计算至受害人恢复生活自理能力时止。受害人因残疾不能恢复生活自理能力的，可以根据其年龄、健康状况等因素确定合理的护理期限，但最长不超过二十年。

受害人定残后的护理，应当根据其护理依赖程度并结合配制残疾辅助器具的情况确定护理级别。

第二十二条　交通费根据受害人及其必要的陪护人员因就医或者转院治疗实际发生的费用计算。交通费应当以正式票据为凭；有关凭据应当与就医地点、时间、人数、次数相符合。

第二十三条　住院伙食补助费可以参照当地国家机关一般工作人员的出差伙食补助标准予以确定。

受害人确有必要到外地治疗，因客观原因不能住院，受害人本人及其陪护人员实际发生的住宿费和伙食费，其合理部分应予赔偿。

第二十四条　营养费根据受害人伤残情况参照医疗机构的意见确定。

第二十五条　残疾赔偿金根据受害人丧失劳动能力程度或者伤残等级，按照受诉法院所在地上一年度城镇居民人均可支配收入或者农村居民人均纯收入标准，自定残之日起按二十年计算。但六十周岁以上的，年龄每增加一岁减少一年；七十五周岁以上的，按五年计算。

受害人因伤致残但实际收入没有减少，或者伤残等级较轻但造成职业妨害严重影响其劳动就业的，可以对残疾赔偿金作相应调整。

第二十六条　残疾辅助器具费按照普通适用器具的合理费用标准计算。伤情有特殊需要的，可以参照辅助器具配制机构的意见确定相应的合理费用标准。

辅助器具的更换周期和赔偿期限参照配制机构的意见确定。

第二十七条　丧葬费按照受诉法院所在地上一年度职工月平均工资标准，以六个月总额计算。

第二十八条　被扶养人生活费根据扶养人丧失劳动能力程度，按照受诉法院所在地上一年度城镇居民人均消费性支出和农村居民人均年生活消费支出标准计算。被扶养人为未成年人的，计算至十八周岁；被扶养人无劳动能力又无其他生活来源的，计算二十年。但六十周岁以上的，年龄每增加一岁减少一年；七十五周岁以上的，按五年计算。

被扶养人是指受害人依法应当承担扶养义务的未成年人或者丧失劳动能力又无其他生活来源的成年近亲属。被扶养人还有其他扶养人的，赔偿义务人只赔偿受害人依法应当负担的部分。被扶养人有数人的，年赔偿总额累计不超过上一年度城镇居民人均消费性支出额或者农村居民人均年生活消费支出额。

第二十九条 死亡赔偿金按照受诉法院所在地上一年度城镇居民人均可支配收入或者农村居民人均纯收入标准，按二十年计算。但六十周岁以上的，年龄每增加一岁减少一年；七十五周岁以上的，按五年计算。

第三十条 赔偿权利人举证证明其住所地或者经常居住地城镇居民人均可支配收入或者农村居民人均纯收入高于受诉法院所在地标准的，残疾赔偿金或者死亡赔偿金可以按照其住所地或者经常居住地的相关标准计算。

被扶养人生活费的相关计算标准，依照前款原则确定。

第三十一条 人民法院应当按照民法通则第一百三十一条以及本解释第二条的规定，确定第十九条至第二十九条各项财产损失的实际赔偿金额。

前款确定的物质损害赔偿金与按照第十八条第一款规定确定的精神损害抚慰金，原则上应当一次性给付。

第三十二条 超过确定的护理期限、辅助器具费给付年限或者残疾赔偿金给付年限，赔偿权利人向人民法院起诉请求继续给付护理费、辅助器具费或者残疾赔偿金的，人民法院应予受理。赔偿权利人确需继续护理、配制辅助器具，或者没有劳动能力和生活来源的，人民法院应当判令赔偿义务人继续给付相关费用五至十年。

第三十三条 赔偿义务人请求以定期金方式给付残疾赔偿金、被扶养人生活费、残疾辅助器具费的，应当提供相应的担保。人民法院可以根据赔偿义务人的给付能力和提供担保的情况，确定以定期金方式给付相关费用。但一审法庭辩论终结前已经发生的费用、死亡赔偿金以及精神损害抚慰金，应当一次性给付。

第三十四条 人民法院应当在法律文书中明确定期金的给付时间、方式以及每期给付标准。执行期间有关统计数据发生变化的，给付金额应当适时进行相应调整。

定期金按照赔偿权利人的实际生存年限给付，不受本解释有关赔偿期限的限制。

第三十五条 本解释所称“城镇居民人均可支配收入”、“农村居民人均纯收入”、“城镇居民人均消费性支出”、“农村居民人均年生活消费支出”、“职工平均工资”，按照政府统计部门公布的各省、自治区、直辖市以及经济特区和计划单列市上一年度相关统计数据确定。

“上一年度”，是指一审法庭辩论终结时的上一统计年度。

第三十六条 本解释自2004年5月1日起施行。2004年5月1日后新受理的一审人身损害赔偿案件，适用本解释的规定。已经作出生效裁判的人身损害赔偿案件依法再审的，不适用本解释的规定。

在本解释公布施行之前已经生效施行的司法解释，其内容与本解释不一致的，以本解释为准。

图书在版编目（CIP）数据

婚姻家庭继承法学案例教程/陈苇主编. —2 版. —北京：群众出版社，2010.9

ISBN 978－7－5014－4743－5

Ⅰ.①婚… Ⅱ.①陈… Ⅲ.①婚姻法—案例—中国—教材②继承法—案例—中国—教材 Ⅳ.①D923.05

中国版本图书馆 CIP 数据核字（2010）第 158221 号

婚姻家庭继承法学案例教程（第二版）

HUNYIN JIATING JICHENG FAXUE ANLI JIAOCHENG（DI ER BAN）

陈苇 **主编**

出版发行：群众出版社
地　　址：北京市西城区木樨地南里
邮政编码：100038
经　　销：新华书店
印　　刷：北京燕龙印刷有限公司

版　　次：2010 年 9 月第 2 版
印　　次：2010 年 9 月第 3 次
印　　张：20
开　　本：787 毫米×1092 毫米 1/16
字　　数：348 千字
印　　数：10101－15100 册

书　　号：ISBN 978－7－5014－4743－5/D·2289
定　　价：39.00 元

网　　址：www.qzcbs.com
电子邮箱：qzcbs@163.com

营销中心电话：（010）83903254
读者服务部电话（门市）：（010）83903257
警官读者俱乐部：（010）83903253
教材分社电话：（010）83903259
公安图书分社电话：（010）83905672
法律图书分社电话：（010）83905745
公安文艺分社电话：（010）83903973
杂志分社电话：（010）83903239
电子音像分社电话：（010）83905727